泉州文庫

選堂題

（明）陳琛 著
學文 點校

周易淺説

泉州文庫整理出版委員會
商務印書館

前　　言

泉州建制一千三百多年，爲中國歷史文化名城和古代海外交通的重要港口。“比屋弦誦，人文爲閩最”，素稱海濱鄒魯、文獻之邦。代有經邦緯國、出類拔萃之才，歐陽詹、曾公亮、蘇頌、蔡清、王慎中、俞大猷、李贄、鄭成功、李光地等一大批傑出人物留下了大量具有歷史、文學、藝術、哲學、軍事、經濟價值的文化遺産。據不完全統計，見載於史籍的著作家有一千四百二十六人，著作多達三千七百三十九種，其中唐五代二十九人三十二種，宋代二百人三百九十一種，元代二十一人四十種，明代五百三十六人一千五百八十五種，清代六百四十人一千六百九十一種；收入《四庫全書》一百一十五家一百六十四種，《四庫全書存目叢書》五十六家七十四種，《續修四庫全書》十四家十七種。二〇〇八年國務院頒布第一批國家珍貴古籍名録，屬泉人著述、出版者十三種。

遺憾的是，雖然泉州典籍贍富，每一時代都有一批重要著作相繼問世，但歷經歲月淘汰、劫難摧殘，加上庋藏環境不良，遺存至今十無二三，多成珍籍孤本。這些文化遺産，是歷史的見證，是泉州人民同時也是中華民族的寶貴文化財富，亟待搶救保護，古爲今用。

對泉州地方文獻的搜集與整理，最早有南宋嘉定年間的《清源文集》十卷，明萬曆二十五年《清源文獻》十八卷繼出，入清則有《清源文獻纂續合編》三十六卷問世。這些文獻彙編，或已佚失，或存本極少。二十世紀四十年代，泉州成立“晋江文獻整理委員會”，準備整理出版歷代泉人著作，因經費短缺未果。八十年代，地方文史界發起研究“泉州學”，再次計劃編輯地方文獻叢書，可惜後來也因爲各種條件的限制，其事遂寢。但是這兩次努力，爲地方文獻叢書的整理出版做了準備，留下了珍貴的文獻資料和書目彙編。

二〇〇五年三月，中共泉州市委、泉州市政府決定將地方文獻叢書出版工作列爲國民經濟和社會發展第十一個五年規劃的一項文化工程。翌年,正式成立"泉州地方典籍《泉州文庫》整理出版委員會",着手對分散庋藏於全國各大圖書館及民間的古籍進行調查搜集,整理出《泉州文庫備考書目》二百六十七家六百一十四種,以後又陸續檢索出遺漏書目近百家一百八十餘種。經過省内外專家學者多次論證,最後篩選出一百五十部二百五十餘種著作,組成一套有一定規模、自成體系、比較完整,可以概括泉人著作風貌、反映泉州千餘年文化發展脉絡的地方文獻叢書,取名《泉州文庫》,二〇一一年起陸續出版發行。

整理出版《泉州文庫》的宗旨是:遵循國家的文化方針政策,保護和利用珍貴文獻典籍,以期繼承發揚中華民族優秀文化傳統,增進民族團結,維護國家統一,提高民族自信心和凝聚力,加强社會主義核心價值體系建設,增强文化軟實力,爲泉州的物質文明和精神文明建設服務。

《泉州文庫》始唐迄清,原著點校,收録標準着眼於學術性、科學性、文學性、地域性、原創性、權威性,具有全國重要影響和著名歷史人物的代表作優先。所録著作涵蓋泉州各縣(市、區),包括金門縣及歷史上泉州府屬同安縣,曾在泉州任職、寄寓、活動過的非泉籍人氏的作品,則取其内容與泉州密切相關的專門著作。文庫採用繁體字横排印刷,内容涉及政治、經濟、歷史、地理、哲學、宗教、軍事、語言文字、文化教育、文學藝術、科學技術等領域,其中不乏孤稀珍罕舊槧秘笈,堪稱温陵文獻之幟志。

值此《泉州文庫》出版之際,謹向各支持單位、個人和參加點校的專家學者表示誠摯的感謝!由於涉及的學科和内容至爲廣泛,工作底本每有蛀蝕脱漏,加之書成衆手,雖經反復校勘,但限於水平,不足或錯誤之處還是難免,敬請讀者批評指教。

泉州地方典籍《泉州文庫》整理出版委員會

二〇一一年三月

整理凡例

一、《泉州文庫》(以下簡稱“文庫”)收録對象爲有關泉州的專門著作和泉州籍人士(包括長期寓居泉州的著名人物)著作,地域範圍爲泉州一府七縣,即晋江(包括現在的晋江市、石獅市、鯉城區、豐澤區、洛江區)、南安、惠安(包括泉港區)、同安(包括金門縣)、安溪、永春、德化。成書下限爲一九四九年九月以前(個别選題酌情下延)。選題内容以文學藝術、歷史、地理、哲學、政治、軍事、科技、語言教育等文化典籍爲主,以發掘珍本、孤本爲重點,有全國性影響、學術價值高、富有原創性著作優先,兼及零散資料匯總。

二、每種著作盡量收集不同版本進行比較,選擇其中年代較早、内容完整、校刻最精的版本爲工作底本,并與有關史籍、筆記、文集、叢書參校,文字擇善而從。

三、尊重原著,作者原有注釋與説明文字概予保留。後來增加者,則視其價值取捨。

四、凡底本訛誤衍漏,增字以[　]表示,正字以(　)表示,難辨或無法補正的缺脱文字以□表示,明顯錯字徑直改正,均不作校記。

五、凡底本與其他版本文字差異,各有所長,取捨兩難,或原文脱訛嚴重致點讀困難,或史實明顯錯誤者,正文仍從底本,而於篇末校勘記中説明。

六、凡人名、地名、官名脱誤者,均予改正,訛誤而又查不到出處之人名、地名、官名及少數民族部落名同異譯者,依原文不予改動。

七、少數民族名稱凡帶有侮辱性的字樣,除舊史中習見的泛稱以外,均加引號以示區别,并於校記中説明。

八、標點符號執行一九九六年實施的國家《標點符號用法》。文庫點校循新版二十四史及《清史稿》例,一般不使用破折號和省略號。

九、原文不分段者,按文意自然分段。

十、凡異體字、俗體字、通假字,如非人名、地名,改動又無關文旨者,一般改爲通用字;異體字已經約定俗成、容易辨認者不改。個别著作爲保持原本文字語言風貌,其通假字則不校改。

十一、避諱字、缺筆字盡量改正。早期因避諱所産生的詞彙成爲習慣者不改正。

十二、古籍行文中涉及國家、朝廷、皇帝、上司、宗族等所用抬頭格式均予取消。

十三、文庫一般一册收録一種著作,篇幅小的著作由兩種或若干種組成一册,篇幅大的著作則分成兩册或若干册。

十四、文庫採用横排、繁體字印刷出版。每册前置前言、凡例。每種著作仿《四庫全書》提要之例,由編者撰寫《校點後記》,簡略介紹作者生平、著作内容及評價、版本情況,説明其他需要説明的問題。

泉州地方典籍《泉州文庫》整理出版委員會辦公室

二〇〇七年二月五日

序　　文

六經皆載道之書，而《易》尤前民用開物成務，冒天下之道者也。大聖人尚欲假年以資寡過，亦可知君子之居安樂玩，有得於象詞變占，而吉無不利者，皆其身心易理，而動静不違者也。

吾泉理學，紫峰陳先生得先儒虚齋蔡公之傳，著《周易淺説》，别名《通典》，與《易經蒙引》互相發明。“淺”之云者，則謙而又謙之辭也。推其微旨，蓋謂觀衆理之會通而奉爲典常，舉凡一身率由，皆本《易》學以爲進退也。考其生平未仕之年，設教於郡學宫、月臺，以誘掖後進爲己任。及乎筮仕登朝，改南就養，旋即抗疏將母，其意旨所在，從未明言，獨於同年家净峰先生祖道握别，微動以《北風》雨雪之詩。自抵里養親，三徵不就。堂上天年而後，秀林廬墓，終無出山之意。玩三笑、三睡諸吟，恬退自安，超然物外。及净峰以諫南廵，被杖詔獄，乃嘆先生之知幾爲不可及，故後贊先生語云“有避世之深心而非玩世，無道學之門户而有實學”，可謂得其藴矣。今溯先生服官時，始則武宗四出，宦官江彬蠱惑於前，繼則嘉靖議禮，朝紳建言，羅禍於後。先生自顧緘默則爲頻巽之吝，廷諍則爲浚恒之凶，計惟儉德避難，全身遠引，皭然塵埃之表，以自完其天。故一生難進易退，豈非《易》所謂“見幾而作，不俟終日”者哉？

先生去今二百餘年，《易淺説》一書家傳户誦，皆手抄相承。前此先生後人謀梓者數，先輩文勤蔡先生曾爲之序，以限於力而止。曩年奉旨纂修四經，訪求是書，僅得謄本以獻。現功令士子五經兼習，而羲經尤爲藴奥，惟兹書解經明澈，其有功於後學甚鉅。前輩方齋陳先生集諸同志較訂刊刻，因五弟慎德入京便道，由温寓書命予序其事。自顧管窺蠡測，詎敢輕重先哲？顧芳型之企自不能已，既幸此書之成，得與蔡、林二先生《蒙引》、《存疑》並行海內，而吾泉《易》學涵育薰陶，庶幾有以仰副聖天子壽考作人、崇尚經學之至意，何幸如之。

時乾隆五十三年，歲次戊申，邑後學張慎和謹書。

原　　序

閩自龜山先生載道南來，理學之盛甲於宋代，沿及有明，風流未歇。正、嘉之際，姚江以良知之學倡天下，龍谿、心齋流弊益甚，獨閩之學者卓然不爲所惑，同時若虚齋蔡氏、次崖林氏、紫峰陳氏，尤其較著者也。虚齋之學篤守程、朱經書講義，《蒙引》尤爲學者所宗。《存疑》、《淺説》相繼出，遂與並峙一時。次崖蓋私淑虚齋者，紫峰則虚齋之高第弟子也。自宋、元諸儒以後言講義者，必推三家。我聖祖仁皇帝御纂《周易折中》，旁求遺書，於三家《易》説多所採録。

顧《蒙引》、《存疑》皆久已行世，惟《淺説》尚未重梓，以故其傳未廣。雍正十年，先生裔孫孝廉松茂謁選至京，攜其書屬余序以付梓。余惟《易》之爲書，潔净精微，廣大悉備。邵子言其數，程子言其理，朱子兼之發明象占，實指爲卜筮之書。以前民用夫數，未始不本乎理，理未始不兼乎數。君子居則觀其象而玩其辭，動則觀其變而玩其占，數先生之指一也。先生之解經也，探羲、文、周、孔之精意，而出以淺易之辭，語必求其可據，不涉於影響，亦不務爲艱深，使讀者了然於文義之間而體玩服行，庶乎可以歷進退存亡而不失其正矣。嗚呼！《易》之用廣矣，大聖人尚欲加年學之以寡過，況其餘乎？本之以孚，守之以貞，而因時以善其用，又能懼以終始焉，此寡過之方也。

松茂能褒揚祖德，俾是書得與《蒙引》、《存疑》並垂不朽，且使天下知我閩學之精且詳如此，有志者亦可以奮然興矣。

雍正十年，歲次壬子，後學蔡世遠謹序。

乾隆五十三年戊申十二月，同人公梓。

徵書引

嘗觀邵傳羲《易》有畫無文，程演周經得言悟意，此先天、後天之異派，亦宗理、宗數之殊歸。自朱子合爲一途，而《易》書上紹四聖。圖主《河》、《洛》，而方圓大小，默契皇古；精微書釋卦爻，而象變辭占，貫通文周體用。兩經、十傳各列其篇，《本義》、《啓蒙》互發其旨。窮理盡性，不出觀玩之中；贊化參天，存乎卜筮以内。幸哉孔子而下，千載有同心；可歎考亭既遥，百家遂異説。鰲痛時解沿誤，以致《易》學失傳，舉業之家，淵源莫辨。大全小誤，孰删穿鑿之談？衷旨諸書，甘襲庸膚之見。

惟《蒙引》上宗《本義》，而《存疑》下繼虚齋，次則《集解》一編四明余子華氏著。能接其委，終之《演義》數卷吴江徐伯魯氏著。堪續其薪。鰲舊有此書，已漸加釐正，但未會同衆論，不敢掛漏成書。竊思《通典》作於陳紫峰，簡該獨勝；《正説》著於蔡存遠，條暢可觀。前遍訪十餘年，今無從一寓目，豈令先賢苦志竟亦没世無傳？

倘博學名儒留心經義，或藏《通》、《正》兩集，不没陳、蔡二公，鰲當厚禮相求，照刊原本。如以家傳是愛，不欲外假他人，即約善書踵門抄録，庶諸儒精藴盡會於一編，而世俗見聞頓除其宿習。鰲本支離末學，不敢爲朱子功臣，聊倣説約成編，或私擬夢麟知己云。

康熙十年二月望日，後學仇兆鰲頓首啓。

目　録

周易淺説卷一

上　經　一

乾

☰乾下乾上 乾：元亨利貞。

上下皆乾之卦，伏羲名之爲《乾》者，何也？蓋乾者，健也。《易》以奇畫爲陽，而陽之性則健也。故三奇之卦，名之曰《乾》。此卦六畫皆奇，上下皆乾，則陽之純而健之至也，故乾之名不易焉。文王繫辭以爲：凡剛健者，才必果敢而無所滯，德必高明而無可疑，本大通而至正也。故筮而得者，其占當得元亨，遇事皆可爲，隨事皆可行也。然必利於正，爲必其所當爲，行必其所當行，隨事觀理，擇其正之所在而固守之，勿牽於私而妄有所爲也。如此，乃可以保其有終，而不至於敗也。此所謂"《易》以義理配禍福"而爲聖人開物成務之書也。

初九，潛龍勿用。

《乾》之初九，以陽而居下位者也。周公繫其辭以爲，九乃純陽之爻，猶龍爲純陽之物也。九而居下，猶龍之潛藏而未見也。其象如此，占而值此者，必括囊是謹而不可以輕動，用静是守而不可以有行。如欲仕進者則當退避，如在作事者則當收歛，隨其所居所處，不可以有用也。

此處泛説，不可專以仕者言，勿用處專以收歛言。

九二，見龍在田，利見大人。

九二以陽居初之上，周公繫辭以爲：九二剛健中正，具聖神之德，有如龍之變化而不測也；出潛離隱，居人臣之位，猶龍之著見而在田者也。其象如此，是其德輝普照乎四方，膏澤潤及乎萬物，而爲物所利見也。占者值此，則利見此大人，如爲君者見之，則藉其謀猷以共成天下之事業；爲士者見之，則瞻其軌範以自淑一己之身心。見之不亦宜乎？若有見龍之德，則爲利見九五在上之大人矣。

九三，君子終日乾乾，夕惕若厲，无咎。

九三重剛不中，居下之上，乃危地也。然性體剛健，故有乾乾惕厲之象。故君子占而得此，當以怠惰荒寧爲懼。勤厲不息自强，終日之間，乾乾不怠，至日之夕惕然不忘，如是，則天理常存，人心不死，身雖處乎至危之地，自然順度揆理，處置得宜，可以易危爲安，轉險爲夷矣，何咎之有？苟或自怠自逸，恬不知戒，則事起所忽，禍生无妄，雖處至安之地，尚不免于有危，况處至危之地，而得此無咎哉？

"終日乾乾"二句須連帶説，勿如程文分有事、無事言。重剛不中以性質言，惟其以是性質而居下之上，乃爲危地也。"危地"通承上二句。

九四，或躍在淵，无咎。

九四以陽居陰，本非躁進之資，又居下之上，適當改革之時，是其欲進以有爲，而商度之未决，蓋將待時而出，見可而動也，有如龍之或躍在淵焉。其象如此，占者誠能隨時進退，則其進也非貪位，退也非沽名，可以投事機之會，可以免失身之辱，何咎之有哉？

九五，飛龍在天，利見大人。

九五剛健中正，以居尊位。是其德，則首出庶物而爲聖人之德；其位，則尊居大寶而爲聖人之位。以是德而居是位，亦猶神化莫測之龍，駕風御雲，高飛而在於天也。其象如此，占者值之，則利見此九五之大人。覩其道德之光輝，而在己之藴，或得以設施也；沾其恩義之優渥，而在己之志，或得以舒展也。若有飛龍在天，則爲利見九二在下之大人矣。

上九，亢龍有悔。

上九以陽居卦之上，是其盛極將衰，進極將退，事已窮而將變，勢已極而將反，其象有如龍之亢焉。占者值此，苟不識消長之機，妙變通之術，則動必有悔矣。

堯禪舜，舜禪禹，伊尹復政厥辟，不以寵利居成功，皆知所以處亢也。

用九，見群龍无首，吉。

凡筮得陽爻者，有九，有七。九爲老，七爲少，老變而少不變。《易》道取其變，故用九而不用七。蓋諸卦百九十二陽爻之通例也，非特《乾》卦爲然也，但《乾》以純陽而居首，故於此發之。聖人因繫之辭，使遇此卦，而六爻皆用九者，即此占之。夫物之剛猛莫如龍，龍之剛猛則在首。今觀六爻皆陽，有若群龍矣；六爻皆變，有若群龍之无首矣。《乾》卦用九之象如此，占者如之，則剛不一於剛而有柔以濟之，健不一於健而有順以行之。剛柔相濟，寬猛適宜，不至於太剛則折也，其吉也宜矣。

《彖》曰：大哉乾元，萬物資始，乃統天。雲行雨施，品物流形。大明終始，六位時成，時乘六龍以御天。乾道變化，各正性命，保合太和，乃利貞。首出庶物，萬國咸寧。

《彖傳》專以天道明乾義，又析元亨利貞爲四德以發明之。謂夫大矣哉，乾之元也，何以見其大也？蓋一氣之運動，隨處充滿，洪纖高下悉於此而兆其端倪，飛潛動植悉於此而啓其朕兆。萬物雖多，其能外之以爲始乎？况職雖始也，而曰亨、曰利、曰貞，又皆一元之貫通，自始至終，生意豈有一息之間斷乎？始萬物而統天德，此乾元之所以爲大也。然始則必亨矣，故雲行雨施而品物得其滋潤者，自形其形而其勢爲莫遏，自色其色而其機爲可見。枝葉暢茂，生意條達，固非乾元資始之時，有氣而未形；亦非坤元資生之時，有形而未著也。品物流形如此，可見乾之亨矣。然是元亨也，豈特乾有之，在聖人亦有之。彼乾道運行，終而復始，聖人至誠，與天默契。大明終始之機，不外一時之運。則見《易》之爲書，所以摸寫乎天道，是其潛見惕、躍飛亢之定位，亦各以時而成。由是乘此六龍變化之妙，運諸南面聽治之間，時當潛也而謹密，時當見也而敷施，以至惕躍飛亢，莫不與時偕行。隨時變易，天道自我而施行；與時推移，天道自我而運用。如此，則仁政敷而萬方鼓舞，恩澤布而九有歡騰，非聖人之元亨乎？乾道變化，由通而復，天下之物，向之資始於元而流形於亨者，性命於焉各正，太和於焉保合。謂之各正性命者，則是向也理之方行而未有所立，今則生意收斂，形迹向實，所謂無極之真，受之賦與之初者，皆截然得其宜，不相妨害矣。謂之保合太和者，則是向也氣之方出而未有所成，今則生意緘密，形質完固，所謂二五之精，得之凝聚之際者，皆隨在各足，無少欠缺也。則是各正性命者，生物之遂也，非利而何？保合太和者，生物之成也，非貞而何？利貞之在乾也如此，其在聖人者何如？蓋聖人乘時而起，撫運而興，高居大寶之位，首出庶物之上。凡蒙其仁政德澤之沾濡者，莫不各遂其生，怡然於富壽康寧之域，各復其性，熙然於仁義禮樂之區，而萬國於是咸寧矣。此聖人功業之成就也，非聖人之利貞乎？《彖傳》之意，主於發明天道，而必以聖人互言之者，聖人與天地合德而參贊乎天地也。

"雲行雨施"一句輕，"大明終始"一條重在"時"上，"首出庶物"以位言。總意重在以天道明乾義，舉聖人之四德，亦不過互言之耳。

《象》曰：天行健，君子以自彊不息。

夫子《大象傳》釋卦之象，謂夫三陽之卦爲乾，乾有天之象焉。此卦上下皆乾，則是天之運行，今日一周而明日又一周，若重複之象，非至健不能也。其在君子，則克治之功已深，存養之力已到。其天德之剛，卓然而自立；人欲之私，靡然而退聽。又且自始至終，无頃刻之間斷；由壯至老，無一時之止息。君子之乾，孰大於是？

此君子當作自然説。《本義》"不以人欲害其天德之剛"，乃推原説。

潛龍勿用，陽在下也。

夫子《小象傳》釋初九爻辭，謂夫周公繫初九爻辭曰"潛龍勿用"，何也？九爲陽爻，初在卦下。陽在於下，猶龍之潛而未見也，其勢尚微不可用也，故曰"勿用"。

見龍在田，德施普也。

九二曰"見龍在田"，何謂也？蓋其剛健中正，出潛離隱，德之所施，普及於萬物，有如龍之見在田也。

終日乾乾，反復道也。

九三曰"終日乾乾"者，何謂也？蓋憂勤愓厲，往來不少休廢之謂也。

或躍在淵，進无咎也。

九四所謂"或躍在淵"者，何謂也？蓋言時可以進，猶籌度審處而不必於進也。唯其不必於進，則其進也必以時，何咎之有？

飛龍在天，大人造也。

九五所謂"飛龍在天"者，何謂也？蓋九五剛健中正以居尊位，是乃有德之大人，乘時而起，以統御乎天下，猶龍之飛在天也。

亢龍有悔，盈不可久也。

上九謂"亢龍有悔"，何謂也？蓋天下之理，未盈則有增，既盈則招損。上九陽極于上，是處既盈之地，猶龍之亢矣。然天下之物，無久盈之理，此亢龍之所以有悔也。

用九,天德不可爲首也。

《乾》之六爻所以必用九者,何也?蓋陽剛之德不可爲物先,而一於剛則折矣,此用九之所以吉也。

《文言》曰:元者,善之長也;亨者,嘉之會也;利者,義之和也;貞者,事之幹也。君子體仁足以長人,嘉會足以合禮,利物足以和義,貞固足以幹事。君子行此四德者,故曰:"乾,元亨利貞。"

《文言》申《象傳》之意,而以四德之在人言之。謂夫元也者,統四德、該百行,是衆善之長也。亨也者,禮儀三百,威儀三千,是乃衆美之會也。利也者,名正分嚴而彼此相安,義之和也。貞也者,知明守固而成始成終,事之幹也。四德之在人如此,而行之者則在於君子焉。君子以仁爲體,而所存所發,無往非仁,則有以得乎衆善之長,而足以爲人之長矣。嘉其所會,而一動一静,皆不踰矩,則有以得乎嘉之會,而與禮無不合矣。區别名分,使物各得其所利,則有以得乎義之和,而足以和義矣。真知正理,守之堅固而弗去,則有以得乎事之幹,而足以幹事矣。夫衆人同具此四德,惟君子能行此四德者,何也?蓋由君子至健,能勝乎人欲也。唯能勝乎人欲,然後能全乎天理。此經文所以必以元亨利貞屬之乾,而曰"乾,元亨利貞"者,正以見非君子之至健,則無以行此四德也。

君子行此四德,而以君子當"乾"字説。

初九曰"潛龍勿用",何謂也?子曰:"龍德而隱者也。不易乎世,不成乎名。遯世无悶,不見是而无悶。樂則行之,憂則違之,確乎其不可拔,潛龍也。"

《文言》申《象傳》之意,謂夫周公繫初九爻辭曰"潛龍勿用",何謂也?蓋謂初九有聖人之德,而隱居於下位者也。殆不隨濁世而變易所守,不衒所長而求成乎名。世不我知也,而真樂自如;人不見是也,而自信愈篤。道苟可行與,則出以利之,而不必於隱;道不可行與,則速而去之,而不必於行。憂違之操,確乎其不拔者也。初九有聖德而隱如此,所謂潛龍也。

九二曰"見龍在田,利見大人",何謂也?子曰:"龍德而正中者也。庸言之信,庸行之謹。閑邪存其誠,善世而不伐,德博而化。《易》曰'見龍在田,利見大人',君德也。"

九二爻辭曰"見龍在田,利見大人",何謂也?蓋謂九二剛健中正,所具之德則龍德,出潛離隱,又值中正之時,但見庸言人之所易忽而亦信之,庸行人之所易略而亦謹之。信庸言,謹庸行,德已盛矣,宜無事於閑邪,而又兢兢業業,閑外誘之邪,以全本然之誠。夫如是,則善蓋於一世矣,猶且自視歉然,而無少誇伐焉。其德如此,由是德之及於物之博,所過者化,所存者神,上足以正乎君,下足以感乎民,舉天下之大,皆囿於文明之區矣。若非時位之中正,則人無由被其澤而化也。《易》曰"見龍在田,利見大人",蓋言九二雖未嘗爲君,而居大人之位,然已有君人之德,而亦爲下之大人矣。

正中言雖未躍而居高位也,然亦著見於世而不潛矣,此所以德博而化也。

九三曰"君子終日乾乾,夕惕若厲,无咎",何謂也?子曰:"君子進德修業。忠信,所以進德也。脩辭立其誠,所以居業也。知至至之,可與幾也;知終終之,可與存義也。是故居上位而不驕,在下位而不憂,故乾乾因其時而惕,雖危无咎矣。"

九三爻辭曰"君子終日乾乾,夕惕若厲,无咎",何謂也?蓋謂德不可以不進,業不可以不脩。九三君子所以終日乾乾者,欲進德而居業也。然德何如而進?殆必内主忠信以實其心,則理得於心,物不能蔽,而有廣大高明之益,是忠信乃所以進德也。業何如而居?必修省言詞以立其誠,則理體諸身,事皆有實而無空虚危殆之失,是乃所以居業也。夫忠信固所以進德矣,然忠信豈無所本耶?蓋誠意本於致知,故必先知忠信之理爲至之所在,然後心一於誠以至之。惟其至之,則清明在躬,志氣如神,可與幾也。德之進也何如哉?修辭固所以居業也，然修辭豈無所本耶？蓋誠身必由於明善，故必先知修辭之理爲終之所在，然後言一於誠以終之。惟其終之，則言行相顧，慥慥篤實，可與存義也。業之居也何如哉？惟其能進德而居業，則在我者重而在外者輕。故雖居九二之上，自忘其位之尊，而不至於驕；在四五上之下，自忘其位之卑，而不至於憂矣。夫九三進德修業，所以終日乾乾而夕惕若也，可上可下，不驕不憂，故乾乾因其時而惕，雖危无咎矣。

進修雖以學言，然須知此聖人地位。聖人之學，自是細微與常人不同。

修詞不專在言上着力，須是言行相顧。"可與幾"只承"至之"説下。或曰：如此，則知至輕矣。曰：不然也。"可與幾"正是進德處。"至之"即忠信也。"可與幾"本於"至之"，而"至之"又本於"知至"也，則"知至"之意重矣。下句"可與存義"倣此。

至之而可與幾者，誠則明也。

"知至""至"字，"知終""終"字，俱以理言。至者，極純無雜也，以理之在心言；終者，更久不易也，以理之在事言。此一節大意是德業之進，由於誠身。心之誠，本於知。

九四曰"或躍在淵，无咎"，何謂也？子曰："上下无常，非謂邪也；進退无恒，非離群也。君子進德修業，欲及時也，故无咎。"

九四曰"或躍在淵"，何謂也？蓋謂九四上下无常，商度欲進，以迹覩之，似有富貴功名之念，而幾於爲邪也，然其實則非爲邪焉。進退无恒，不安於退，以迹觀之，似乎獨離其群，不肯與在下位者同處也，然其實則非離群焉。蓋君子德已進，業已修，正欲及時而進，以兼善天下也。夫其進也以時，則不至於失身而可以成事，故无咎。

九五曰"飛龍在天，利見大人"，何謂也？子曰："同聲相應，同氣相求。水流濕，火就燥；雲從龍，風從虎；聖人作而萬物覩。本乎天者親上，本乎地者親下，則各從其類也。”

九五“飛龍在天，利見大人”，何謂也？蓋謂天下之物，凡聲之同者，則此倡彼和而相應；凡氣之同者，則此感彼應而相求。水性濕則流濕，火性燥則就燥。龍興則致雲而雲從龍，虎嘯則風生而風從虎。聖人首出庶物，而作起於上，則天下之民，皆爭先以快覩。所以然者，何也？蓋動物得天氣之多，則其首皆向上；植物得地氣之多，則其首皆向下。物之所以親上親下者，以其氣類之同也。人之所以從乎聖人者，何也？以聖人人類之首也。然則人之所以利見聖人者，豈非其爲人類之首乎？

上九曰“亢龍有悔”，何謂也？子曰：“貴而无位，高而无民，賢人在下位而无輔，是以動而有悔也。”

上九居尊貴之位，處極盛之時，苟不知所以處之，而志滿氣驕焉，則雖貴而位不可保，雖高而民不可治，雖有賢人在位而不輔，是以動而有悔也。

愚意上九之亢者，時也，所遇之窮也，非其自致之咎也。故《本義》前云“乾卦六爻，《文言》皆以聖人明之，有隱顯而無淺深”，至此則云“无輔”，以上九過高志滿，不來輔助之也，却不可曉。

潛龍勿用，下也。

初九所謂“潛龍勿用”者，以其居於下也，故於龍爲潛也。

見龍在田，時舍也。

九二所謂“見龍在田”者，言其雖已出潛離隱，未爲時用而居於君位也，故止爲“見龍在田”。

終日乾乾，行事也。

九三所謂“終日乾乾”者，蓋欲進德修業，行其所當行之事也。

或躍在淵,自試也。

九四所謂"或躍在淵"者,言其未遽有爲,必其時之可有爲,而後以有爲也。

飛龍在天,上治也。

九五所謂"飛龍在天"者,言其居人君之位以治天下也。

亢龍有悔,窮之災也。

上九所謂"亢龍有悔"者,言其處位之窮,動必有失也。

乾元用九,天下治也。

《易》之卦莫尊於乾,乾之德莫先於元,是乾元即君道也。陽九爲老,老則變而爲陰,是乾元用九,即君道剛而能柔也,則是仁義並行,德刑並用,而無所偏也。如此,則天下之人,佩仁服義,畏刑懷德,遵道遵路,會極歸極,而無不治者矣。

潛龍勿用,陽氣潛藏。

初九曰"潛龍勿用",何也? 蓋言陽居於下,其氣潛藏,故曰"潛藏"也。

見龍在田,天下文明。

出潛離隱而澤及於物,薰蒸洋溢而物無不化,置天下之大於仁義禮樂之中,而成夫文明之治也。

終日乾乾,與時偕行。

重剛不中,居下之上,乃危厲之地,正憂勤惕厲之時也。時當如此,而九三能如此,則是與時偕行,否則與時違耳。

或躍在淵,乾道乃革。

九四離下卦而居上卦,正乾道改革之時。時當改革而未定,九四進退亦未定也。

　　舜、禹、益之禪而有河南陽城、箕山之避者，亦欲俟天命之定也。

飛龍在天，乃位乎天德。

　　言其有德而居乎天位也。

亢龍有悔，與時偕極。

　　所值之時既極，則當有變通之道。若不能變通，而與時偕極，則必有悔矣。

乾元用九，乃見天則。

　　乾元用九，則君道剛而能柔也。剛而能柔，是乃天理之當然，大中至正而無太過不及之差也。

　　"見"字猶"是"字，"則"字猶"理"字。然謂之"則"，見其有限制而不踰意。一説君道剛而能柔，則天道之陰慘陽舒、春生秋殺者，於是乎見矣。

乾元者，始而亨者也。利貞者，性情也。乾始能以美利利天下，不言所利，大矣哉！大哉乾乎！剛健中正，純粹精也。六爻發揮，旁通情也。時乘六龍，以御天也。雲行雨施，天下平也。

　　《文言》釋"乾，元亨利貞"之義，而於此復申之，謂夫乾之德有元焉。所謂"乾元"者，何哉？蓋化機一動，生意方萌，天下之物皆資之以爲始。然其始矣，則其機不容已，自然形者形，色者色，發榮滋長而無不亨者矣。乾之德有利貞焉。所謂"利貞"者，何哉？乃化機收斂之候，生意歸藏之時，大以成大，小以成小，各成其性而無少欠缺，各正其情而無少滲漏，物之得其性情者是也，是"元亨利貞"也。析之而有通復之分，貫之實一元之運，是故四德之元，乃乾道之始也。是乾始也，鼓化工於微茫，運生意於有迹，能以嘉美之利利乎天下，使萬物各得其宜，又且斂其機緘，寂然不言其所利焉。是則自始至終，由通而復，皆一元之運，乾始之能也。乾元之大何如哉？夫乾元固貫四德，而四德又皆具於乾也。“大哉乾乎”，何以言之？蓋乾者一氣渾淪耳，而“元亨利貞”，其所具之德也。但見四德運行，始則必終，終則有始，無一息之間斷；自古及今，由今觀後，無一時之休廢。可見其體之剛，其用之健矣。往來相禪，彼此適均，此無有餘，彼無不足，其行之也中矣。界限分明，各自爲德，此不渾於彼，彼不入於此，其立之也正矣。且剛健則極其剛健而純焉，中正則極其中正而粹焉，純粹則極其純粹而精焉。乾之德如此，此乾之所以爲大也。然唯乾道爲大，唯聖人似之。蓋乾有“元亨利貞”，是故六位布列，而潛見惕、躍飛亢，各以時成者，隨時變易以從道也。舉天下萬物，寧有外於一時者乎？信乎六爻發揮，有以曲盡乎事物之情，聖人於是乘六龍之變化，以行天道之當然，則爲元爲亨，而德澤之布，如雲行雨施，無物不被矣；爲利爲貞，而治化之成，凡天下萬民無不安矣。是則天道至大也，聖人一天也。觀天則知聖人，觀聖人則知天矣。天也，聖人也，夫何間然之有哉？

君子以成德爲行，日可見之行也。潛之爲言也，隱而未見，行而未成，是以君子弗用也。

君子修身體道，德既成矣，然後出而經邦濟世，以其所蘊者達於行，是行本於德而以成德爲行也。夫既以成德爲行，則初九之德已成，不日之間可以見之於行也，而周公繫之曰“潛龍勿用”，何哉？蓋潛之爲言也，乃其時當隱而未見，隔於機會之未通；其行猶未成，寂然事業之未發。是以君子占而得此者，亦當如之而勿用也。

> 一説君子之學，有體有用，修身體道而已。德已成德，致之於用以爲行，然所謂“行”者，何也？乃因時行道，使所蘊達之於國，而達之於天下，豐功盛烈，赫然宣著，而行可見者也。今初九謂之“潛龍”，則是德已成矣。但隱而未見，行而未成，故君子占而得此則勿用。

君子學以聚之，問以辨之，寬以居之，仁以行之。《易》曰“見龍在田，利見大人”，君德也。

大人之名，由德而稱；大人之德，由學而成。蓋天下之理有萬殊，君子則旁搜博采，以會衆理於一原。理既聚矣，然其間不能無可疑者，君子則親師取友，以辨義理之至當。辨焉既明矣，使無以居之，則不得於心矣，必從容涵泳，優游厭飫，而寬以居之。居焉既安，使無以行之，則亦何益於身哉？必存心無私，處事合宜，而仁以行之焉，君子之學如此。《易》曰“見龍在田，利見大人”，蓋言九二雖未得人君之位，然其由學聚、問辨、寬居、仁行之功以成君德，此九二所以爲大人而爲人所利見也。

九三重剛而不中，上不在天，下不在田，故乾乾因其時而惕，雖危无咎矣。

九三重剛不中，居下之上，上不在天，下不在田，正危疑之地，憂懼之時也。故九三乾乾然而惕之，然后能易危爲安，則雖危无咎矣。

九四重剛而不中，上不在天，下不在田，中不在人，故或之。或之者，疑之也，故无咎。

九四剛而不中，且上不在天，下不在田，中不在人，而居上之下，正當改革之際，進退未定之時也，故或之。或之者，乃言其熟思審處，欲進不進，遲疑而未决也。苟能如此，則進必以時矣，故能无咎。

《乾》之六爻，《文言》皆以聖人明之，又謂其剛而不中，豈聖人亦有過與？且九四剛而不中，則或之而得无咎者，又從何咎取來？皆可疑。不在天，不在田，不在人，總是説居上之下，改革之際也，故“疑之”句要貼人事便不通。

夫大人者，與天地合其德，與日月合其明，與四時合其序，與鬼神合其吉凶。先天而天弗違，後天而奉天時。天且弗違，而况於人乎？况於鬼神乎？

大人之所以爲大人者，以其德過乎人也。何以言之？蓋以形體而觀，則人與天地、日月、四時、鬼神有不同；以理而論，則人與天地、日月、四時、鬼神一也。然人惟蔽於有我之私，是以梏於形體而不能相通。大人無私，以道爲體，曾何彼此、先後之可言哉？是故天地無私覆載，日月無私照臨，大人無私，與天地合其德，與日月合其明，四時無私運行，鬼神無私吉凶。大人無私，與四時合其序，與鬼神合其吉凶，以至天所未爲也，大人以意爲之，一至公而無私，則行無不得，而天弗違乎大人。天所已爲也，大人奉而行之，亦以至公而無私，則行無非道，而大人弗違乎天矣。且天至大而無外，至尊而無對。天今既不違乎大人，而況於人豈能違之乎？吾知言而民莫不信，行而民莫不悦，況於鬼神其能違之乎？吾知祭則鬼神來格，卜則龜筮協從，大人之德如此，此其所以爲大人而爲人所利見與？

時文中講云：大人博厚則高明，與天地合其德；聰明睿知，與日月合其明；隨時處宜，與四時合其序；遏惡揚善，與鬼神合其吉凶。亦好。講《中庸》"建諸天地而不悖，質諸鬼神而無疑，百世以俟聖人而不惑"，規圓矩方，則制度合，天尊地卑，質諸鬼神，亦如此體貼。是固有理，但亦不必如此拘執。人心無私，便與天地鬼神相合；制作盡善，亦與天地鬼神相合。皆當以理論，不必以迹論可也。

亢之爲言也，知進而不知退，知存而不知亡，知得而不知喪。其唯聖人乎？知進退存亡而不失其正者，其唯聖人乎？

亢之爲言也，知進而不知退，知存而不知亡，知得而不知喪，昧於陰陽消長之機，失乎人事變通之宜，此所以動而有悔也。求其知進退存亡，其唯聖人乎？蓋進極必退，存極必亡，乃理勢之自然也。知其如是，則隨時變通而處以是道之當然，有收歛而無施張，有舍棄而無係吝，如此，則不至於有悔矣。然此唯聖人能之。蓋聖人樂天知命，達理而能權也。常人則明不足以見幾，心不免於物累，故不能也。

進退者，身也；存亡者，位也；得失者，物也。

坤

☷ 坤下坤上 坤：元亨，利牝馬之貞。君子有攸往，先迷後得，主利。西南得朋，東北喪朋。安貞吉。

上下皆坤之卦，伏羲名之以爲《坤》者，何也？蓋一者，偶也；坤者，順也。《易》以偶畫爲陰，而陰之性則順也。故三偶之卦，名之曰《坤》。此卦六畫皆坤，則陰之純而順之至也，故坤之名不易焉。文王繫辭意謂：夫坤，天下之至順也，順則不拂人之性，而隨處皆可行矣。故占者值此，當得元亨也，然必以順健爲正，而利牝馬之貞焉。牝馬之貞何如？蓋坤，陰也，陽先陰後。陽主義，陰主利。西南，陰方；東北，陽方。故君子占得《坤》卦，則當以坤道自居，如有所往也。居先則才不足以斷制，居後從人則事功可成而有得。且陰性收斂退藏而主利，主於利則有節用。富家之益。主於與人，往西南也，則以類相從，而得其朋矣；往東北也，則所從非類而喪其朋矣。是知陽全陰半，分有定也；既順且健，理之正也。唯於正而安守，不越分以求全，則可以得吉矣。如以居後爲正而安之，則事從此而可成，不亦吉乎？以主利爲正而安之，則家由是而可富，不亦吉乎？以西南爲正而安之，則朋從此而可得，其吉又何如哉？

《彖》曰：至哉坤元，萬物資生，乃順承天。坤厚載物，德合无疆；含弘光大，品物咸亨。牝馬地類，行地无疆。柔順利貞，君子攸行。先迷失道，後順得常。西南得朋，乃與類行。東北喪朋，乃終有慶。安貞之吉，應地无疆。

夫子傳《坤》之《彖》，而以地道明之，謂夫至矣哉坤之元也，何以見其至也？蓋天下之物，不能以自生，必資坤之元以有其生；萬物之多，不能以自形，必資坤之元以始其形。然其所以生物者，非自爲也，乃順承乎天施也。天氣既至，彼則合之而成其功；乾元既始，彼則隨之而形其始也。承天施以生萬物，此坤元之所以爲至也。自坤之亨而言之，乾德高明，萬物覆焉；坤德博厚，萬物載焉。是坤德之无疆，足以配乾德之无疆矣。然何以見坤德之厚也？蓋其一氣磅礴而所含者廣,根本深厚而所積者宏。既有如是之蘊蓄,則其發不得不精明;既有如是之含宏,則其達自不得不光大。則坤德之厚,而足以載乎萬物也,而其所謂“亨”者,亦在是矣。由是品物在其所載之中者,皆隨坤之利貞不止。曰“利貞”而已,而必曰“利牝馬之貞”,蓋牝馬地類也,而其行地則又无疆焉。牝馬地類,則其柔順有似坤德之柔順。行地无疆,則順而且健,有似坤德之利貞矣。柔順利貞,是其承天時行而事必有終,順天生物而功底於成。坤之德也如此,其在君子之所行,亦必如坤之德也。但欲如坤之德,則當居後而不居先,主利而不主義,往西南而不往東北。若居先則迷而失道,居後則順而得常。往西南則得朋,而以陰從陰,乃與類行矣。往東北則喪朋,然反之西南,則得朋而終以有慶矣。此攸行者所宜審也。是則居後與利往西南者,貞之所在也。君子於貞之所在,以爲吾分之所當然而安之,則可以得吉矣。夫安而且貞者,地德之无疆也。君子安於貞,則可以應地无疆矣。

安於貞最要。見安分自守,不敢越分求全,意乃謂如坤之德。“坤厚載物”“厚”字以氣言,與《中庸》言“天地之道,博厚高明”意同。

“柔順利貞”不必分,蓋天欲成就萬物,坤亦隨之而成就,此便是柔順,便是利貞。安而且貞,即柔順利貞也。君子攸行,即安於貞也。君子是占而得《坤》者,故當以坤道自處,不敢越分以求全也。

君子安於貞,便是順而且健。蓋健只是守此順而不變耳,非順外又有健也。

《象》曰:地勢坤,君子以厚德載物。

坤之象爲地,此卦上下皆坤,則是地之形勢,高下相因,爲至順也,故謂之坤焉。君子觀坤之象,則見地之體至順極厚而无物不載,於是擴民胞物與之念,廣深恩厚澤之施,仁以育萬物而義以正之,禮以節天下而樂以和之,推而至於若動若植,有情無情,亦皆有以若其生、遂其性焉,是能以厚德載物而與地合其德矣。《中庸》言“博厚配地”,“所以載物”,亦是此意。

初六，履霜，堅冰至。

以六居初，是陰始生於下，其端甚微，其勢必盛，故其象如履霜，則知堅冰之將至矣。不言其占者，謹微之意已可見於象中矣。

《象》曰：履霜堅冰，陰始凝也；馴致其道，至堅冰也。

初六有履霜之象者，何也？蓋初六以陰始生於下，猶陰氣凝而爲霜也，從此而馴致其道，積以至於德，猶霜之凝而至於堅冰也。

六二，直方大，不習无不利。

六二柔順而中正，又得坤道之純者，故以言其德，則存主无私而内直焉，裁制得宜而外方焉。直方且大，非尋常之所謂直方也。夫直方而未大，則猶假於習而後利。唯其直方而且大，則直者自直，方者自方，不待學習而无不利矣。占者有其德，則其占如是也。

利，順也。无不利只是无不直方也。

《象》曰：六二之動，直以方也。不習无不利，地道光也。

《象》曰六二動而處事，則主於内者直，而行於外者方也。然是直方大之德，即所謂地道也。使猶假於習而後利，則德猶未大，未足以見其光也。唯其不習无不利，則至極而不可加矣，是道不亦光乎？

六二直方之德即地道，"光"字只是當"大"字看，蓋唯其大故能自然，因其自然可見大矣。

六三，含章可貞，或從王事，无成有終。

六三以陰含陽，且居下之上，故聖人因象以戒占。謂夫占者，於此才德之美，當含藏而未著，可貞以守，不輕進以求人。然有是實德於己，必至見知於人，又豈終於含藏而固守哉？故或出而從王事，必安爲臣之分，而盡爲臣之職，始焉奉命而事無獨成，終焉効力而事克有濟矣。

《洪範》戒威福之下移，《春秋》譏專遂之不可，此六三之所以无成也，故《文言》曰“臣道也”。

六陰三陽，“含”自“陰”字取，“章”自“陽”字取。“无成有終”，雖是承“或從王事”説，然必含章者乃能之也。

《象》曰：含章可貞，以時發也。或從王事，知光大也。

六三所以“含章可貞”者，非欲獨善其身也，正欲待時而發其蘊也。“或從王事”而能“无成有終”者，是其知識光大真知。爲臣之道，不可越其職，而又不可不盡其職也。

六四，括囊，无咎无譽。

六四重陰不中，是其時逢閉塞，當隱遯而不露其迹；事際艱危，當謹密而不泄其機，故有括囊之象也。占者如是，則亦可以免禍而无咎矣。然無功業可見，何譽之有？

《象》曰：括囊无咎，慎不害也。

《象》曰所謂“括囊无咎”者，何也？言其能敬慎則可以免禍害也。

六五，黄裳元吉。

六五以陰居尊而有中順之德，則是施諸南面之間者，一慈祥愷悌之流通；見諸致治之際者，一仁愛忠厚之敷布。接人以恭而不知其位之尊也，愛人以德而自忘其身之貴也，是有如黄裳之象矣。如是，則可以固結乎人心，可以永保乎天命，其占不爲大善之吉乎？

“中”字只是“順”字。《通書》曰：“柔善爲慈，爲順，爲巽。”此爻“順”字即所謂“柔善”，“中”字與《通書》“中”字亦同。但《通書》“中”字兼剛柔之善，此爻之“中”，即是柔善之得其中耳。

《象》曰：黄裳元吉，文在中也。

六五有中順之德著於外，而且有元吉者，是豈無自哉？由其中順之德積於中也，積諸中則必形諸外，中順之德豈可以僞爲哉？

上六，龍戰于野，其血玄黄。

上六以陰居卦之終，是陰盛之極矣。夫陽大陰小，陽貴陰賤，本不足以抗陽，惟其極盛，則亦不顧名分而敢與陽争矣。既與陽争，而陽雖不免爲所傷，而陰亦豈能獨全哉？故其象爲龍戰于野而其血玄黄焉。

《象》曰：龍戰于野，其道窮也。

《象》曰陰而敢與陽戰者，以陰道之盛而至于極也。

用六，利永貞。

凡筮得陰爻者，皆用六而不用八，蓋諸卦百九十二陰爻之通例，非惟坤爲然也。但坤以純陰而居首，變而爲陽，則能永貞矣。故戒占者得此，則利於永貞。見義必爲，爲之必要其成；聞善必行，行之必有所終。勿牽於私意，勿誘於物欲，而失其所守也。

《象》曰：用六，永貞，以大終也。

《象》曰"用六"而能"永貞"者，何也？蓋始爲陰之小，本不能固守之；今也用六，則變爲七而終於陽之大矣。陽性堅剛，此其所以能永貞也。

《文言》曰：坤至柔而動也剛，至静而德方。後得主而有常，含萬物而化光。坤道其順乎！承天而時行。

文王繫《坤》之辭曰："元亨，利牝馬之貞。"夫子《彖傳》既以地道明其義矣，於此復爲《文言》，而錯舉其義以申明之。意謂坤有"利牝馬之貞"者，何謂也？蓋坤之爲坤，凡事一順乎乾，而退然不敢自事，固至柔矣。至柔似嫌於不剛也，然天氣一到而代天以有終，應天時行而曲成乎萬類，其動未嘗不剛焉。凡事一統乎乾，而寂然若無所事，固至静矣。至静則似嫌於不方也，然生物有常而飛潛動植之不移，賦形有定而聲色貌象之不易，其德未嘗不方焉。柔而静者，順之爲也；剛而方者，健之守也，正所謂"牝馬之貞"者也。由是觀之，可見居後爲得而主利萬物者，坤道之常也。又以坤之亨言之，含萬物生意於其中，而化機之達於外者，極其明盛光顯而不容掩焉。又以坤之元言之，坤道其順乎？天氣一至，以資始乎萬物，坤則承天時行，以資生乎萬物。彼唱此和，不先時而有爲；彼感此應，不後時而不爲也，不可見坤道之順乎？

此章申《彖傳》之意，雖以地道言，然只是錯舉，不可以貞利亨元立説。

剛方須就成物上説，乃見利貞意，否則與元亨無異矣。

"含萬物而化光"，即前"含宏光大"也。含萬物之生意也，已有"宏"字在其中。"化"字化機也。時義講云形者形，色者色，非是。此一句就氣機言。"坤道其順乎，承天而時行"，或以下一句爲兼"元亨利貞"言。蓋"元亨利貞"雖用此語，然此一節實言"元"。《本義》云："復明順承天之義。"此一句其説無疑矣。

積善之家必有餘慶，積不善之家必有餘殃。臣弑其君，子弑其父，非一朝一夕之故，其所由來者漸矣，由辯之不早辯也。《易》曰"履霜，堅冰至"，蓋言順也。

天下之事，未有不由積漸而成。家之所積者善，則福慶及於子孫；所積者不善，則灾殃流於後世。其大至於"臣弑其君，子弑其父，非一朝一夕之故，其所由來者漸矣"，由爲君父者辯之不早辯也。若早辯而預圖之，不至於弑逆之禍矣。《易》曰"履霜，堅冰至"，蓋言君子之於小人，當遏其機於未萌，而杜其勢於未盛也。若俟其盛而慎之，則無及矣。

"《易》曰"以下，皆以君子、小人言，非專打上文也。

直其正也，方其義也。君子敬以直内，義以方外，敬義立而德不孤。直方大，不習无不利，則不疑其所行也。

六二爻辭曰："直方大，不習无不利。"夫所謂"直"者，乃心得其正而無少私曲也；所謂"方"者，凡事得其宜而無少過差也。此君子已成之德也。然德由學而成。蓋君子以敬存心，敬立而内自直矣；以義制事，義行而外自方矣。敬義既立，交養並進，則其德至於盛大而不孤矣。所謂"直方大，不習无不利"者，蓋言君子之德直方而且大，則其德已熟，而造於自然。唯無所行則已，一有所行，則坦然由之而無疑，但見其内自直而外自方也，又何假於習哉？若行有所疑，則是直方之德猶未盛大，而思勉之功不可无矣。

陰雖有美，含之以從王事，弗敢成也。地道也，妻道也，臣道也。地道无成，而代有終也。

六三之陰雖有章美之含，而以之從王事，乃弗敢自專以成其始者，地道當然也，妻道當然也，臣道當然也，分之所在不可越也。以地道言之，至柔至静，本无成也，唯感之則應，唱之則和，順承天施而代以終其事焉。地道如此，而妻道、臣道可知矣。此六三之"從王事"，所以"无成有終"也。

六三主臣道言，必并地道、妻道言之者，其理一也。

天地變化，草木蕃；天地閉，賢人隱。《易》曰"括囊，无咎无譽"，蓋言謹也。

天地變化，時運通泰，則雖草木，亦且蕃盛，况於賢人有不出者乎？天地閉塞而時運不通，則賢人必皆隱遯，寧肯貪位慕禄以取禍乎？《易》六四曰"括囊无咎"者，蓋言六四重陰不中正，天地閉塞之時，君子處此，當謹避而去之也。

"天地變化"重在時運上。天氣下降，地氣上騰也。若曰：如此，則亦常有之矣。然天地變化，閉意亦有在其中。

君子黄中通理，正位居體，美在其中，而暢於四支，發於事業，美之至也。

六五之象有黄裳者，何也？蓋黄者，中之色也。君子和順積中而渾然全體，中德在内而燦然有條，則所謂“黄”者在是矣。裳者，下之飾也。君子尊居高位，若有可亢之勢，然卑以自牧，不失巽順之體，則所謂“裳”者在是矣。然是黄裳也，分之則二，貫之則一。故中德之美藴之於中，而念慮之間，隱微之際，莫非中順之積。由是暢於四支，則動静兼該而不失之驕亢者，莫非此德之流通也。由是而發之於事業，則意思温厚而不流之刻薄者，莫非此德之敷布也。君子之德，充積發見，至於如此，則其德可謂至矣，不可以復加矣。是則“美在其中”者，“黄中”也。“暢於四支，發於事業”者，“正位居體”也。由是而觀，則黄裳曷嘗有二道哉？特因内外而異其名耳。其實著於外者，在内者爲之也。

“黄裳”亦只是順德，不可泛説，無所偏倚也。

陰疑於陽必戰，爲其嫌於无陽也，故稱龍焉；猶未離其類也，故稱血焉。夫玄黄者，天地之雜也，天玄而地黄。

上六爻辭曰：“龍戰于野，其血玄黄。”夫陽大陰小，陰必從陽，而不敢與陽戰也。今而戰者，以陰既極盛，而勢敵於陽矣，故必戰焉。龍，陽物也，而稱龍者，何也？爲其嫌陰而無陽也，故稱龍焉。以見陽實未嘗无也，无陽則不能成造化矣。血，陰屬也，而稱血者，何也？蓋陰雖極盛，猶未離陰類也，故稱血焉。以見陰自有分，不當與陽戰也。夫玄黄者，天地二色之雜也，而天之色玄，地之色黄也。“其血玄黄”，則可見陰陽皆傷矣。

屯

䷂ 震下坎上 屯：元亨利貞，勿用有攸往，利建侯。

震下坎上之卦，伏羲名之以爲《屯》者，何也？蓋屯者遇難而不通也。其卦以震遇坎，乾坤始交而遇險陷，是物始生而未通也，故爲《屯》。文王繫辭以爲：震動在下，坎險在上，是能動乎險中，故占者值此，終成濟險之功，終有出險之日，可以得元亨矣。然處險有道，必從容以觀其變，謹密以察其幾，而利于守正。不可見小欲速，而行險以僥倖；不可恃才用罔，而妄行以取困也。又初九陽居陰下，而爲成卦之主，是能以賢下人，得民而可君之象，故筮建侯以濟屯者。占遇此卦，必得賢人而吉也。

“利貞，勿用攸往”只是一正一反，无兩意。

《彖》曰：屯，剛柔始交而難生。動乎險中，大亨貞。雷雨之動滿盈，天造草昧，宜建侯而不寧。

夫子《彖傳》曰：伏羲名震下坎上之卦爲《屯》者，何所取哉？蓋以二卦之體觀之，震以一陽處於二陰之下，是剛柔始交也，有物始生之意；而上遇於坎，是難也，有鬱結而未通之意，故名其卦爲《屯》焉。文王繫辭曰“元亨利貞”者，何所取哉？蓋以二體之德觀之，震動在下，坎險在上，是能動乎險中，能動是其才足以有爲也，故得“元亨”。在險，則其時猶未易爲也，故又當“利貞”焉。又曰“利建侯”者，何所取哉？蓋以二體之象觀之，震象爲雷，坎象爲雨，雷雨並作，雜亂晦冥，塞乎兩間，乃天下未定之日，名分未明之時也，故宜建侯以統治之。然雖已建侯矣，猶當憂勤儆戒，而未可遽爲安寧之時也。夫動必以正而統得所主，屯有不濟者哉？

《象》曰：雲雷屯，君子以經綸。

坎象爲雲，震象爲雷，雲結而未開，雷鬱而未奮，有屯之義也。君子當屯難之世，欲出而有爲，必思夫時之所以屯者，以事之不得其理也。必先正其大綱，然後就其中之節目，一一整頓之，使無廢墜焉。由是爭奪息，生養遂，倫理明，而屯者亨矣。

初九，盤桓，利居貞，利建侯。

初九遇屯難之初，世難方殷，未可進也。陽在下，陽之才可進，而在下，則無勢未可進也。又居動體，志欲進也，而上應陰柔險陷之爻，則所遇非其人，未可進也，故有“盤桓”之象。然居得其正，能自止而不進，故占者利於居貞，安静自守，不可妄有所行也。又本成卦之主，以陽下陰，爲民所歸，故其象又爲利建侯。

《象》曰：雖盤桓，志行正也。以貴下賤，大得民也。

初九雖盤桓而不得進，然居得其正，是其志能以正自守，而不輕於進也。又初九陽居陰下，是以其才德之貴，而謙恭以下於人，不挾賢以自高，不恃貴而自用，由是萬民服其謙，天下仰其德，而從之者如歸市矣，此其所以利建以爲侯也。

六二，屯如邅如，乘馬班如。匪寇，婚媾。女子貞不字，十年乃字。

六二之於九五正應也，而乘初九之剛，故爲所難而不得進，"屯如邅如，乘馬班如"。且初九之所以難之者，非爲寇也，乃求與己爲婚媾耳。是其來意之最厚，常情之所難卻者。但六二柔順中正，能以正自守，不因彼之求而輕許，至於十年，數窮理極，則妄求者知其操節之堅，終不可破，於是舍之而去，而二始得許身於正應而與之合焉。

《象》曰：六二之難，乘剛也。十年乃字，反常也。

六二所以有"屯如邅如，乘馬班如"之難，以其乘乎初九之剛也。至於十年乃得許嫁於九五者，蓋二與五爲正應，理之常也。始焉爲初所難，不得以遂其常，至此則數窮理極，乃得以復其常也。

六三，即鹿无虞，惟入于林中。君子幾，不如舍，往吝。

六三陰柔，無才也；居下，無位也；不中不正，無德也；上無正應，無援也。本非濟屯之人，但陰柔不中正，志在狥利，雖不可進而躁於進，以至於摧敗困窮而後已。其逐鹿无虞，惟陷入于林中也。君子占而得之，貴於見幾，不如舍去而勿逐也。若往逐而不舍，必取困而致羞矣。

《象》曰：即鹿无虞，以從禽也。君子舍之，往吝，窮也。

事不可爲而妄動者，以貪利也。猶“无虞”而“即鹿”者，“以從禽也”。在君子則當舍之，若往，則可吝而困窮也。

六四，乘馬班如，求婚媾，往吉，无不利。

六四陰柔居屯，才弱不能上進以濟屯，故爲“乘馬班如”之象。然初九陽剛之賢，守正以應乎己，可爲吾輔。爲四計者，惟下求婚媾，藉陽剛之才，以往濟時艱，則忠賢陳力而吉，屯難可平而自无不利也。

《象》曰：求而往，明也。

求賢而往，可謂明矣。

明是贊辭，不是推本之辭。

九五，屯其膏，小貞吉，大貞凶。

九五雖以陽剛之才、中正之德而居尊位，然當屯之時，陷於險中，雖有六二正應，而陰柔才弱，不足以濟也。又初九得民於下，衆皆歸之，彼興此替，民心則不吾屬矣。又九五坎體，陽爲陰所掩，有膏澤而不得施也。合是數者，皆爲“屯其膏”之象。時勢至此，亦无可爲矣。故占者以處小事，則守正而可獲吉；以處大事，則雖正而不免於凶。

《象》曰：屯其膏，施未光也。

所謂屯其膏澤之施，不得光大也。

上六，乘馬班如，泣血漣如。

上六處屯之終，否極而泰將來，正可有爲。然陰柔無應，不能前進，唯憂懼而已，故其象爲“乘馬班如，泣血漣如”也。若陽剛，則屯極而可濟矣。

《象》曰：泣血漣如，何可長也！

泣血漣如必屯矣，豈能久哉？

蒙

☶☵ 坎下艮上 蒙：亨。匪我求童蒙，童蒙求我。初筮告，再三瀆，瀆則不告。利貞。

此卦所以名爲《蒙》者，何也？蓋其卦以坎遇艮，山下有陰，蒙之地也；内險外止，蒙之意也。故爲《蒙》。文王繫辭以爲：觀此卦之體，則九二爲内卦之主，以剛居中，能發人之蒙者，而與六五陰陽相應，故遇此卦者，則聰明開廓，義理昭晰，蒙不終於蒙，而可以得亨也。然蒙者之所以得亨，正以明者之能善教也。蓋束脩未行而教者先往，則道輕而人狎，非所以發蒙也。必"匪我求童蒙"，而"童蒙求我"，師嚴道尊，則有以起其向慕之心，必不敢輕易苟且以求道矣。憤悱未至而啓發先施，則言輕而人厭，非所以發蒙也。必"初筮告，再三瀆，瀆則不告"，擇地施教，則有以動其勉進之機，必不敢鹵莽滅裂以爲學矣。明者善於發蒙如此，此蒙者所以得亨也。然發蒙即所以養蒙也。養蒙之道，必語之以其所當知，非所當知者，不使之知也；告之以其所當行，非所當行者，不使之行也。如此，則養蒙得其正，而蒙者可冀於成矣。

《彖》曰：蒙，山下有險，險而止，蒙。蒙亨，以亨行，時中也。匪我求童蒙，童蒙求我，志應也。初筮告，以剛中也。再三瀆，瀆則不告，瀆蒙也。蒙以養正，聖功也。

卦之所以爲《蒙》者，何所取哉？蓋蒙，不通也。以卦象言之，山下有險，則崎嶇不通，蒙之地也。以卦德言之，内險外止，則是心有所不通，蒙之意也，故爲《蒙》。夫蒙之所以得亨者，何也？以九二以可亨之道，發人之蒙，而又得其時之中也。何以見之？蓋彖辭所謂"匪我求童蒙，童蒙求我"者，是二之剛明不求五，而五之志自應於二也，可見其"以亨行，時中"矣。如非有可亨之道，則童蒙不我求；非時中，則不待其求而應之矣。所謂"初筮告"者，以九二剛明，故能告得中，故必待其誠而後告之也。若"再三瀆，瀆則不告"者，九二之意，以爲問者不誠，固爲瀆我；我乃從而告之，則我爲瀆蒙矣，故不吉也，又可見其“以亨行，時中”矣。若非有可亨之道，則無可以告蒙者；非時中則告之，無其節矣。九二以亨行時中如此，此蒙者之所以得亨也。其曰“利貞”者，蓋爲人以聖人自期，而聖人之道，正而已矣。蒙者而能養之以正，則雖未至於聖，而作聖之功已在此矣，此所以利於貞也。

《象》曰：山下出泉，蒙，君子以果行育德。

艮象爲山，坎象爲泉，山下出泉，固有必行之勢。然其始出之初，不免壅於岩石，阻於泥沙，未能順流而遽通，有蒙之義也。君子之於蒙，不安於蒙，而必有以養之。養蒙之道，唯在乎奮發激昂而果於有爲，戒慎恐懼而養其所得，内外交養，動静無間，由是物累去而聰明開，義理融而氣質變，蒙其不可以爲明乎？

初六，發蒙，利用刑人，用説桎梏。以往，吝。

初六陰柔，蒙也。又居卦下，蒙之甚也。占者遇此，當發其蒙。然發之之道何如？蓋其昏暗無知，告之而弗喻，引之而遽違，則利用刑人以痛懲之，使知有所畏，則歸吾規矩法度之中。又不取必太過，攻治太深，當暫説桎梏以觀其後。若遂往而不舍，則在彼有所不堪，而在我亦失其所謂“敷教在寬”之道，其能免於吝乎？

《象》曰：利用刑人，以正法也。

發蒙而利用刑人者，何也？蓋任施教之責，而當發蒙之初，法不正則無以治蒙，刑不用則無以正法。故“利用刑人”乃所以“正法”，而使之循規蹈矩，無敢自放於禮法之外也。

九二，包蒙，吉。納婦，吉。子克家。

九二以陽剛爲内卦之主，統治羣陰，當發蒙之任者。然所治既廣，物性不齊，不可一概取必，而爻之德剛而不過，爲能有所包容之象。占者誠能敷教在寬，以包蒙焉，則有因物成就之功，吉孰加焉？又以陽受陰，爲"納婦"之象。占者如欲致禮親迎以納婦焉，則有室家咸宜之好，吉孰尚焉？又居下位而能任上事，爲"子克家"之象。占者繼志述事，爲子而克家焉，則前人之德於我而光揚，前人之蠱於我而整頓，吉不待言而可知矣。

《象》曰：子克家，剛柔接也。

九二居下位而能任上事，有若子而克其家者，蓋二五交應，誠意交孚，此二所以得盡其才而能任上事也。苟使爲君者任之不專，則爲臣者雖有才，亦安能以自見乎？

六三，勿用取女，見金夫不有躬，无攸利。

六三欲取女者遇之，則"勿用取女"，何則？六三陰柔不中不正，女之見金夫而不能有其身之象，女之至蒙者也。占者遇之，則其取女必得如是之人，无所利矣，此其所以"勿用取女"也。

《象》曰：勿用取女，行不順也。

"勿用取女"者，以女之所行不慎也。

六四，困蒙，吝。

陰暗之才多賴陽剛之賢以發之。今六四既遠於上九之陽下，又應初六之陰而無正應，爲困於蒙而不得通之象。占者如是，可羞吝也。

《象》曰：困蒙之吝，獨遠實也。

六四困于蒙而可吝者，以其獨遠乎陽也。

六五，童蒙，吉。

六五柔中居尊，下應九二，是其推至誠之心，以任在下之賢，有若童蒙之純一未發以聽於人也。能如是,則有以開天下之蒙,而成光大之業,何不吉乎?

此爻就君道上説,因《本義》有"居尊"二字。

《象》曰:童蒙之吉,順以巽也。

六五"童蒙之吉"者,言其柔順以巽於九二也,故謂之"童蒙"也。

"巽"字與"聽"字、"從"字相似。

上九,擊蒙,不利爲寇,利禦寇。

上九以剛居上,治蒙過剛,故爲"擊蒙"之象。占者得此,顧所以用之何如耳。若取必太過,攻治太深,則彼必有所不堪,而反爲之害,是以擊蒙而用之於爲寇則不利。唯捍其外誘,以全其真純,則雖過於嚴密,乃爲得宜,是以擊蒙而用之禦寇則利也。占者可不知所取舍哉?

《象》曰:利用禦寇,上下順也。

用擊蒙之剛,以禦蒙之寇,乃爲利者,何也?蓋害莫甚於寇,而禦寇莫善於剛。上九之剛,不爲寇而止寇,則教得其道,而上之順也。下之人隨其所止而止之,則學得其道,而下之順也。上下皆順,如此,此其所以爲利也。

需

☵☰ 乾下坎上　需:有孚,光亨。貞吉,利涉大川。

乾下坎上之卦,所以名爲《需》者,何也?蓋需者,待也。乾剛坎險,以剛遇險而不遽進,以陷於險,待之義也,故爲《需》。文王繫辭以爲:卦之九五,以坎體中實,有"有孚"之象;陽剛中正,有得正之象;坎水在前,乾健臨之,有涉水而不輕進之象。故占者得此,於事之當需者,必唯命是安,而不萌欲速之心,則心無撓亂而光亨矣;安静自守,而不爲欲速之事,則事不煩擾而獲吉矣。雖大川之險,而能處之以孚貞,自不犯難而利涉矣。是則有孚得正者,盡處需之道也;光亨吉利者,得所需之效也。

《彖》曰：需，須也，險在前也。剛健而不陷，其義不困窮矣。需有孚，光亨，貞吉，位乎天位，以正中也。利涉大川，往有功也。

需之義須也，此卦所以爲《需》者，蓋坎在上、乾在下，則是有險在前，以剛健臨之，而不冒於險，其義不至於困窮矣，故爲需。所謂“有孚，光亨，貞吉”者，何所取哉？以卦體言之，九五居乎天位而正中也。夫位乎天位而得其正，則是與時休息，不生事以擾民，所謂“貞”者在是矣。位乎天位而得其中，則是中心無僞，不好大而喜功，所謂“有孚”者在是矣。孚則亨，貞則吉矣，又曰“利涉大川”，何所取哉？以卦象言之，乾健往臨乎坎水，能不輕進以取覆溺之禍而有功，此涉川之所以利也。

《象》曰：雲上于天，需，君子以飲食宴樂。

坎象爲雲，乾象爲天，雲上於天無所復，爲待其陰陽之和而自雨耳，需之象也。君子於天下之事，困於機會之未至，阻於時運之未通，有不容以不需者，則當飲食宴樂，從容暇豫以需之，欵曲停待之久，終必有至之時，不可生事煩擾，而用其力於無用力之地也。

初九，需于郊，利用恒，无咎。

初九未近於險，其象猶需于郊，而優游於曠遠之地也。且其性剛健，又有能恒於其所之象。占者當以有恒爲心，以安静爲利，居易俟命而淡然若終身，守舊居正而泊然无外慕。能恒如是，則全身免禍而世網无抵觸之虞，潔身遠害而餘波无見及之患矣，何咎之有？

《象》曰：需于郊，不犯難行也。利用恒，无咎，未失常也。

初九所謂“需于郊”者，言其未近於坎，不犯難而行也。所謂“利用恒，无咎”者，言能不失其所需之常也。

未失常只是有常，正見“恒”字之義。

九二，需于沙，小有言，終吉。

九二漸進近坎，猶需于沙，而去險稍近，是其不免小有言語之傷。但剛中能需，故得不陷于險而終吉。

《象》曰：需于沙，衍在中也，雖小有言，以吉終也。

九二已“需于沙”矣，猶幸其寬而且得中也，是以雖小有言而竟能以吉終也。

九三，需于泥，致寇至。

九三去險愈近，猶于泥矣，且又過剛不中而不能需，必陷于險而致寇至矣。

《象》曰：需于泥，災在外也。自我致寇，敬慎不敗也。

九三猶“需于泥”者，何也？言其災難即在外卦，與已相去甚近也。且其過剛不中而不能需，則寇害之至，實自我致之。使其誠能敬慎，而不妄有所動，則雖需于泥，而亦可以至於不敗。君子勿謂近險地，便無可救之術也。

六四，需于血，出自穴。

六四已交坎體，入乎險而處殺傷之地矣，猶需于血也。然柔得其正，則能韜晦静守，故終可以全身遠害，而免殺身之辱，猶出自穴也。

《象》曰：需于血，順以聽也。

六四雖需于血，然柔順得正，則能需而不進，以聽於時，所以能出自穴也。

九五，需于酒食，貞吉。

九五陽剛中正，需于尊位。夫居尊位而有其德，則於天下事之當需者，必能安以需之，其象猶需于酒食也，斯乃理之正也。占者能如是而正，則天下之人享安静平寧之福矣，何吉如之！

能需本于陽剛中正來。蓋人惟無德，則不免爲私意所使而輕動矣。“需于尊位”句輕。一説需于尊位，故得安以待之也。

有苗逆命而班師振旅，是亦安以待之也。

《象》曰：酒食貞吉，以中正也。

九五能需于酒食，而得正且吉者，以其有中正之德也，無德則不能需矣。

上六，入于穴，有不速之客三人來，敬之終吉。

上六陰居險極，已陷入于險，無可爲矣，猶幸其下應九三。九三與下二陽需極並進，是有不速之客三人來也。上六柔順而能敬之，由是借其才以扶己之弱，資其力以濟己之危，而得吉矣。

九二、上六終吉，通是象，或泥《本義》作占説，非也。

《象》曰：不速之客來，敬之終吉，雖不當位，未大失也。

上六有不速之客來，而敬之終吉，雖居險極不當位，亦未大失也。

訟

䷅ 坎下乾上 訟：有孚窒，惕中吉，終凶。利見大人，不利涉大川。

坎下乾上之卦，所以名爲《訟》者，蓋乾剛坎險，上剛以制其下，下險以伺其上，又爲内險而外健，又爲己險而彼健，皆訟之道也，故爲《訟》。文王繫辭以爲：九二中實，上无應與，有孚見窒之象。占者得此，當知訟爲不得已之事，必理直而見枉，情真而受誣，然後見之於訟也。既訟矣，又當何以處之？蓋坎象加憂，剛來居二，有能懼而得中之象。占者可止則止，能恐懼而得中，則窒以通而吉矣。上九過剛，居訟之極，有終極其訟之象。占者可止不止，必全勝而終訟，則取厭於人而凶矣。九五剛健中正，以居尊位，有“大人”之象。占者當見此有德有位之大人，則得辨明而利矣。以剛乘險，是以實履陷也，有“不利涉大川”之象。占者得此，若行險僥倖以求必勝，必至於覆溺而不利矣。夫惕中則吉，終極則凶，見大人則利，涉大川則不利。如此，然則有孚見窒，欲訟以求伸者，可不知所取哉？

《彖》曰：訟，上剛下險，險而健，訟。訟有孚窒，惕中吉，剛來而得中也。終凶，訟不可成也。利見大人，尚中正也。不利涉大川，入于淵也。

此卦所以名爲《訟》者，蓋以卦德乾剛坎險。以上下言之，是上剛以制其下，下險以伺其上；以一人言之，爲内險而外健；以二人言之，又爲己險而彼健，皆訟之道也，故爲“訟，有孚窒，惕中吉”也。所謂“中”者，於卦何所取哉？蓋以卦變自《遯》而來，剛來居二而得中，有中之理。既得中，則有孚見窒而能懼者，亦可見矣。所謂“終凶”者，蓋以理言之，訟非善事，不得已也，庶幾可已則亦已矣，不可終極其訟也。所謂“利見大人”者，蓋以卦體九五，有中正之德也，此見大人所以利也。所謂“不利涉大川”者，蓋以卦象以剛乘險，是以實履陷而入于淵也，此涉大川所以不利也。

《象》曰：天與水違行，訟，君子以作事謀始。

天上水下，其行相違而不相合，訟之象也。君子觀象知事，必有争辨之道。於凡事之作，必謀其始，揆度審處，使無後憂。如慎交結於相與之初，明契約於方立之際。是非未至而其機先杜，利害未萌而其釁已窒。如此，則訟無由生矣。若待既訟而後謀之，則所損者多矣。故善醫者保醫於未病之先，善治者制治於未亂之始，皆此理也。

初六，不永所事，小有言，終吉。

剛狠而有勢力者能終訟。初六陰柔居下，不永所訟者也。謂之不永所訟，則是始也，雖小有傷以致訟；其終也，稍伸即止而獲吉。

通是象。《本義》"故其象、占如此",謂象如此,而占亦如之也。與九二同。

《象》曰:不永所事,訟不可長也。雖小有言,其辯明也。

所以"不永所事"者,雖其陰柔居下之故,然其實訟非善事,亦不可長也。雖小有言以致訟,然終得辨明而吉也。

九二,不克訟,歸而逋,其邑人三百户,无眚。

九二陽剛,爲險之主,本欲訟者也。然以剛居柔,得下之中,猶爲能安于理者也。且上應九五,陽剛居尊,而勢又不可敵焉,故不克訟,退歸逋避,而自處於卑約之地,可以免災眚矣。

二五不主君臣説,君臣無訟也,進齋、雙峰之説不可從。自處卑約,只是收斂退讓之意。

《象》曰:不克訟,歸逋竄也。自下訟上,患至掇也。

既不克訟,則歸逋竄也。蓋自下訟上,則勢力不敵,而禍患之至,乃其自取也。此所以不克訟而歸逋竄也。

六三,食舊德,貞,厲,終吉。或從王事,无成。

六三陰柔,本非能訟者,故唯守其常分,安乎正理,有退讓而无忿争,有含忍而無報復,如是,則雖不免受人之侵而厲,亦終不能爲己之害而吉。然其柔順有餘,剛果不足,苟或出而從王事,則亦必无成功也。

純是象。"食舊德"者,享舊禄也,是假借説。

《象》曰:食舊德,從上吉也。

六三謂之"食舊德",則是循常守分之人也。斯人也,非有幹運經濟之才,故凡事但當從上，庶幾因人以成事耳。若自主事，則無成功矣。

“從上”與“或從王事”不同，上亦不必説是人君。凡當事任而位其上者皆是。

九四，不克訟，復即命，渝，安貞，吉。

九四剛而不中，故有訟象。然以其居柔，故不克訟而又就正理，不唯事即于理，且其心亦渝變而安處于正，无復病根在内也。四之象如此，乃吉道也。占者如是，則有自新之善，而不陷于小過之歸矣，何吉如之！

觀《本義》“故有訟象”句，則九四非但有欲訟之心，故“復即命”當以事言。

《象》曰：復即命，渝，安貞，不失也。

九四“復即命，渝，安貞”，則向也雖不免有所失，而今則無所失，蓋過而能改，則復於無過也。

九五，訟元吉。

陽剛中正，以居尊位，聽訟而得其平者也。訟者遇之，使其訟而有理，則其情得以上達，其事得以自伸，不至有孚而見窒矣，其元吉也何如？

《象》曰：訟元吉，以中正也。

《訟》遇九五而得元吉者，以九五中而且正也。中則心一于公，而聽于未斷之先者無偏；主正則事得其宜，而斷于已聽之後者無過當。此訟者之所以得元吉也。

上九，或錫之鞶帶，終朝三褫之。

有孚見窒，方可與訟之端，能懼得中，然後獲訟之吉。上九以剛居訟極，是其終訟而能勝之。然其曲直真僞，久當自明，始雖勝而終必敗，暫雖得而久必失，其象猶或錫之鞶帶，終朝三褫之。終訟之凶如此。

《象》曰：以訟受服，亦不足敬也。

以訟受服，非理取勝，何足敬哉？

師

䷆ 坎下坤上 師：貞，丈人吉，无咎。

伏羲所以名坎下坤上之卦爲《歸》者，蓋坎險坤順，若寓兵於農，而伏至險于大順也；坎水坤地，若寓兵于農，而藏不測于至静之中也。又卦唯九二一陽，居下卦之中，爲將帥之象；上下五陰，順而從之，爲兵衆之象。九二以剛居下而用事，六五以柔居上而任之，爲人君命將出師之象。故其卦名之曰《師》。夫人君用師之道，利于得正而任丈人。謂之正者，兵出有名，師行以義，爲伐罪應敵之舉，而非得已不已之師也。謂之丈人者，臨事而懼，好謀而成，其才猷德望之老成，足以爲衆心之所畏服也。夫兵既有名，將又知兵，則戰必勝，攻必取，吉可得矣，無黷武之譏，無喪師之辱，又何咎之有？

《彖》曰：師，衆也。貞，正也。能以衆正，可以王矣。

師之義衆也，貞之義正也。所謂"師貞"者，于卦何所取哉？蓋卦體一陽，在下之中，而五陰之衆，皆爲所以，吾知其必能以衆而歸于正。以之討亂而不以之生亂，以之應敵而不以之威敵，所謂王者之師，仁義之舉也。夫爲將者，能以衆而歸于正，則命將者必得天與人，歸而可以王矣。正則可王，師之貴於正也，何如哉？

剛中而應，行險而順，以此毒天下而民從之，吉，又何咎矣！

所謂"丈人吉，无咎"者，於卦何所取哉？蓋以卦體觀之，九二剛中而上應六五，剛中而應，則是威而有惠，勇而有謀，且爲君者信之專而任之篤也。以卦德觀之，坎險坤順，行險而順，則是兵雖凶器，戰雖危事，而用之自有節制，所過而秋毫無犯，雜居而百姓安堵焉。是則丈人之所以爲丈人者，正以其有此老成之才德也。丈人以是老成之才德，而行師則雖未必無害于天下，然才足以制勝而民有賴，德足以安民而民不怨，由是民説而從之，則吾之勢愈振，而敵之氣自奪，有戰勝攻取之吉，無黷武厲民之咎矣。

《象》曰：地中有水，師，君子以容民畜衆。

地中有水，猶民中有兵，非師之象乎？君子觀師之象，必容保其民，以畜其兵衆焉。蓋田以民分，兵以賦出。故當無事之時，必制田里，教樹畜，使比閭族黨州鄉之民，無不各得其養。民既有養，則所謂伍兩卒旅軍師之衆，以爲他日折衝禦侮之用者，皆畜於此矣。苟平時誨之無其方，則緩急誰復爲之用哉？是則耒耜之民，即甲兵之衆，恩加百姓，則澤及三軍也。

初六，師出以律，否臧凶。

初六，師之始也。爲將者于出師之始，必告之以坐作進退之節，攻殺擊刺之方，賞罰嚴明，號令齊整以律，如此，則士卒見敵而必用命，畏我而不畏敵，方可用也。苟威命不行而士卒驕，節制不嚴而部伍亂，是徒以卒與敵耳，其凶何如？

《象》曰：師出以律，失律凶也。

師出當以律，若失律否臧，則凶也。

九二，在師中吉，无咎。王三錫命。

九二在下，爲衆陰所歸，有將帥之任者也。而以剛處中，則是勇而能謀，威而有恩，以是而在師旅之中，吾知其吉且无咎矣。且又上應于五，則是爲君者信之也。至任之也專，隆之以推轂之禮，畀之以閫外之寄，而至于三錫其命焉，可見爲將者,固貴於有德,亦貴于得君也。

此爻俱是象,其占則在象中。

《象》曰:在師中吉,承天寵也。王三錫命,懷萬邦也。

九二所以在師中而得吉者,以其承天王之寵任也。人臣非君寵任之專,則安得專征伐之權,而有成功之吉耶?然王者所以三錫命,而寵任乎九二者,其心以萬邦爲念,不忍生民困于蠻夷之猾,傷于姦宄之虞也。故命將出師,爲除其害,以安輯之耳。

六三,師或輿尸,凶。

六三以陰居柔,不中不正,而犯非其分,以此行師,或有輿尸之理也。占者如是,則凶矣。

《象》曰:師或輿尸,大无功也。

戰以克敵爲功,不勝已无功矣,而或至輿尸,殘民命、傷國體,不惟无功,且大无矣。

"无功"解"凶"字。

六四,師左次,无咎。

陰柔不中正,本无才智也。然居陰,則猶爲知時識勢,而不躁于進,與志剛者相反矣。故度不能勝,而完師以退舍,爲"左次"之象。占者如是,則雖無克敵之功,亦無輿尸之禍,故无咎。

凡師三宿爲次。兵家尚右,右爲前,左爲後,取其退之得宜。

《象》曰:左次无咎,未失常也。

《象》曰行師以克敵爲功,今左次而亦得无咎者,何也?蓋知難而退,師道之常也。今六四之左次,亦不失師道之常也,此其所以得无咎也。

六五,田有禽,利執言,无咎。長子帥師,弟子輿尸,貞凶。

六五用師之主,柔順而中,不爲兵端者也。蓋必蠻夷猾夏,侵擾我邊疆;寇賊奸宄,荼毒我生靈。由是爰整三軍,正其辭以徂征;張皇六師,聲其罪以致討。如是,則兵出有名而無窮黷之失,師行以義而無驕忿之非。其象猶田中有禽,而占者利于搏執而无咎也。夫應敵興師固可以免過,而命將帥師又不可以不專。彼九二剛中,有才德之長子也。占者得此長子之賢,而任以帥師之責,閫外之寄,一以委之可也。若又使弟子如六三、六四者,得以分其權,必至于喪師輿尸而歸,則此兵之出雖得正,而亦不免于凶也。用人之際,可不謹哉?

《象》曰:長子帥師,以中行也。弟子輿尸,使不當也。

《象》曰所以必用九二長子以帥師者,何也?以九二有剛中之德,而行師也,若用弟子參之,則至於輿尸而歸,是爲君者使之不當也,將誰咎哉?

上六,大君有命,開國承家,小人勿用。

師之終,順之極,正論功行賞之時。又坤爲土,是"大君有命,開國承家",以酬諸將之功也。然用人實難以周知,而立功未必皆有德。小人而使之有國家以爲政,其爲害寧有涯哉?占者遇此,但優小人以金帛可也,不可用國家以賞之焉。

《象》曰:大君有命,以正功也。小人勿用,必亂邦也。

《象》曰"大君有命",而有"開國承家"之象者,何也?蓋功有大者,則開之以國,而國又有公、侯、伯、子、男焉。功之小者,則承之以家,而家又有上大夫、下大夫焉。是賞有大小者,正以定其功之大小也。小人所以不可用者,蓋小人有邦而爲政,必挾功自恣,縱惡妄行,而至于亂邦也。

比

䷇ 坤下坎上 比：吉。原筮，元永貞，无咎。不寧方來，後夫凶。

伏羲所以名此卦爲《比》者，蓋九五以陽剛居上之中而得其正，上下五陰，比而從之，以一人而撫萬邦，以四海而仰一人之象，故爲《比》。文王觀卦之象，而繫辭若曰：占者得此，則當爲人所親輔而吉矣。然必再筮以自審，果有好生之德，洽于民心，以仁爲體，而足以長人歟？且是元善之德，果能持之以久，而無間於始終歟？能行之以正，而不流于姑息歟？必有是德，然後可以爲民之父母，作民之君師，在人无離心，在己無愧心也。由是德之行而聲之播，近者悦而遠者來，萬方向化，九有歸心，其未比而有所不安者，安能舍我而他往哉？若彼負固不服，至于事勢窮蹙，不得已而後至者，自取凶耳。

《彖》曰：比，吉也。比，輔也，下順從也。原筮，元永貞，无咎，以剛中也。不寧方來，上下應也。後夫凶，其道窮也。

卦之所以名爲《比》者，何也？蓋比者，親輔之義也。以此卦之體觀之，九五一陽，居至尊之位，爲顯比之主，凡在下五陰，皆翕然順從之，故爲《比》。辭曰"原筮，元永貞，无咎"者，何所取哉？蓋以卦之九五，陽剛而且得中也。陽剛則流動發生而无少慘刻，即所謂"元"也。得中則純粹至善而無少間雜，即所謂"永貞"也。又曰"不寧方來"者，何所取哉？卦惟九五一陽，而上下五陰皆應之，則是所比盡天下之人，而所謂"不寧方來"者在是矣。又曰"後夫凶"者，何謂也？有君如此，而猶執迷不服，以理言之，必至困窮而不見容于聖世也。

《象》曰：地上有水，比，先王以建萬國，親諸侯。

地上有水，水比於地，不容有間，比之象也。先王觀比之象，而得夫比天下之道。蓋天下之大，可以一人統之，而不可以一人治之，必建立萬國，命諸侯以分治之，而有廵狩述職、朝聘往來之禮以親諸侯。如此，則生民之利害无不畢達于九重之上，而吾一人之澤亦得以遍及于窮簷蔀屋之下矣。其所以比于天下，寧有間乎？

初六，有孚，比之无咎。有孚盈缶，終來有他，吉。

初六比之初也，占者當比人之初而能有信，則己无自欺而比人之道盡，人不見疑而信我之意篤，可以无咎矣。然誠信之道大矣，君子特患誠之未至耳。苟能自一念之實積之，以至于无一念之不實，則誠能動物，無往不利。内可以悦親，外可以信友，上可以得君，下可以得民，必又有意外之吉也，不但比人得无咎而已。

《象》曰：比之初六，有他吉也。

比之初六，有孚而至於盈缶，則必有他吉也，豈但无咎而已哉？

六二，比之自内，貞吉。

比人貴於得人，然德不足者，亦不擇人而比之也。六二柔順中正，上應九五，則是知九五爲可比之君，於是自内而出，以比於五也，所比得人可謂正矣。正則己不失身，民不失望，吉矣。

揚雄爲莽大夫，荀彧臣於曹操，不識此爻正字義也。

《象》曰：比之自内，不自失也。

六二比之自内而得其正，則不自失而吉矣。

六三，比之匪人。

必有德方能擇人，而比必近正，方爲比得其人。六三陰柔不中正，承、乘、應皆陰，則必入於小人之羣矣，“比之匪人”之象也。

《象》曰：比之匪人，不亦傷乎？

比不得其人，則陷於惡而流於小人之歸矣，不亦傷乎？

六四，外比之，貞吉。

六四柔順得正，外比九五，是其知九五爲可比之君，於是居外而比於五也。所比得人，可謂正矣，正則吉矣。

内比是方出仕者，外比是已出仕者，貞吉皆同。

《象》曰：外比於賢，以從上也。

六四知九五之賢，而服勞效志，以比於五者，正所以從上也。蓋君上者，臣子之所天也，爲臣者委身從之，分當然也。

九五，顯比，王用三驅失前禽，邑人不誡，吉。

一陽居尊，剛健中正之德，以當天下之比，是顯然以元永貞之德比天下大公无私，殆必以天下爲一家，以萬物爲一體。恩无不被，不必人人皆知其恩；惠无不周，不必人人皆感其惠。由是天下之人，皆遵義遵道，會極歸極，而无有不化者，猶“王用三驅失前禽”，而不求於必得。雖邑人亦喻上意，不警備張捕而求必得也。此乃王者大公至正之道，非私恩小惠以致人之歡虞所可比也。占者如是，則吉矣。

或泥《本義》“來者不拒，去者不追”，自以爲王者不必天下之人皆來比，或從或違，或順或逆，皆不之問，非是。夫有苗逆命而舜征之，防風後至而禹戮之。安有夫叛亂不臣，爲之君者，反置而不問耶？此理之必無也。

《象》曰：顯比之吉，位正中也。舍逆取順，失前禽也。邑人不誡，上使中也。

《象》曰九五“顯比之吉”，何所取哉？以其居位而且正中也。惟其正中，則是廓然而大公，洞然而無我。以物付物，而物物聽其自然；以事處事，而事事出於無心。所謂“顯比”者，在是矣。所謂“失前禽”者，何謂也？蓋開不合圍，逆而前出者則舍之，順而被驅者則取之，故曰“失前禽也”。邑人亦能不誡，何也？由上之德使不偏也，故曰“邑人不誡”也。

上六，比之无首，凶。

夫首出庶物而爲人所比者，必其有陽剛中正之德，而上六以陰柔居上，是其无德而不足爲人所比，“比之无首”之象也。占者如是，則衆叛親離而凶矣。

《象》曰：比之无首，无所終也。

比之既无首可比，則人必去，而其比亦无所終矣。

小　畜

☴☰ 乾下巽上 小畜：亨。密雲不雨，自我西郊。

乾下巽上之卦，伏羲名之爲《小畜》者，何也？蓋陰爲小，陽爲大，上巽下乾，以陰畜陽，能畜而不能固，爲所畜者小之象，此卦所以名爲《小畜》也。文王繫辭以爲：此卦内健而外巽，二五各居中，故占而得此者，雖或見畜於陰邪，然才既能爲，勢猶可爲，不能我畜，當得亨也，有如“密雲不雨，自我西郊”焉。蓋陰陽和而後成雨。陰氣畜，陽氣不固，陽氣得以上行，陰氣結聚，雖密終不成雨也。占小畜而得亨者，其象如此。

“密雲不雨，自我西郊”，猶云密雲起自西郊而不雨也，作一句説。總是陰畜陽，不聚陽之道，得以亨也。

《彖》曰：小畜，柔得位而上下應之，曰小畜。健而巽，剛中而志行，乃亨。密雲不雨，尚往也。自我西郊，施未行也。

卦所以名爲《小畜》者，以六四之柔，處得其位，而上下五陽皆應之，而爲彼所牽制也，故曰小畜。既曰小畜，則陽道不得亨矣，而其占得亨者，以卦德健而巽。健則有不屈之操，巽則有善入之道，而其才足以有爲也。卦體二、五皆陽，各居二卦之中，而其志得以行，則其勢猶可以有爲也，故猶可亨。“密雲不雨”者，何也？蓋陽爲陰畜，則相持爲雨而降。今也陰畜陽未極，而陽之氣猶上進也，惟其氣上進，故雲雖密，自我西郊，而其雨澤之施，亦未得以自行也。

“施未行”正是“不雨”，承“尚往”言，不是釋“自我西郊”言。

《象》曰：風行天上，小畜，君子以懿文德。

“風行天上”，風有氣而無質，能畜而不能久，小畜之象也。君子則威儀有度，言語有章，以懿文德而善其一身，是亦所畜之小者。若夫經綸之學藴諸身，而其施足以及於天下，則爲大畜矣。

小畜亦君子之所不可無者。

初九，復自道，何其咎？吉。

陽本在上之物，特爲陰所畜而不得進。然初九體乾，居下得正，前遠於陰，雖與四爲正應而能自守以正，不爲所畜，故得以遂其前進之心，而居其所當居之位，有“復自道”之象也。占者如是而復，是乃理之正也，非妄動也，何咎之有？且因此得以行其志，又何吉如之！

《象》曰：復自道，其義吉也。

初九進復自道，則吉也，宜也，非倖得也。

九二，牽復，吉。

九二亦欲上進者，雖已漸近于陰，然以其剛中，故能與初九牽連，而復拔茅以進，脱然不爲陰邪所制。占者如此，則其志行矣，何吉如之！

《象》曰：牽復在中，亦不自失也。

九二有剛中之德，故能與初九牽連以進，亦可見其所守之正而不自失也。

蓋初九能復自道，而九二亦能自道，無愧于初也。

九三，輿説輻，夫妻反目。

九三亦欲上進，然剛而不中，迫近於陰，而又非正應，但以陰陽相悦，爲所係畜，无由上進，有"輿説輻"之象。以其志剛，始雖爲所畜，終悟其非而思反于正，不能平而與之争，故又有"夫妻反目"之象。

《象》曰：夫妻反目，不能正室也。

夫妻反目而不相順，由爲夫者不能正室也。未有夫不失道，而妻能制之也。可見六四之能畜乎九三者，九三自處不以其道耳。

六四，有孚，血去惕出，无咎。

三陽上進，六四獨當其鋒而禦之，本有傷害憂懼也。然其柔順得正，虚中巽體，是其孚誠之感，自有以得二陽之助，以是而畜衆陽，而傷害可免，憂懼可无，"血去惕出"之象也。占者遇此而能有孚，則亦無傷害憂懼矣，何咎之有？

自乾三陽而觀，則六四爲陰柔小人；自六四一爻而觀，則三陽又爲强暴小人。隨爻取義，不必泥定。卦爻中如此者甚多，若把此爻作小人畜君子説，則爻辭所言，是爲小人謀矣。

《象》曰：有孚惕出，上合志也。

六四一陰而惕可出者，豈一陰之力所能獨濟哉？蓋其與上二陽同在巽體，而四之孚誠足以感其志而與之合，由是二陽助之，同力畜乾，此所以得免于憂懼也。

九五，有孚攣如，富以其鄰。

陽剛上進，非巽體三爻同力不能畜也。九五居中，則其心之孚信足以結人，而上九、六四皆與之合志而不忍離矣。且又處尊，則其力之富厚足以服人，而上九、六四皆聽其左右而不敢違矣。如是，以畜乾則有以禦其鋭進之鋒，而遏其方張之勢，庶不爲彼所傷害矣。占者有孚，則能如是也。

嘗疑此爻是以陰畜陽，故有孚无咎之占。《本義》所云是也，則似又當與六四爻一例看。至上九，則分明説出君子征凶矣。

《象》曰：有孚攣如，不獨富也。

九五既有孚攣如，而又富以其鄰，不獨富也。

上九，既雨既處，尚德載。婦貞厲，月幾望，君子征凶。

上九雖陽爻而居巽體，亦陰類也，在卦之終，居畜之極，陰陽和矣，有"既雨既處"之象也。何則？蓋陰畜陽不極，則陽與不和。今也陰德之盛已極，陽爲陰所制而尊尚其德亦至于極，故陰陽得和也。其象如此。在婦人占而得此，則雖正亦厲，蓋陰不可加于陽也。然陰既盛而抗陽，如月之幾望，君子占而得此，亦不可以有行。若有所行，則必爲小人所傷而得凶矣。

"德"字猶"道"字，道與德爲虚位。

《象》曰：既雨既處，德積載也。君子征凶，有所疑也。

陽之所以與陰和，而既雨既處者，蓋其爲陰所畜，而尊尚其德，至于積滿而然也。君子有所行則凶，然則爲君子者，豈可無所疑慮而妄行乎？

履

☰☱ 兑下乾上 履虎尾，不咥人，亨。

伏羲所以名此卦爲《履》者，蓋以兑遇乾，以至柔而躡于至剛者之後，是履危機者，故爲《履》。文王繫辭之意若曰：人之涉世而履危機，惟乖戾忿争，則物得以病之。此卦以兑遇乾，雖爲履之危，亦爲履之善。蓋乾剛强而兑和悦，以和悦而躡剛强之後，則雖危而不傷矣，殆猶履虎尾而不咥人也，其亨爲何如？是則亨矣。

《彖》曰：履，柔履剛也。説而應乎乾，是以履虎尾，不咥人，亨。剛中正，履帝位而不疚，光明也。

卦所以名爲《履》者，蓋此卦之體，以兑之至柔而躡乎乾之至剛，是履危機也，故爲履。履危宜見傷也，而曰"履虎尾，不咥人，亨"者，何也？蓋此卦之德，乾剛健而兑和悦，惟其悦而應乎乾，則是敬而无失，恭而有禮。詞氣和平，而聽之者忿解；容色温厚，而望之者意消。將見强暴可化也，仇怨可平也，患難可解也，是以謂之"履虎尾，不咥人，亨"。夫以卦德觀之，固有亨道矣。又以卦體觀之，九五陽剛中正，以履帝位，則德稱其位而不疚矣。既不疚，則光被四表，格于上下，巍乎其有成功，焕乎其有文章矣。卦體所履之善如此，占者宜得亨焉。

《象》曰：上天下澤，履，君子以辯上下，定民志。

上天下澤，定分不易，履之象也。君子觀履之象，以辯别上下之分，以定其民志。殆必因其德之大小，而爲其位之高下；隨其位之高下，而爲所享之厚薄。于以使天下之人，各安其位之所當居，而不敢日志于尊榮；各享其分之所當得，而不敢日志于富侈。否則億兆之心，交騖于利，天下紛然如之，何其可一也。

有公卿之德，則居公卿之位；有大夫之德，則居大夫之位；有士之德，則居士之位。无德則无位，而但爲農、工、商、賈耳。是位各稱德，固所以辨上下也。爲公卿者，則有公卿之所享；爲大夫者，則有大夫之所享；爲士者，則有士之所享；爲農、工、商、賈者，則有農、工、商、賈之所享。車馬、宫室、服飾、器用之類，各有限制而不可越，是所享有限，亦所以辨上下也。如此，則有位、無位皆不敢日志于尊榮，貴者、賤者皆不敢日志于富侈，而民定矣。必如此説，乃爲完密。今人説書多以位稱德，日志于尊榮，説公、卿、大夫而不及農、工、商、賈；以所享有限，日志于富侈，説農、工、商、賈而不及公、卿、大夫。蓋泥程傳而不會其意者也。

初九，素履，往无咎。

初九以陽居下，在履之初，陽剛則所守者堅，處卑則其意未滿。又當方進之初而未久，則其氣尚鋭，吾知利禄不足以奪其志，富貴不足以改其舊。平素所講明者，今日皆見諸設施；平素所期待者，今日皆有是實事，“素履”之象也。占者如是而往，則上不負君之所托，下不失民之所望，何咎之有？

《象》曰：素履之往，獨行願也。

所謂“素履”者，何謂也？蓋言其窮居未進之時，有所願，欲待時而後見。及今日方進之時，則行其所行，不肯變其初心也。

九二，履道坦坦，幽人貞吉。

剛中在下，无應於上，是有德而不見用于時者也。吾知其抱道自樂，无歉于中；素位而行，不願乎外。是非不入于其耳，榮辱不加于其身，“履道坦坦”之象也。幽人占而遇此，則亦如是履道而無非義之爲也，何貞如之？則亦如是平坦而無危機之伏也，何吉如之！

《象》曰：幽人貞吉，中不自亂也。

《象》曰九二所以爲幽人，且得正而吉者，何也？由其有中德，故能安静自守，不以利欲自亂其心，而得謂之“幽人貞吉”也。

六三，眇能視，跛能履，履虎尾，咥人，凶。武人爲于大君。

六三不中不正，柔而志剛，是其無才無德，而且不肯服人者也。有如眇者不能視而自以爲能視，跛者不能履而自以爲能履，以此履人，正與和悦者相反矣，能不爲乾所傷乎？所謂“履虎尾，咥人，凶”也。然其無才德而志剛，又如武人不仁爲大君，而肆暴其凶，不待言而可知矣。

《象》曰：眇能視，不足以有明也。跛能履，不足以與行也。咥人之凶，位不當也。武人爲于大君，志剛也。

《象》曰所謂“眇能視”者，言不足以有明，而强自以爲能明也。所謂“跛能履”者，言不足以與行，而强自以爲能行也。六三如“眇能視”，“跛能履”，“履虎尾，咥人，凶”者，何也？以其不中不正，柔而志剛也。又如武人爲大君者，亦以至柔而志剛也。

九四，履虎尾，愬愬，終吉。

九四亦以不中不正，履九五之剛，若“履虎尾”然者，宜其得凶也。然猶幸其以剛居柔，故能愬愬戒懼，近於悦而應乎乾者，正與“眇能視”、“跛能履”者相反矣，終亦可免於傷害，而得以遂其上進之心也。

《象》曰：愬愬終吉，志行也。

《象》曰所謂“愬愬終吉”者，言其能戒懼，則終得以遂其進而志行也。

九五，夬履，貞厲。

九五以陽剛中正履帝位，而下以兑悦應之，是其才既能爲，勢又得爲，而爲臣者，又將順其所欲爲。則於事之來，但見其可爲，未暇深思其亦有不可爲者；但見其爲則皆是，未暇深思其亦有未盡是者。夬履如此，占者如之，則雖正亦危。蓋天下之事，常得之於持重周密，多失之於自主張太過也。

《象》曰：夬履貞厲，位正當也。

《象》曰九五所以“夬履貞厲”者，以其位正當也。惟其正當，則有陽剛中正之才，而又有崇高富貴之勢，故傷於所恃而凡事必行也。

上九，視履考祥，其旋元吉。

天人有交感之微，善惡有感通之理，故作善則降之百祥，作不善則降之百殃，此理之必然也。上九處履之終，是事已爲之後也。占者於此，唯視其所履者，有善與不善之殊；以卜其所得者，當有祥與不祥之異。必其所履者周旋皆善，而无一毫之不善，則百祥畢集而得元吉矣。若所履有未盡善，則不可以得元吉矣。善惡之多寡，吉凶之大小也。處履之終者，宜知所以自考矣。

處履之終，逐事言。如出仕以至致仕，亦終也；初任以至任滿，亦終也。餘可類推。

《象》曰：元吉在上，大有慶也。

《象》曰上九在卦之上，處履之終，惟周旋无虧，則得元吉。夫元吉未易得也，若得元吉，則大有福慶矣。

"元吉"即是"大有慶"。《本義》"若得"二字未有定意。

泰

☷☰ 乾下坤上 泰：小往大來，吉亨。

伏羲名乾下坤上之卦爲《泰》者，何也？蓋乾象爲天，坤象爲地，乾下坤上，則是天氣下降而唱之於先，地氣上騰而和之於後。絪緼交密，貞元會合于兩間；歡欣交通，和氣薰蒸於无外，此卦所以名爲《泰》也。文王繫辭以爲：《易》之大分，陽爲大，陰爲小。以卦體言之，則坤往居外，乾來居内，固爲小往而大來，以卦變言之，則自《歸妹》來，六往居四，九來居三，亦爲小往而大來。小往大來，則是小人居外而見疎，君子居中而用事也。有陽剛之德者，占而遇此，則事得以遂而吉矣，勢日以昌而亨矣。

同一乾下坤上，伏羲取陰陽交通之義以名卦，文王取陰陽消長之義以繫辭。所取不同，而其理則並行而不悖也。

《彖》曰：泰，小往大來，吉亨，則是天地交而萬物通也，上下交而其志同也。内陽而外陰，内健而外順，内君子而外小人。君子道長，小人道消也。

乾下坤上之卦名爲《泰》，而其辭曰："小往大來，吉亨。"夫乾爲天而坤爲地，唯乾下坤上，則是天氣下降，地氣上騰，天地交而其氣通，有以化生萬物也。此泰之見于造化者然也。乾爲君而坤爲臣，惟乾下坤上，則是君禮乎臣，臣忠乎君，上下交而其志同，不至猜疑而間隔也。此泰之見于人事者然也。夫小爲陰而大爲陽，陽性健而陰性順，謂之小往大來，則是温和發生之陽氣在内而方行，慘刻肅殺之陰氣在外而不行。陽性剛健之善在内而爲主，陰性柔順之惡在外而爲賓。此造化之小往大來而吉亨也。陽爲君子，陰爲小人，謂之小往大來，則是光明正大之君子在内而用事，陰險邪佞之小人在外而屏伏。君子愛人和物之道得以設施而日長，小人蠹國害民之道无以設施而日消，此又非人事之小往大來而吉亨者乎？

《彖傳》總舉卦名、卦辭而推廣其義，故只用"則是"二字過下。而朱子《本義》亦不用以卦體、卦變釋卦名、卦辭句例者，以此健順陰陽之性情，内健而外順，即内陽而外陰之意，就造化氣運之治亂上見。

《象》曰：天地交，泰，后以財成天地之道，輔相天地之宜，以左右民。

乾下坤上，是天地交而二氣通，泰之象也。人君當氣運方泰之時，而盡所以致泰之道焉。彼天地任其自然之道，不能无過也，則裁成以制其過。如治曆以明時，畫野而分井，以至于因民生之衆，而立爲君臣、父子之倫者，皆所以裁成天地之道也。天地于形器，其宜不能无不及也，則輔相以補其不及。如教人以春耕而秋斂，教人以高黍而下稻，以至於因人民之立，而示以仁敬孝慈之理者，皆所以輔相天地之宜也。如此，正欲使地平天成，而人之生乎其間者，得以各遂其生，各復其性，无仰事俯育之累，有遵道遵義之美。是裁成輔相者，乃所以左右扶植乎斯民也。聖人爲天地之宗子，而父母乎斯民，所以盡人物之性，而贊天地之化育者，其道固如此。夫然非天開一代之治運，則元后无以成一代之治功。

故曰天有是時,則人有是事;人有是事,則天有是時。天人感應之理微矣。

初九,拔茅茹,以其彙征吉。

有陽剛之德,遇通泰之時,與上二陽牽連而進。齊驅並駕,不惟樂善以相親;結綬彈冠,實欲同心而共濟。亦猶拔茅而茅之茹,以其彙而起也。初九之象如此占者,陽剛則其進也,必遂其進而行其道矣,何吉如之!

《象》曰:拔茅征吉,志在外也。

《象》曰三陽所以連類而進者,豈爲一身一家計哉?其志在于兼濟乎天下也。

九二,包荒,用馮河,不遐遺,朋亡,得尚于中行。

九二在下之中,上有六五之應,主乎泰者也。且以剛居柔,在下之中,則主泰而得其中道者也。占者于此可不思所以尚之哉?必也待人以恕,處事以寬,而有包荒之量;有罪必誅,有弊必革,而用馮河之勇。圖未萌之利害,揚側陋之賢才,深思遠慮,不以遐遠而有所遺忘;法行乎近貴,恩割乎至親,秉心持正,不以朋比而有所牽制。夫包荒不遐遺者,柔德也;用馮河與朋亡者,剛德也。用剛於其所當剛,用柔於其所當柔,則剛柔合理而四者各一其中也;用剛而濟之以柔,用柔而濟之以剛,則剛柔不偏而四者共成一中也。是有以合此爻中行之道矣。

《象》曰:包荒,得尚于中行,以光大也。

《象》曰九二所以能"包荒,用馮河,不遐遺,朋亡",而合乎中道者,由其心之光明正大也。光明無徹,則能知中道之所在;正大無私,則能依中道而行之。

九三,无平不陂,无往不復,艱貞无咎,勿恤其孚,于食有福。

九三將過乎中矣,君子處此亦云危哉。蓋天下之理,平者必有陂,往者必有復,豈有常治而不亂者?當此之時,惟當艱危其思慮,正固其施爲,則亂不生於所忽,禍不起于无虞,可以无咎。雖曰泰極而否,理之必然,可以勿憂。惟盡吾善處之道,則泰可常得,而于食有福矣。

"无平不陂","无往不復",俱是戒占辭,不是象。

《象》曰:无往不復,天地際也。

《象》曰所謂"无往不復"者,何也?蓋言九三所處之時,將過乎中,乃天地否泰之會,陰陽消長之交,泰極而否欲來也。

六四:翩翩,不富以其鄰,不戒以孚。

六四當泰已極而否適來之時也。斯時也,正小人得志之時也。故六四與上二陰,翩翩然而下復四,不待富而其類從之,亦不待戒約於衆,而其志自相孚也。君子宜知所戒哉?

"翩翩"是取象字,謂羣飛下來也。蓋當泰時,衆陰皆屏跡,今否來,則又皆遠赴而交集於朝廷矣。

《象》曰:翩翩不富,皆失實也。不戒以孚,中心願也。

《象》曰三陰皆翩然而下復,不待富而自相從者,何也?蓋陰實在下之物。今三陰皆在上,非其分所當然,是失實也。唯其失實,故皆不自安而翩然往居于下也。不待戒令而必復于下者,何也?蓋居下則心安,是其心之所願也。

《本義》依程傳解"失實"之意,與爻辭正相反,亦是抑陰之意。亦有引小人歸於善之意,此意亦好,但不似孔子語意。

六五,帝乙歸妹,以祉元吉。

以陰居尊,爲泰之主,柔中虚己,下應九二,是其知剛明之賢,足以任天下之重,屈己以求之,虚心以任之,有尊德樂道之誠,无侮慢自賢之失,其象猶帝乙歸妹焉。占者如此，則賢者得以展其才而行其道，事治民安而泰可以長保，其有祉而元吉也爲何如！

《象》曰：以祉元吉，中以行願也。

《象》曰六五能保乎泰而以祉元吉者，由其有柔中之德，以行下賢之願也。

上六，城復于隍，勿用師。自邑告命，貞吝。

泰極而否，“城復于隍”之象也。占者于此不必輕舉妄動而力争，但當安静謹畏以自守，雖得其正，然時運未可挽回，亦不免於羞吝也。

《象》曰：城復于隍，其命亂也。

上六泰極而否，城復于隍者，雖云時運之自然，亦由其般樂怠傲於久安長治之餘，而法度不修，政命不治，故歸復于否也。自邑告命，所以治之也。

否

䷋ 坤下乾上 否之匪人，不利君子貞，大往小來。

伏羲所以名此卦爲《否》者，蓋坤下乾上，則是天地不交而二氣不通，故爲《否》。文王繫辭以爲：當此之時，百度俱乖，凡事皆逆，乃非人道之常也。占者得此，不利於君子之正道，何則？蓋卦體乾往居外，坤來居内，又卦變自《漸》來，九往居四，六來居三，皆大往小來也。大往小來，則是小人用事於中，君子迸棄於外，故“不利君子貞”。

《彖》曰：否之匪人，不利君子貞，大往小來，則是天地不交而萬物不通也，上下不交而天下无邦也。内陰而外陽，内柔而外剛，内小人而外君子。小人道長，君子道消也。

無邦是邦不治，雖有邦猶无邦也。

《會解》：卦《否》而詞曰“否之匪人，不利君子貞，大往小來”，嘗即此而想見否之時，在天地則二氣鬱而萬物屯，在上下則驕諂盛而國事非。天地不交，則必肅殺之氣用事，生息之氣退聽，内陰而外陽；收斂之質用事，震動之質退聽，内柔而外剛也。上下不交，則必小人用事，君子退聽，内小人而外君子也。惟小人在内，則妨賢病國之道長；惟外君子，則致君澤民之道消。夫是之謂匪人，夫是之謂不利君子貞也。此節缺，採《會解》補之。

《象》曰：天地不交，否，君子以儉德辟難，不可榮以禄。

天地不交，二氣不通，否之象也。君子當否之時，必收斂道德之光，以避小人之難，名譽不聞于人，而人不得以禄位榮之也。

初六，拔茅茹以其彙，貞吉，亨。

初六以陰居下，當否之時，與六二、六三牽連而進，猶拔茅茹以其類也。夫三陰並進，固有難處之勢；而初惡未形，猶有可變之機。使其能變而歸于正焉，則既往之愆與化俱徂，維新之善映照方來，向爲小人而今則爲君子矣，何吉如之！既爲君子，則德孚于人，行無不得，安有不亨者哉？

《象》曰：拔茅貞吉，志在君也。

《象》曰小人之道，惟知有其身，而不知有其君。今初六“拔茅貞吉”，則變爲君子矣。既變爲君子，則能以愛君爲念，而不計其私矣。

六二，包承，小人吉，大人否，亨。

六二陰柔而中正，陰柔本有傷善之習，中正則未忘好善之心，故當否之時，小人皆欲害乎君子，彼獨能包容承順乎君子，乃小人中之君子也。其象如此，占者得此，若果小人歟？則如是而吉，蓋君子有益於國家成敗之數者也。小人能容君子，是雖君子之幸，而亦小人之福也。若果大人歟？則當儉德辟難、晦處静俟，而後道可亨也，不可以彼包容於我，依阿係戀而混于彼也。

《象》曰：大人否亨，不亂羣也。

言不亂於小人之羣，正解當安其否意。此節缺，採《本義》、《存疑》補之。

六三，包羞。

六三陰柔，小人者也。然居陽，則處非其地而无勢；不中不正，而又短於才，是其不能傷善，而徒有傷善之志也。志在傷善，則亦必有所不安者矣，“包羞”之象也。以其未發，故無凶咎之戒。

《象》曰：包羞，位不當也。

《象》曰六三所以包羞者，蓋以陰居陽而不中正，故志乎傷善而未能，徒包羞而已。

九四，有命无咎，疇離祉。

否已過中，而且以陽居陰，不極其剛，故占者遇此，當有天命之祐，而行無所阻；必得弭亂之術，而行無過當。如此，則君子道長，小人道消，凡我朋類，皆獲其福矣。

《象》曰：有命无咎，志行也。

《象》曰君子處世，豈無願治之志？唯其阻於時運之未通，局於才識所不足，雖有志，亦不得以自遂也。九四有命无咎，則是天有是時，人有是事，可以轉否爲泰而其志行矣。

九五，休否，大人吉。其亡其亡，繫于苞桑。

有位無德，則所以休否者无其具；有德無位，則所以休否者无其資。九五陽剛中正，以居尊位，德位兼隆，能休時之否也。然此乃大人之事，故占者必大人遇之，則能休時之否而得吉。然禍亂常生於所忽，而才力不可以自恃。當常存敬畏，凜然若將亡，則所以制治者無不至，防亂者無不周，由是可以久安長治，如繫于苞桑而不可拔矣。

《象》曰：大人之吉，位正當也。

《象》曰九五大人，所以能休否而得吉者，以其有陽剛中正之德，而居乎人君崇高富貴之位。位既可爲，而德又能爲，此所以能休否而得吉也。

上九，傾否，先否後喜。

上九以陽剛居否極，否極固當傾也，況濟以陽剛之才，必有經綸以休時之否也。其象如此，占者得此，先雖否而後則傾否而得吉也。

《象》曰：否終則傾，何可長也！

《象》曰天下之理窮則必變，終則有始。否既極，則自傾矣，豈有長否之理乎？

周易淺説卷二

上經二

同人

☰☲ 離下乾上 同人于野，亨，利涉大川，利君子貞。

伏羲所以名此卦爲《同人》者，蓋以離遇乾，火上同於天，六二得位得中，而上應九五，又卦惟一陰而五陽同與之，故爲《同人》。文王繫辭以爲：同人貴於無私，以健故能涉險。且文明以健，中正而應，乃君子之正也。占者得之，必也擴至公無我之心，廣一視同仁之念，隨所處之地，值所接之人，情無不孚，恩無不洽，而同人于野焉。于野則所同者大而無私矣，大同則愛敬者多，親附者衆，凡百事皆亨，何所爲而不成？何所往而不利？雖極天下之至險，亦有以濟之而無難矣。然必其所同者合於君子之正道，而非同乎流俗，合乎污世，亦非擇勢而交、趨利而合也。如此，乃得謂同人于野，乃能亨而利涉也。

《彖》曰：同人，柔得位得中而應乎乾，曰同人。

卦之所以名爲《同人》者，以卦體言之，六二柔得位之正，又居下卦之中，上應九五之中正，則是同道相與，爾我一心，同德相愛，彼此無間，同人之義，故曰《同人》。

同人于野，亨，利涉大川，乾行也。文明以健，中正而應，君子正也。唯君子爲能通天下之志。

文王繫辭曰“同人于野，亨，利涉大川”者，何所取哉？蓋以此卦上體本乾，而乾之德則健也。以健而行，則是光明正大而不累於私，故能同人于野而得亨也，嚴毅幹固而克濟夫事，故雖天下之至險，亦可濟矣。所謂“利君子貞”者，於卦何所取哉？蓋以卦德文明以健，卦體中正而應，文明則能明正理，以健則能行正理，中正則在己者正，有應則所應者正，此皆君子之正也。惟得正之君子，則所同者正，有以通天下之志焉。蓋人同此心，心同此理。人唯係於一己之私，故無以通天下之大。唯所同者出於正，則不拂乎人心，隨所往而皆合矣。不然，則是私情之合而已，其所同復能幾何？又何以致亨而利涉哉？

《象》曰：天與火，同人，君子以類族辨物。

天在上而火炎上，其性同也，故爲同人。君子法之，以類族辨物。類族者，别其人品之不齊也。如德之大者，則與大德爲類而居乎位之高；德之小者，則與小德爲類而居乎位之卑。如此，則人得以類相同，而賢否不至於混淆矣。辨物者，明其制度之異等也。如尊者所當用之物則别爲一類，而位卑者不得以僭之；有位者所當用之物則别爲一類，而無位者不得以僭之。如此，則物得以類相同，而名分不至於乖亂矣。

初九，同人于門，无咎。

初九在同人之初，則未有私主，以剛居下，則非爲私之人，上无係應，則無所與私，是其合親疎遠近之衆，皆在其所同之中，有“同人于門”之象也。占者如是，則在彼無惡，在此無射，何咎之有？

“于門”即“同人于野”之意。

《象》曰：出門同人，又誰咎也！

《象》曰初九之“同人于門”者，則我於人無不愛矣，而人又豈得有咎於我哉？

“于門”謂于門外也，在外則無私矣。看來“于門”與“于野”其意似同，故《本義》皆以“無私”釋之。

六二，同人于宗，吝。

同人者，當視天下爲一家，視中國爲一人，而所同者大也。今六二與五爲應，則有私繫偏主而不能大同於人矣，有“同人于宗”之象也。占者如是，可羞也。

《象》曰：同人于宗，吝道也。

《象》曰六二之“同人于宗”者，非君子之正，乃可吝之道也。

九三，伏戎于莽，升其高陵，三歲不興。

九三剛而不中，上无正應，欲同於二而非其正，懼九五之見攻，故升其高陵而伏兵於高陵之草莽中，將敵九五以攘六二也。然理既不正，勢又不敵，故終於隱密而不敢發也。

《象》曰：伏戎于莽，敵剛也。三歲不興，安行也。

《象》曰九三之“伏戎于莽”者，將以敵九五之剛也。“三[歲]不興”者，言其理勢俱屈而不能行也。

九四，乘其墉，弗克攻，吉。

九四剛不中正，又无應與，亦欲同於六二而爲三所隔，則三有墉之象也。九四隔三以攻乎六二，有“乘其墉”之象也。然以剛居柔，剛而不過，故能惕然自反，而知六二非己之正應，攻奪非理之所宜，能悟妄求非分之艱，有乘墉而弗克攻之象焉。占者如是，則是能勇於改過，不任情以遂非；果於復善，不挾私而肆暴。何吉如之！

攻者攻取乎六二也，非攻九三也。

《象》曰：乘其墉，義弗克也。其吉，則困而反則也。

《象》曰九四既乘其墉矣，則是以剛勇自負，以必勝爲主，夫豈其力之不足哉？特以義之弗克而不攻耳。其所以得吉者，由其能以義自斷，知其爲義所制而復歸於義，故吉也。

困者制於義而不得通也。

九五，同人，先號咷而後笑，大師克，相遇。

五剛中正，二以柔中正相應於下，同心者也，而爲三、四所隔，不得其同，然中正相應，乃義理所同，而非私情之合也，故物莫能間而終得以相同，有若先號咷未幾而後笑隨之也。然六二柔弱而易凌，三、四剛强而難撓，故九五必用大師以勝乎三、四，然後得與六二相遇也。

蓋天下之事，有理有勢。二之得應於五者，理之常也。事變不可以常理論，小人不可以正理化，故不得不假夫勢以伸夫理也。

《象》曰：同人之先，以中直也。大師相遇，言相克也。

《象》曰九五之“同人，先號咷而後笑”者，何也？蓋以九五之中正，應六二之中正，其理直也，理直則物不得而間之矣。大師相遇者，言以大師克乎三、四，而後得遇六二也。

上九，同人于郊，无悔。

上九居卦之外，又無正應，是其孤介特立，荒僻自守，而物莫與同，“同人于郊”之象也。占者如是，雖不可以得乎吉利，然始无同而終無睽，始无得而終無喪，脱然無所係累，超然無所争奪，是亦可以无悔矣。

《象》曰：同人于郊，志未得也。

《象》曰人之處世，不可以无朋。上九之同人于郊，則是孤介獨立，少從寡與。吾知修身講學而誰與相資，歷艱涉險而誰與共濟，則行有所未通，而志未得也。

大　有

䷍ 乾下離上 大有：元亨。

乾下離上之卦，伏羲所以名爲《大有》者，蓋以卦象言之，火在天上，無所不照，爲人君照臨乎萬國之象；以卦體言之，六五一陰居尊得中，而五陽應之，有天下皆歸于一人之象，故爲《大有》。文王繫辭以爲：卦德乾健離明，卦體居尊應天，占者若有其德，吾見施爲舉措盡善而盡美，紀綱法度至精而至當。納四海之廣於利用厚生之境，而無一物不得其所；囿天下之大於遵道遵路之域，而無一物不被其化。則大善而亨也，何如哉？

"元亨"與它卦"元亨"不同，此以大善而亨言也。

《彖》曰：大有，柔得尊位大中，而上下應之，曰大有。

卦之所以名爲《大有》者，何所取哉？蓋以卦體言之，六五之柔得尊位大中，而上下五陽應之，則是爲人君者高居大寶之尊而建中于下，民首出庶物之上而建極于天下，九有歸心而尺地莫非其有也，百辟從令而一民莫非其臣也，則所有極于至大而無外矣。卦之所以爲《大有》者，非以此耶？

"柔得尊位"之"柔"不重。

其德剛健而文明，應乎天而時行，是以元亨。

卦辭所謂"元亨"者，何所取哉？蓋以卦德乾健離明，卦體居尊應天，則是人君之德剛健足以有執而不屈于欲，文明足以有别而不昧乎理。動與天游，因時而制其宜；行與天合，隨時而從乎道。其德如此，是以庶政各得其理，萬物各得所安而元亨矣。

"其德"指人君之德，非卦德。應天即是時行，非時行又應天也。

《象》曰：火在天上，大有，君子以遏惡揚善，順天休命。

離象爲火，乾象爲天，火在天上，所照者廣，爲“大有”之象。君子體之，以爲時當大有，民物殷盛，无以治之，則釁孽萌於其間矣。治之之道何如？彼天下之人，有善者焉，有惡者焉。惡者，梗化之民也，則五刑五用以遏絶之，使人知所懲。善者，循民之道也，必五服五章以褒揚之，使人知所勸。夫惡而遏之，非私怒也。蓋天之休命，本自无惡；吾之遏惡，正所以順天之休命也。於善而揚之，非私喜也。蓋天之休命，本自有善；吾之揚善，亦所以順天之休命也。君子順天休命，以遏惡揚善。如此，則天下之人，皆爲善而不敢爲惡，何患大有之不治乎？

初九，无交害，匪咎，艱則无咎。

初九當大有之時，亦爲富有者也。然盛者衰之漸，福者禍之基，富有宜有害也。然以陽剛正人而居卑位，且上无係應之私，又在事初未極之時，未有驕盈之失而涉乎害也，何咎之有？占者值此，亦必有艱危自處，則終于无咎，否則驕盈之心生，而不免于有咎矣。

《象》曰：大有初九，无交害也。

《象》曰大有初九，以陽居下，上无係應而在事初者也，故未有驕盈之失而涉乎害也。

“匪咎”即是“无交害”。“无咎”與“匪咎”亦同，特戒辭耳。

九二，大車以載，有攸往，无咎。

九二剛中在下，得應乎上，是有才德，爲人君之所委任者，故爲“大車以載”之象也。占者有所往，苟當是任而又有是德，則德足以勝其任而无咎矣。

《象》曰：大車以載，積中不敗也。

《象》曰大車以載乎物，則雖積衆物于中，而不至于傾敗也。九二以剛中之大才，克勝大有之重任，何以異于是哉？

此小象徑就事上説九二意，首尾見。

九三，公用亨于天子，小人弗克。《本義》曰：“亨，《春秋傳》作‘享’。”

九三居下之上，公侯之象。且剛而得正，上遇六五，虛中下賢之君，明良相遇，上下一心，故九三平日之所抱負，如治有之道、保有之術，无不一一敷施于廟堂之上，以副人君下賢之盛心，殆猶公侯朝覲于天子，隨所有而貢獻焉，則其象如此。占者有其德，則其占如是。小人无剛正之德，則雖得此爻，不能當也。

《象》曰：公用亨于天子，小人害也。

《象》曰“公用亨于天子”之象，然必君子占而得此則利，小人占而得此則不利也。

“害”即是不利。

九四，匪其彭，无咎。

九四以陽剛近六五柔中之君，有僭逼之嫌。然以其處柔也，故能盡事上之禮，安爲下之分。惟知不矜不伐，无有作威作福。如此，則位高而无逼上之嫌，勢重而无專權之過，何咎之有？

《象》曰：匪其彭，无咎，明辨晳也。

《象》曰九四“匪其彭”而得“无咎”者，由其明晳然也。殆必明君臣尊卑之分，而知下不可以陵上；燭盛衰倚伏之機，而知滿必至于招損，此其所以“匪其彭”而得“无咎”也。

六五，厥孚交如，威如，吉。

六五柔中以應九二，而上下歸之，是其誠信以任在下之賢，而自有以得乎在下臣民之心,"厥孚交如"之象也。然君道貴剛,太柔則廢。占者得此,當以威濟之。順巽之中而有嚴毅者存,慈祥之内而有果敢者寓。由是天下之人,不敢玩法以安肆,則所有之大,可以長保而无虞矣,何吉如之!

《象》曰:厥孚交如,信以發志也。威如之吉,易而无備也。

《象》曰所謂"厥孚交如"者,言六五誠信以任九二之賢,而自有以感發乎天下臣民之心也。又曰"威如吉"者,蓋六五柔順之君也,君德以剛爲主,剛有威之可畏,太柔則人將易之而无畏備之心,故不可不濟之以威也。

上九,自天祐之,吉无不利。

上九當大有之世而居上,可謂滿矣。然六五信順之賢也,而上九以剛能下從之,則其所履者信,所思者順,而又且尚賢也,是滿而不溢,行與天合,故天必祐之于冥冥之中,可以長享其所有,而吉无不利矣。

《象》曰:大有上吉,自天祐也。

《象》曰大有上九之吉者,何自而得哉?由其滿而不溢,行合乎天,故自天祐之而獲吉也。

"自天祐之,吉无不利",當作一句講。

謙

䷎ 艮下坤上 謙:亨,君子有終。

艮下坤上之卦,伏羲所以名爲《謙》者,蓋以卦德言之,止乎内而順乎外,則是内有卑巽之心,外无誇伐之態,謙之意也;以卦象言之,山至高而地至卑,以至高者而屈于至卑者之下,謙之象也,故爲《謙》。文王繫辭意謂:人道惡盈而好謙,占者能謙,則在彼無惡,在此無射。欲進則進,而進不見摧;欲行則行,而行無所沮。固可以得亨矣,不特亨於一時而已。吾見君子能謙,先雖屈而後得伸,始雖不居其有，而終則不沒其有也。夫謙則必亨而且有終如此，然則人其可好高自大，以取惡于人哉？

"君子"字輕。"亨"在事上説。

《彖》曰：謙，亨。天道下濟而光明，地道卑而上行。

卦辭言謙之所以得亨者，何以見之？彼天氣下降，以濟萬物，天之謙也；化育之功，光明顯著，則謙之亨也。地勢卑順，處物之下，地之謙也；其氣上行，以交于天，則謙之亨也。觀天地之謙而亨，可見人而能謙，斷乎无不亨者矣。

《本義》中"謙之必亨"，明人而能謙則必亨，即天地以見之也。

天道虧盈而益謙，地道變盈而流謙，鬼神害盈而福謙，人道惡盈而好謙。謙尊而光，卑而不可踰，君子之終也。

又謂"君子有終"者，何也？正以謙者，人情之所同好也。是故寒極則暑，暑極則寒，天道之虧盈而益謙也。高岸爲谷，深谷爲陵，地道之變盈而流謙也。作善降之百祥，作不善降之百殃，鬼神之害盈而福謙也。夫天地鬼神皆抑夫滿而崇夫謙如此，况于人乎？吾知其恃勞傲物，耀功忽人，而盈者也，則人必毀之斥之，退之奪之，而無不惡其盈焉。有勞而不伐，有功而不德，而謙者也，則人必褒之揚之，與之進之，而無不好其謙焉。夫謙爲人之所好如此，故人而能謙，又焉往而不善哉？如居尊也，則其德愈光；如居卑也，則其德不可踰。是其先雖屈而後則伸，始雖不居其有，而終則不沒其有，非君子之終乎？

"光"與"不可踰"處俱是德，但不可拘此爲是謙德。"天道虧盈而益謙"數句起下"人道"一句。"謙尊"以下貼"人道"。

《象》曰：地中有山，謙，君子以裒多益寡，稱物平施。

《象》曰地中有山，以卑蘊高，而不顯其所，有謙之象也。君子法之，意以爲人之常情，每見其在己者多，在人者少，是以施不得其平也。必也卑以自牧，不以有餘在己；慮以下人，不以不足在人。所以稱物之宜而平其施，使在己者不偏于多，而在人者不偏于寡。君子之謙也，何如哉？

初六，謙謙君子，用涉大川，吉。

初六陰柔，固能謙矣，且又處于卦下，則謙而又謙，謙之至也，乃君子之行。占者苟自處至謙，則衆所共與，雖以是濟險，則險可夷矣，况平居乎？

此“涉川”言險可濟。“吉”字即“涉川”意。

《象》曰：謙謙君子，卑以自牧也。

《象》曰謂之“謙謙君子”者，何謂也？言其以卑下自養也。殆必操无欲上人之心，而恒處于禮讓之中，使客氣漸以消融，圭角日以渾化也。

六二，鳴謙，貞吉。

六二柔順中正，乃謙德之積于中者，極其盛也。積諸中，則必著于外，聲譽四達，而人皆知其謙矣，“鳴謙”之象也。蓋謙者，天理之所當然，人情之所同好也。占者謙而有聞，則于理無不合，不亦貞乎？而于人无不好，不亦吉乎？

卦中惟此一爻甚好，是謙而有德者也。“貞”字不必言。所謙者正，但合理便是。

《象》曰：鳴謙貞吉，中心得也。

《象》曰六二之“鳴謙貞吉”者，豈无所自哉？蓋其柔順中正，方寸之中，莫非謙德之積，由是著于應接之間，而有名譽之聞也。夫豈聲音笑貌僞爲於外，而可以致是哉？

“中心得”不必説快然之意。《本義》“柔順中正”，當“中心得”用。

九三，勞謙，君子有終，吉。

卦惟九三一陽，居下之上，剛而得正，上下所歸，有功勞者也。而在《謙》

卦,則有功勞而能謙者也。殆必功愈高而禮愈下,不恃勞而傲物;德愈大而心愈小,不耀功而忽人也。占者能如是,吾見汝惟不矜,天下莫與争功;汝惟不伐,天下莫與争能。其有終也,爲何如?高而不危,可以長守貴也;滿而不溢,可以長守富也。其吉也又何如?

《象》曰:勞謙,君子萬民服也。

《象》曰謙者,人之所難,况有功勞而能謙,尤人之所難也。九三勞謙之君子也,萬民豈有不服者哉?正所謂"君子有終"也,此其所以吉也。

六四,无不利,撝謙。

六四柔而得正,上而能下,是能謙者也。人而能謙,則何往不利?然以无功而居九三功臣之上,更當發揮其謙,以示不敢自安之意可也。

此"无不利"與卦辭"亨"字同。"撝謙"是即謙而又謙意。

《象》曰:无不利,撝謙,不違則也。

《象》曰六四既能謙,固无不利,而又曰"撝謙"者,宜乎過於謙而違乎天則也。殊不知六四以无功而處功臣之上,非所安也。故其撝謙者,亦理之所當然,非違則也。

六五,不富以其鄰,利用侵伐,无不利。

六五以柔居尊,在上而能謙者也。夫在上而能謙,則不假勢力,而天下之人自无不服矣,故爲不富而能以其鄰之象。設使猶有未服者,則宜率所服之衆,以討彼不服之罪,終亦必得其服而利矣。然謙者,人所樂與也。人君能謙,則无所往而不利,豈但利用侵伐而已哉?

《象》曰:利用侵伐,征不服也。

《象》曰六五之"利用侵伐"者,非得已也,以彼之不服而征之也。

上六，鳴謙，利用行師征邑國。

上六在卦之終，處謙之極，謙極則聲聞於外矣，故爲“鳴謙”之象也。夫謙者，人之所樂與，故可用行師也。然其質柔無位，故行師亦但可以征己之邑國而已。

《象》曰：鳴謙，志未得也，可用行師，征邑國也。

《象》曰上六雖鳴謙矣，然陰柔而才不足，无位而力不足，故人有不服而志未得也。唯其才力不足，雖用行師，亦但可以征己之邑國而已。

豫

䷏ 坤下震上 豫：利建侯、行師。

人心和樂以應其上之謂豫。此卦九四一陽，而上下應之，有豫之義也；又以坤遇震，爲順以動，乃所以得豫者也，故伏羲名其卦爲《豫》。文王繫辭以爲：占而得此者，則利以建侯、行師焉。夫建侯所以統衆，行師不免于動衆也。事關衆人，自非平日有以得乎衆心，則何以舉事哉？故必豫然後可以建侯、行師也。豫以建侯，而萬姓一心；豫以行師，則三軍用命。何不利之有？

《本義》“其志得行”甚輕。

《彖》曰：豫，剛應而志行，順以動，豫。

卦之所以名爲《豫》者，蓋以卦體觀之，九四之剛，得上下群陰之應，而其志行，正所謂“人心和樂以應其上”也，豫之義也。又以卦德觀之，以坤遇震，爲順以動，則是發政施仁而動無非理，興利除害而行不違乎天，正所謂得“人心和樂以應其上”也，豫之由也。故名其卦爲《豫》。

豫順以動，故天地如之，而况建侯、行師乎？天地以順動，故日月不過而四時不忒。聖人以順動，則刑罰清而民服。豫之時義大矣哉！

卦辭所謂“利建侯、行師”者，何也？蓋卦之德，順以動也。夫順以動，則其德合乎天矣，故雖天地亦應之而弗違，而况于建侯、行師，人豈有違之者乎？蓋平日能順動，則必得人心和樂之應；既得人心和樂之應，則可以舉大事矣。又以豫之理而極言之，陰陽相根，而太極爲之樞紐，天地之動，无不順也，故日月之度不過，四時之候不忒；仁義並用，而一心爲之經綸，此聖人之動无不順也，故刑罰雖清而不用，民心自服而不違。以此觀之，可見豫之時義，在天地則順動，故日月不過而四時不忒；在聖人則順動，而刑清民服，其時義豈不大矣哉！

"順以動"是其平日已能如此，非建侯、行師以順動也。天地順動，或者以左旋右轉説，則"地"字説不去，特以陰陽言可也，蓋有理自有氣也，此説亦圓。刑清不可對民服説，故講中下"雖"字。

《象》曰：雷出地奮，豫。先王以作樂，崇德，殷薦之上帝，以配祖考。

震象爲雷，坤象爲地，雷出於地而奮，震則通暢和豫，豫之象也。先王體之以作樂，象其奮震之聲以爲樂之聲，取其和豫之義以爲樂之和。樂既作矣，則音節之所宣布，舞蹈之所發揚，而其德自有不容掩者矣。然是樂不特可以用之閨門、朝廷、邦國而已。或盛薦之南郊，祭上帝而配以祖焉；或盛薦之於明堂，祭上帝而配以考焉。夫先王作樂以彰功德、感鬼神，則人神於是乎和矣。作樂之功，不其大哉！

"先王作樂"處作一截。"崇德"與"薦上帝"、"配祖考"相對。

初六，鳴豫，凶。

初六陰柔而上應九四，是小人有强援，得時主事，志滿意得，故不勝其豫而自鳴。占者如是，則禍敗將至，凶之道也。

《象》曰：初六鳴豫，志窮凶也。

初六之鳴豫者，求無不得，欲無不遂，志意滿極，故鳴豫而得凶也。

六二，介于石，不終日，貞吉。

人心易放，遇豫則溺。卦獨六二中而得正，是上下皆溺于豫，而獨能拔出乎流俗之中。淡然無欲，不以煩華而亂其心；確然有守，不以始終而易其操，其介如石也。由是靈臺虚而義理明，泰宇定而天光發，不待終日而見凡事之幾微也。夫不溺于豫者，正也；敏于知幾，則吉也。占者如是，則正而吉矣。

《象》曰：不終日，貞吉，以中正也。

《象》曰六二敏于知幾而得貞吉，由其中正自守，其介如石也。使无所守，則中心撓亂，而燭物之鑑昏矣。

此處"貞吉"只帶"不終日"輕説過，不必拘泥如石云。

六三，盱豫悔，遲有悔。

六三以陰柔不中正之小人，而近乎當權用事之九四，故上視於四，依阿取寵，得遂其欲，而因以恣於欲者也，宜有悔也。其象如此，占者處此，不能速悔，則凶咎隨之，而有悔矣。

《象》曰：盱豫有悔，位不當也。

《象》曰六三所以盱豫而有悔者，以其不中不正不足于德故也。德不足以自守，則溺於豫而不自知矣。

九四，由豫，大有得。勿疑，朋盍簪。

九四一陽，上下應之，卦之所由以爲豫者也。是天下之人，各得其所而安樂，皆由己有以致之也，"由豫"之象也。占者得此，則大有得矣。蓋君子志在天下，苟能致天下于豫，則吾心寧不大有所樂乎？然由豫之責大矣，任此責者，豈可易而爲之哉？必思一己之精力有限，而開誠心以任天下之賢，則凡懷才抱德，與我同類者，聞風畢集，如髮之聚于簪矣。由是以衆賢之力，爲一己之助，乃能致天下于豫而大有得也。

《象》曰：由豫，大有得，志大行也。

《象》曰九四之“由豫，大有得”者，蓋言君子能致天下於豫，則其志大行矣。君子之志，在于使萬物各得其所也。天下皆樂，吾安得而不樂？

六五，貞疾，恒不死。

六五當豫之時，以柔居尊，沈溺於豫，又乘九四之剛，衆不附而處勢危，是其德薄而身孤，君貞固之疾，與死爲鄰也。然以其得中，是善道猶有存者，故又爲“恒不死”之象。

《象》曰：六五貞疾，乘剛也。恒不死，中未亡也。

六五“貞疾”者，乘九四之剛危也。“恒不死”者，中道猶未亡也。

上六，冥豫，成有渝，无咎。

上六以陰柔居豫極，爲昏冥於豫之象。以其動體也，故雖昏冥，而能幡然改變，置身于禮法之塲，洗心于安静之境，不與宴酣歌舞共馳驅，不與聲色臭味同朽腐，又爲“成有渝”之象。占者如之則无咎。蓋過而不改，則其過遂成；過而能改，則復于無過矣。

《象》曰：冥豫在上，何可長也！

居二位而昏冥于豫，則禍敗及矣，其可久乎？

隨

☱☳ 震下兑上 隨：元亨利貞，无咎。

此卦所以名爲《隨》者，蓋以卦變言之，剛來而下柔；以卦體言之，此動而彼悦,皆有隨之義也,故爲《隨》。文王繫辭意謂:己有可隨,物來隨己,則可借人之力,以濟己之事,而得元亨矣。然其所以致物之隨者,又必利于正。如道德有餘而人資于己,初非違道干譽而得人之隨也;以善及人而信從者衆,亦非甘悦佞人而得人之隨也。如是,則無有淫朋而于理順矣,無有比德而于心安矣,何咎之有?若所隨不貞,則雖大亨而不免于有咎矣。

《彖》曰:隨,剛來而下柔,動而説,隨。大亨,貞,无咎,而天下隨時。隨時之義大矣哉!

卦之所以名爲《隨》者,蓋以卦變言之,本自《困》卦九來居初,又自《噬嗑》九來居五,而自《未濟》來者,兼此二變,此剛來而下柔;以卦德言之,爲此動而彼悦,亦隨之義,故爲《隨》。卦辭所謂與人之隨,則得"元亨利貞,无咎",是何也?蓋秉懿好德,人心所同,吾之所以爲隨,果皆出於德義之正,而不出于偏黨之私,則遠有望、近不厭,而所隨盡天下之人矣,何咎之有?所謂"元亨"者,亦不待言矣。夫天下至大也,惟得所隨之正,斯致天下之隨。以此觀之,隨之時義,顧不大哉!爲人所隨者,其可不以正哉!

《象》曰:澤中有雷,隨,君子以嚮晦入宴息。

雷在澤中,隨時休息,隨之象也。君子體之以時,嚮昏晦,則入内宴息以安其身,起居隨時,適其宜也。

初九,官有渝,貞吉,出門交有功。

初九以陽居下,正所謂"剛來而下柔",主乎隨者也,亦猶爲官者之有主也。既有所隨,則凡事惟所隨者是主,而變其平時所執爲是者矣。故爲"官有渝"之象。占者得此,當知人固不能無所隨也。然必隨得其正,則所見者正事,所聞者正道,德進業修而吉矣。然義理無窮,而一人之所得有限,又當出門以交,不專隨一人,則所見者多,所聞者廣,德以之而益進,業以之而益修,不亦有功乎?

《象》曰：官有渝，從正吉也。出門交有功，不失也。

《象》曰初九固有所隨矣，而官有渝矣，然必隨得其正乃吉也。又謂“出門交有功”者，言能不私其隨，則有所得而不失也。

六二，係小子，失丈夫。

初陽在下，有小子之象。五陽正應，有丈夫之象。然初近而五遠，六二陰柔，不能自守以須正應，而係初九，是係小子，失丈夫也。舍所當從，而從其所不當從，占者如是，凶吝可知。

《象》曰：係小子，弗兼與也。

《象》曰六二之“係小子”者，蓋人之所隨，得正則遠邪，從非則失是，無兩從之理。二既係初，則失五矣，其勢不得而兼與也。

六三，係丈夫，失小子，隨有求得，利居貞。

六三近係九四，而失于初九，故其象又係丈夫而失小子，得隨之宜也。夫四陽當任，故占者隨之，有求必得，然非正應，有不正而爲邪媚之嫌，故占者當以道義自處，而不可妄有所求也。

《象》曰：係丈夫，志舍下也。

六三既係九四之丈夫，則自以爲隨得其人，而終身爲足賴矣。其視初六在下之小子，則固非所當隨者，其志必舍之而不隨也。

九四，隨有獲，貞凶。有孚在道以明，何咎？

九四以剛，居上之下，與五同德，爲其君所寵任，故占者得此，則无求不得，无欲不遂，故其占隨而有獲。然勢陵于君，故處危疑之地，雖正亦凶，居此者當奈何？惟孚誠積于中，動合乎理，而以明哲處之，則位高而无逼上之嫌，勢重而无專權之失,過可以免,何咎之有?

"有孚在道"就是"明"字,不必拘依《象傳》"明功""明"字。

《象》曰:隨有獲,其義凶也。有孚在道,明功也。

九四雖隨而有獲,勢陵于君,有必凶之理也。能有孚而在道者,是其以明哲之功也。蓋其心胸明哲,故能洞灼乎事勢,而知以臣陵君爲禍害之必然;深明乎事理,而知以臣忠君爲職分之當然。使其中無所見,則位高必僭,勢重必專,又安知所以善以得所處之道乎?

九五,孚于嘉,吉。

九五陽剛中正,下應中正,是能信任賢人而无所疑也。占者如是,則庶事康而萬化行,何吉如之!

《象》曰:孚于嘉吉,位正中也。

九五所以能信任六二之中正而得吉者,豈無自哉?蓋爲政在人,取人以身。九五所處中正,故能知六二之中正而信任之。使无其德,則是非之鑑不明,取舍之權不定,又安能信善而得吉哉?

"位"字輕,以德言。

上六,拘係之乃從維之,王用亨于西山。《本義》曰:"'亨'亦當作'祭享'之'享'。"

上六居隨之極,是其所以隨于人者,極其誠意,纏綿固結而不可解者也,其象如猶拘係之,又從而維之也。然誠意之極,可通神明。王者占而得此,則西山之神,亦隨之以克享矣。甚矣!隨人之貴于誠也。

"拘係之乃從維之",又是誠意之極,可通神明,而不可解者之意,當作一句講。"王用享于西山",就誠意中取出。

《象》曰:拘係之,上窮也。

所謂"拘係之"者,何謂也?言其居卦之上,處隨之極,誠意固結而不可解也。

蠱

☶☴ 巽下艮上 蠱：元亨，利涉大川。先甲三日，後甲三日。

此卦所以名爲《蠱》者，蓋其卦艮剛居上，巽柔居下，上下不交，下卑巽而上苟止，皆所以致蠱也，故爲《蠱》。文王繫辭以爲：《易》"窮則變"，故占者值此，則蠱可治而得元亨。然天既有是時，而人又當有是事，故宜于涉大川以治之焉。治之之道何如？彼前事過中而將壞，則可自新，以爲後事之端，使不至于大壞，而先甲三日焉。先甲三日，辛也，辛有自新之義也。後事方始而尚新，然更當致其丁寧之意，以監其前事之失，而不使至于速壞，爲後甲三日焉。後甲三日，丁也，丁有叮嚀之意也。世之治蠱者，志懶意衰，事慢爲而亂不革；謀淺慮近，功未幾而弊已生，蠱何如而可治耶？

"涉川"指險言，不可指實言。

《彖》曰：蠱，剛上而柔下，巽而止，蠱。

卦之所以名爲《蠱》者，蓋以卦體艮剛居上，巽柔居下，固爲剛上而柔下。卦變自《賁》來者，初上二下；自《井》來者，五上二下；自《既濟》來者兼之，亦爲剛上而柔下。剛上而柔下，固所以致蠱也。卦德下巽上艮，下巽則順從乎上，上止則怠緩而不振作，亦可以致蠱也。故爲《蠱》。

蠱，元亨而天下治也。利涉大川，往有事也。先甲三日，後甲三日，終則有始，天行也。

蠱而得元亨者，言天下亂極而必復始也。所謂"利涉大川"者，言不可坐視其蠱，而聽其自治也。當往而有事，以治其蠱也。治蠱而能"先甲三日，後甲三日"者，則盡所以治之之道，而蠱無不治矣。夫亂極開治，實天運然也。天運循環，无有亂極不治之理也。

《象》曰：山下有風，蠱，君子以振民育德。

山下有風，草木摧落，蠱之象也。君子處蠱當何如哉？蓋治蠱莫要于振民，而振民必本於育德。振民者作興鼓舞，以革其舊染之污也；育德者存養省察，以全其本然之善也。事莫大乎此二者，後事于此，則天下之蠱無不治矣。

初六，幹父之蠱，有子考，无咎，厲終吉。

初六在事初，是前人之蠱未深，而事易濟也。占者必能幹父之蠱，乃爲有子而考，得无咎。然既爲之蠱，則亦危矣，不可以其蠱未深，而以易心處之也。又必知危而能戒，則蠱終可治而得吉矣。不然，是亦未爲有子也。

此"有子"即"子克家"之意，非以有無言也。

《象》曰：幹父之蠱，意承考也。

初六幹父之蠱者，言子之意在于承當父事，而置父于無過之地也。

九二，幹母之蠱，不可貞。

九二剛中，上應六五，是爲子者，能幹母之蠱，而得其中。凡母所爲之失，而在所當幹者，務飭治而振起之也。其象如此。然以剛乘柔而治其壞，不免有堅貞拂戾之嫌，故處此者，當巽順將承，使之身正事治而已，不可任已之才，伸已之志，而至于拂意以傷恩也。

得其中只是幹蠱，蓋幹所當幹也。

《象》曰：幹母之蠱，得中道也。

九二能幹母之蠱者，以其得中道也。得中道是能爲所當爲，而不肯坐視其事之壞也。夫既曰蠱，則在所當幹矣；既曰得中，則能幹所當幹矣。

九三，幹父之蠱，小有悔，无大咎。

九三過剛而不中，以此而幹父之蠱，不無傷于急迫，而未得盡善，故小有悔也。然巽體得正，猶可以制其剛而補其不中，故无大咎。

《象》曰：幹父之蠱，終无咎也。

九三既能幹父之蠱，則克蓋前愆而得爲有子矣，終无咎也。

六四，裕父之蠱，往見吝。

既曰蠱矣，則不可以不幹矣；既曰幹蠱，則不可不奮迅以有爲矣。而六四以陰居陰，才弱不能有爲，寬裕以治蠱之象也。占者如是，則蠱日深而往見吝矣。

《書傳》蘇氏曰：予讀《文侯》篇，知宗周之不可復興也。宗周傾覆，禍敗極矣，平王宜若衛文公、越勾踐，然今其書乃旋旋焉，與平、康无異。《春秋傳》曰：厲王之禍，諸侯釋位，以間王政，宣王有志而復興。讀《文侯之命》，知平王之無志也。此正所謂"裕父之蠱，往見吝"者。

《象》曰：裕父之蠱，往未得也。

蠱而治之，斯爲得矣。裕父之蠱不足以濟也，何得之有？

六五，幹父之蠱，用譽。

六五柔中居尊，而九二承之以德，是虚心任賢，則賢者得以展其才，而輔其所不及。以此幹蠱，則紀綱自此而振舉，法度自此而修明，令聞廣譽，自然昭布于天下矣。

通是象占者得之，則其占如是。《本義》"故其象、占如此"，當依此説。

《象》曰：幹父用譽，承以德也。

六五所以能幹父之蠱，而可致聞譽者，由其柔中以下九二，而九二輔之以剛中之德也。然則爲君者何病其短於才哉？惟能用賢，則天下之善皆己之善矣。

上九，不事王侯，高尚其事。

上九陽剛居上，在事之外，是有賢德而不見知于世者也。故貧賤是安而不事王侯，道德是守而高尚其事焉。

《象》曰：不事王侯，志可則也。

上九不肯枉道以事王侯，此是其立志之高，不爲利禄所動，可以爲後人之則也。

臨

䷒ 兑下坤上 臨：元亨，利貞。至于八月有凶。

卦之所以名爲《臨》者，卦體二陽浸長以逼于陰，故爲《臨》。文王繫辭意謂：當剛長之時，又有悦而順，剛中而應之，善占者值此，則陰類可以盡去，吾道可以大行而无不亨矣。然不可以爲吾道既亨，而妄有所爲也。必守夫理之正，而合夫卦之善，然後可以得亨也。況陰陽消長，時運之常。今日陰消陽長，固可喜矣，至于八月，則陰長陽消，寧不有凶乎？占者君子當知所以戒懼而防之于未然也。

《彖》曰：臨，剛浸而長，説而順，剛中而應，大亨以正，天之道也。至于八月有凶，消不久也。

此卦之所以名爲《臨》者，以卦體二陽浸長以逼于陰也。卦辭所謂"元亨，利貞"者，蓋以卦德下兑悦，上坤順，卦體九二以剛居中，上應六五之中。悦則剛壯不見於面目，順則舉動不失乎時宜，剛中則在己者盡善而無私，所應得中則爲己之助者亦盡善而無私也。夫以卦言之，當剛長之時，又有此善，則其占之大亨，而利于正者，天之道也。蓋天者，理而已；理者，當然而已。卦當剛長之時，而又有是善，則大亨乃占者之所當得，而貞乃占者之所當體也。若徒恃其可以得亨而不以正焉，則違乎卦之善矣，夫豈理哉？又豈可以得亨哉？所謂"至于八月有凶"者，何也？言物無常盛之理，今日陽勢雖方長，然其消也只在數月之間，不待久也，君子可不知所戒哉？

"天道"兼"大亨"而重"以正"。

《象》曰：澤上有地，臨，君子以教思无窮，容保民无疆。

“澤上有地”，地臨于澤，臨之象也。君子觀地臨于澤之象，得居上臨下之道。蓋以民非教无以復其性，君子則道德齊禮，而勞來匡直之有加；漸仁摩義，而提撕警覺之無已。“教思无窮”，殆與兑澤之深同一致也。民非養无以遂其生，君子則一視同仁，而恩澤普及于八荒；篤近舉遠，而德化覃敷于九有。“容保民无疆”，殆與坤地之廣同一揆也。教道備而養道周，民生遂而民性復。君子臨下之道，豈外於此哉？

初九，咸臨，貞吉。

初九當陽剛方長之時，乘四陰將消之勢，必進而徧臨之，使陰類盡去，而陽道大行也，故爲“咸臨”之象。且剛而得正，故占者得之，其所以臨于陰者，必循乎義理之安，而非發于意氣之動，自治嚴而不差，慮事周而不驟。得正如此，則在我無可乘之隙，而在彼無所施其奸，何吉如之！

《象》曰：咸臨貞吉，志行正也。

所謂“咸臨貞吉”者，言初九之所行，无不出于正也。惟其出于正，則小人不得反害而得吉矣。

“志行正”只是申“貞吉”。“志”字輕。

九二，咸臨，吉，无不利。

九二亦以陽剛而臨四陰者也，故亦爲“咸臨”之象。且剛得中而勢上進，剛得中則舉動合宜，而所以臨之者有其道；勢上進則權力在我，而所以臨之者易爲致。邪道從此而可息，正道從此而可行，吉之至也，何不利之有？

《象》曰：咸臨吉，无不利，未順命也。

補：必咸臨而吉无不利者，君子志欲行正乃天命也。彼小人猶欲朋邪害正，肯順命乎？故必咸臨以去之。

六三，甘臨，无攸利，既憂之，无咎。

六三居下之上，臨人者也。而陰柔不中正，爲以甘言好語臨人之象。其占如此，固無所利矣，蓋不誠未有能動者也。然制行在我，若能知其无益，憂而改之，則何咎之有？

《象》曰：甘臨，位不當也。既憂之，咎不長也。

六三甘臨者，以其陰柔不中正而無德故也。若能憂而改之，則雖有咎，何可長也！

六四，至臨，无咎。

六四下應初九，是與初九相臨者也，而柔順得正，是亦温厚樸實之人，故與初九相臨，情意最爲切至，非外親而内疎也。占者如是，是亦友道之所當尚也，何咎之有？

《象》曰：至臨无咎，位當也。

六四能與初九相臨，而切至得无咎者，由其以柔居柔，柔順而得其正也。柔順則不露圭角，得正則不尚詭道，故能相臨之正也。

六五，知臨，大君之宜，吉。

六五以柔居中，下應九二，則是以四海之廣，非一人之所能周知，必屈己下賢，資其聰明，以廣吾聞見之所不逮；萬幾之繁，非一人所能獨理，必誠心用人，取其謀猷，以濟吾心思之所不及。乃智之事，而君道之所宜也。如是，則元首無叢脞之憂，庶事有惟康之美，何吉如之！

《象》曰：大君之宜，行中之謂也。

所謂“大君之宜”，何謂也？蓋六五居上卦之中，其所行必合乎中，如不自用而任人，是乃天理之當然，中之所在也。六五能用人，是能行中，而大君之宜，即行中之謂也。

上六,敦臨,吉,无咎。

上六居卦之上,處臨之終,是能與人相臨也。至久不忘其舊約,已老不忘其初心,敦厚於臨之象也。如是,則人當倚仗於我,而我亦得資益於人,何吉如之!我無虧負於人,而人亦無怨尤於我,何咎之有?

《象》曰:敦臨之吉,志在内也。

所謂"敦臨之吉"者,言上六之志在于内卦二陽也。蓋二陽乃有德之君子,上六與之相臨,念念不忘,愈久而愈篤也。

"敦"字與"至"字不同。

《本義》不用《象傳》之意釋爻辭,故"敦臨"只泛説。

初二之臨,臨逼也,卦之正義也;六三之臨,臨接也;六四之臨,臨與也;六五之臨,臨涖也;上六之臨,與六四同,隨爻取義,不拘拘合於卦也。

觀

䷓ 坤下巽上 觀:盥而不薦,有孚顒若。

坤下巽上之卦,伏羲所以名爲《觀》者,蓋九五居上,四陰仰之,又内順外巽,而九五以中正示天下,所以爲《觀》。文王繫辭以爲:君者居上而欲爲觀於天下者,當守中正之道,而不輕有所爲,則道立於己,而可以爲民表。亦猶祭者之盥水致潔,而酒食未薦,則其孚信在中,而顒然可仰也。

《彖》曰:大觀在上,順而巽,中正以觀天下。觀,盥而不薦,有孚顒若,下觀而化也。觀天之神道而四時不忒,聖人以神道設教而天下服矣。

此卦所以名爲《觀》者,何也?蓋觀者以中正之道示人,而爲人所仰也。然无位則其道不尊,无德則其道不立。今《觀》卦體九五居上,而四陰仰之,又卦德内順而外巽,卦體中而且正,則是崇高富貴而所居之位極其尊,和厚沈潛而所蘊之德極其盛。由是其行之也中,有以中天下之不中;其立之也正,有以正天下之不正。卦具爲觀之義如此,所以名爲《觀》也。所以繫之辭曰"盥而不薦,有孚顒若"者,蓋人君者,乃下民之表率也。誠能以中示人而爲可仰,則人皆有所觀感而化歸於中矣;以正示人而爲可仰,則人皆有所觀感而化歸於正矣。又以天之所以爲觀者言之,一氣默運,無聲無臭,天道何神也,但見四時之行,爲春爲夏而不忒其儀,爲秋爲冬而不爽其候焉。又以聖人之所以爲觀者觀之,至德淵微,建其有極,聖人以神道設教也,由是天下之人涵泳其德而莫知其功,鼓舞其化而莫測其用,而天下無不服矣。夫觀之爲道如此,觀之時義大矣哉!

"大觀在上"以位言,"順巽"以德言。"四時不忒"不可對"而天下服"一句。《本義》曰:"'四時不忒',天之所以爲觀也;'神道設教',聖人之所以爲觀也。"不曰"天下服",而曰"神道設教",註中固自有分曉也。

以神道設教,亦只是盥而不薦之造於自然者耳。"四時不忒",不與"天下服"相對。"四時不忒",此即是"天之神道","天下服"乃"神道設教"之效也。

《象》曰:風行地上,觀,先王以省方觀民設教。

《象》曰"風行地上",周及萬物,觀之象也。先王體之,以廵省四方,觀察民俗,而因俗以設教焉。如奢則約之以儉,儉則示之以禮,事末業則教之以農桑,流淫佚則教之以禮别,此所以爲觀,而使天下之民同歸於中正焉。

"神道設教"者,道之以德也;"觀民設教"者,齊之以禮也。

初六,童觀,小人无咎,君子吝。

爻以觀瞻爲義,皆觀乎九五也。初六在下,去五最遠,况陰柔質下,則不足以自振拔而觀大君道德之光,故爲"童觀"之象。占者得此,若果無位小人歟,則其不得親近於君者,乃常分也,不足爲過;若果有位之君子歟,則其不得親近於君者,乃其才德不足,而功業不顯于時,無由見知於君也,寧不可羞乎?

《象》曰：初六童觀，小人道也。

初六之童觀，而不得觀其國之光者，小人在下之常也，非君子之所宜也。

六二，闚觀，利女貞。

六二陰柔居内而觀乎外，是其志氣卑弱，不能遠通四方，縱觀都邑，以廣其聞見，獨居一室之中，而欲闚上國之光，知海内之事，不可得已，故爲“闚觀”之象。女子占而得此，則正而利矣；丈夫得之，則非所利矣。

《象》曰：闚觀女貞，亦可醜也。

六二之所以闚觀者，蓋婦無公事，所知者蠶織；女無是非，所議者酒食，故闚觀在女子則爲正。男子桑弧蓬矢以射天地四方，若闚觀，則爲醜也。

六三，觀我生進退。

六三居下之上，可進可退，故不觀九五，而獨觀己所行之通塞，以爲進退。如吾學已至，則施無不通而可進矣；吾學未至，則行未有得而不可進矣。其象如此，占者宜自審其所行也。

居下之上，是方欲出仕者也。蓋居上則爲已仕矣，居下則爲退處矣。若説居下之上爲已仕，則何以爲觀我生耶？故小註謂“六三似漆雕開”。

《象》曰：觀我生進退，未失道也。

觀己之所行以爲進退，則其進也非貪位慕禄，其退也非絶人逃世，不失進退之道也。

六四，觀國之光，利用賓于王。

六四最近五，故凡五之所以敷布于國者，如紀綱法度、禮樂文章，而燦然其光華者，彼皆得而親覩之。其象如此，占者得此，或已仕而欲朝覲，或未仕而欲仕進者，皆爲利焉。

《象》曰：觀國之光，尚賓也。

君子懷才抱德，志在乎兼善天下，而或遁世獨善者，厄于時也，豈其本心哉？今六四既觀國之光，而際非常之遇，此所謂"用賓于王"，以行其道也。

"尚賓"不必用朝覲意。

九五，觀我生，君子无咎。

九五陽剛中正以居尊位，其下四陰仰而觀之，君子之象也。居此位、得此占者，當觀己之施爲動作，設施措置，果皆陽剛而不撓於物欲，中正而不拂乎天理，如九五君子焉，則君道以盡，可以副民所觀而無忝，治道以得，可以慰民所望而無愧，斯无咎矣。

《象》曰：觀我生，觀民也。

人君欲觀己之所行，果何自而觀之？蓋民之視傚在君，君身克正，罔敢不正；民心罔中，惟爾之中。故欲觀己所行者，惟觀之于民。民德之善，則己德之善從可知矣；民德之不善，則己德之不善從可知矣。夫善固當益勉，不善則當速改，以求至于善也。

上九，觀其生，君子无咎。

上九陽剛之德，居尊位之上，雖不當事任，而亦爲下所觀。占者得此，但當自觀其所行，果能以道自重而作止可觀，以德自貴而進退有度，亦如上九陽剛之君子，則可以爲民之儀表而副其所觀，可以爲民之矜式而不失其所望，何咎之有？

《象》曰：觀其生，志未平也。

上九雖不居位，而亦觀其所行，使不失于君子，以副民之所觀，是其志意亦未得安然平寧，而忘其戒懼也。

噬　　嗑

䷔ 震下離上 噬嗑：亨，利用獄。

震下離上之卦，伏羲所以名爲《噬嗑》者，蓋以此卦體上下兩陽而中虚，頤口之象，九四一陽間於其中，必齧之而後合，故爲《噬嗑》。文王繫辭以爲：天下之事所以不得亨者，由于有間也，必噬而合之，則无所間而亨通矣。又三陽三陰，剛柔中半，下動上明，下雷上電，本自《益》卦六四之柔，上行以至於五而得其中。夫動而明，雷電合而章者，則威足以斷，明足以照也。夫剛柔分而柔得中者，威不至于過暴，明不至于過察也。故占者得此，能威明而得其中，則利于用獄，以去天下之間，而使之和合也。

《彖》曰：頤中有物，曰噬嗑。

此卦之所以名爲《噬嗑》者，何也？蓋以卦體上下兩陽，九四一陽間於其中，是頤中之物，必齧之而後合，故曰《噬嗑》。

噬嗑而亨，剛柔分，動而明，雷電合而章。柔得中而上行，雖不當位，利用獄也。

卦辭所謂"亨"者，何也？蓋物有間故不通，噬嗑則无間而亨矣。又曰"利用獄"者，何也？蓋治獄之道，惟威與明而得其中之爲貴。今觀卦體則剛柔中半，夫剛者有威而且明也，剛而濟之以柔，則威明不至于太過矣。卦德則動而明，動則足以威强梗，明則足以照情僞矣。卦象雷電合而章，如雷則威之至而無所撓，如電則明之至而无所遺矣。卦變則柔得中而上行，得中者是又威明適其可而不至太過也。以此觀之，六五一爻雖爲以陰居陽而不當位，似乎不利于用獄者，但卦具威明，得中之善，正爲治獄之所宜也。

《象》曰：雷電，噬嗑，先王以明罰勅法。

雷電二物相須，並見"噬嗑"之象也。先王觀象而法其威與明，以爲治國不可以无刑，而用刑當在于平正。何者爲輕，以加乎過小；何者爲重，以加乎罪大。分别明白而不爽，條陳精審而不差，如此者，正所以整勑法度而使民知所避，振肅法綱而使人知所畏也。此先王仁愛忠厚之意，見于明罰勑法之外也。

初九，屨校滅趾，无咎。

初九在卦始，罪薄過小，固未應得重刑。又在卦下，如足趾之處于下也，故爲屨校滅趾之象。夫薄刑以加惡小，則有所懲而不敢進于惡矣，故占者得此則无咎。

《象》曰：屨校滅趾，不行也。

所謂"屨校滅趾"者，何謂也？蓋趾者，人之所以行也。屨校以滅其趾，則有懲而惡不行也。

此小象與爻辭"滅趾"之意不同，乃"无咎"之意。

六二，噬膚滅鼻，无咎。

六二中正無私心者也，無私則聽斷惟公，而刑罰出入一合于理，以此治獄，何難之有？然以柔乘剛，柔則温順有餘，威嚴不足，而乘乎剛，則所治者又爲難制之徒，不免因之有傷，故爲"噬膚滅鼻"之象。然在己者既出於中正，而彼終不能不服也，占者如是而无咎矣。

《象》曰：噬膚滅鼻，乘剛也。

二既如噬膚矣，而猶曰"滅鼻"者，以其乘初九之剛也。

此"乘剛"亦當跟帶"柔"字。

六三，噬腊肉，遇毒，小吝，无咎。

六三陰柔不中正，陰柔是才力不足，不中正是用刑不得其輕重之宜，故治人而人不服，爲"噬腊肉，遇毒"之象。占者如是，固可羞矣。然時當噬嗑，是其所治者皆有罪，而在所當治之人，故又爲无咎也。

《象》曰：遇毒，位不當也。

六三之“噬腊肉，遇毒”者，以其不中不正而所處不當也。若用刑得其當，則人豈有不服者乎？

“位”字以用刑言。

九四，噬乾胏，得金矢，利艱貞，吉。

九四以剛居柔，則是剛柔相濟，寬猛適宜，以此用刑而刑無不當，以此治人則人無不服。故其所治者雖强梁梗化之徒，崛强難御之輩，亦皆有以得其情而服其心，故爲“噬乾胏”之象。夫噬乾胏者，難噬之物也；得金矢者，聽訟之宜也。然用刑非易事也，占者當艱難而无所忽易，正固而无所偏私，則刑當其罪，天下无冤民矣，何吉如之！

《象》曰：利艱貞，吉，未光也。

利艱貞則吉者，蓋恐用刑之人，有慢忽偏私之心，而未甚光大也，故因占以戒之。

此是戒占者之辭，不可指九四身上説。

六五，噬乾肉，得黄金，貞厲，无咎。

六五柔順而中，以居尊位，有德有位，用刑于人，人無不服，故爲“噬乾肉，得黄金”之象。占者得此，勿以爲人無不服，而可以易心處之也。必正而無私，厲而能謹，則刑當其罪，而无咎矣。

此六五才力不及于九四也，故爲“噬乾肉，得黄金，貞厲，无咎”。

《象》曰：貞厲无咎，得當也。

所謂“貞厲无咎”者，言能貞厲，則用刑得當而人服之，此所以无咎也。

上九，何校滅耳，凶。

上九過極之陽，是其强梁極惡之人，固當得重刑。又在卦之上，如耳之處于上也，故爲“何校滅耳”之象。如是，其凶可知。

《象》曰：何校滅耳，聰不明也。

“何校滅耳”者，何謂也？言罪其聽之不明也。縱惡自恣，不聽教令，故罪之也。

“聰”字與“聰明”之“聰”不同，此以“聽”言。

六五大略與九四同，然四居臣位，猶能噬乾胏，而五居君位，但能噬乾肉，其力量微有不及於四者。蓋治獄雖貴乎剛柔得中，然必以剛爲主也，剛則威而且明也。

斷以大公，不因近習之言而上下其手；持以至正，不因喜怒之情而輕重其心。

賁

䷕ 離下艮上 賁：亨，小利有攸往。

離下艮上之卦，伏羲所以名爲《賁》者，蓋賁者，文飾也。以卦變言之，自《損》來者，柔自三來而文二，剛自二上而文三。自《既濟》來者，柔自上來而文五，剛自五上而文上。以卦德言之，内離而其德爲明，外艮而其德爲止，有文明而各得其分之象，故爲《賁》。文王繫詞以爲：柔來文剛，則剛爲主而柔爲之助，且離明于内而能通乎事理，故得亨，而凡事皆可爲也。剛上文柔，則柔爲主而剛爲之助，且艮止于外而不通乎時宜，故小利有攸往，而大事不可爲。本諸卦而著占言，不同如此。占者值此，當從吾身之所處，而玩其所當得之占也。

《彖》曰：賁亨，柔來而文剛，故亨。分剛上而文柔，故小利有攸往，天文也。文明以止，人文也。觀乎天文，以察時變；觀乎人文，以化成天下。

所謂“亨，小利有攸往”者，于卦何所取哉？蓋《易》之大分，剛爲大而柔爲小，剛爲貴而柔爲賤，則剛當用夫柔，而柔當聽命于剛也。今以此卦之變而觀之，自《損》來者，柔自三來而文二；自《既濟》來者，柔自上來而文五。是柔來文剛也，是剛爲主而柔爲助也。剛爲之主，固足以大有所爲矣，且柔爲之助，則又有以助其所不及焉，此所以得亨也。又自《損》來者，剛自二上而文三；自《既濟》來者，剛自五上而文上。是分剛上而文柔也，是柔爲主而剛爲之助也。夫柔爲之主，已不足以大有所爲，剛爲之助，則又不免有所限制焉，此其所以小利有攸往也。夫柔來文剛，剛上文柔，剛柔交錯，是即日月之運，星辰之列，代明于晝夜，昭回于雲漢者也，非天文乎？又以卦德言之，離德文明，艮德静止，文明以止，是即五典之叙，五禮之秩，燦然有文以相接，截然有分以自守者也，非人文乎？知天人之文，則賁之爲義可見矣。又以賁道之大而極言之，彼天文有日月星辰也，而四時之變驗于是焉。聖人觀乎天文，考其纏(躔)度，以察乎時變。如日中星鳥以殷仲春，日永星火以正仲夏，是觀天文以察春、夏之時變矣；日中星虚以殷仲秋，日短星昴以正仲冬，是觀天文以察秋、冬之時變矣。人文有綱常倫理也，而天下化成不外是焉。聖人觀乎人文，設爲政教，以化成乎天下。如使父子各盡其親，君臣各盡其義，則親義之文，有以化天下而成俗矣；使長幼各盡其序，夫婦各盡其别，朋友各盡其信，則序别信之文，有以化天下而成俗矣。賁道之大何如哉？

一説“觀乎天文”就卦上説。

《象》曰：山下有火，賁，君子以明庶政，无敢折獄。

山下有火，光照品物，賁飾之象也。君子觀此，以爲山下有火，則爲山所障，内明外止而明不及遠也，故以明庶政而无敢折獄焉。蓋庶政事之小者，明雖不遠，猶可以理之，至于折獄而出入人之死生，則事之大者，非視遠惟明者不可也。

“内離明而外艮止”，只貼在“明不及遠”内。《語録》之説，曲折太多，不可曉。

初九，賁其趾，舍車而徒。

初九剛德明體，剛則有定守，明則有定見。以此自賁于下，吾知飭躬厲行，而富貴不足以動其心；守道全節，而利欲不足以汩其志。故車所以代勞，衆人之所欲乘者也，然得之不以其道，則寧舍之而安于徒步之勞焉。初九之象如此，占者自處，當如是也。

"舍車而徒"，即所謂"賁其趾"也，不可謂賁其趾故能舍車而徒也。玩《本義》自見。

《象》曰：舍車而徒，義弗乘也。

初九之舍車而徒，豈好勞惡逸而與人異情哉？蓋初九乃剛明之君子也，凡事皆取决于義，其所以舍車而弗乘者，必以義所不當乘而弗乘也。

不可謂初九居下，義不當乘。

六二，賁其須。

六二以陰柔居中正，三以陽剛而得正，皆無應與。夫陰柔固當附乎陽剛，况同德則心必相孚，身孤則勢必相倚。故二附三而動，猶須附頤而動也。

《象》曰：賁其須，與上興也。

所謂"賁其須"者，言二附三而興，猶須附頤而動也。

九三，賁如濡如，永貞吉。

九三以一陽居二陰之間，二陰爲之奔走服役而已，得以從容安息而無所勞焉，故其象爲"賁如濡如"。夫陽固賁得陰之助，陰亦易以溺人也，故必蒞之以莊，接之以禮，長守其正而不渝，則彼有所嚴憚而無不巽矣，乃爲吉也。

《象》曰：永貞之吉，終莫之陵也。

所謂"永貞之吉"者，言能永貞，則二陰不敢陵慢矣，此所謂"吉"也。

六四，賁如皤如，白馬翰如，匪寇婚媾。

六四與初九本相賁者，以其爲三所隔而不得遂，故其賁也皤如。然勢雖不遂，而四求初之心則甚切，有如白馬翰如也。然三雖非爲寇者，乃求婚媾耳，其如四之自守何？

《象》曰：六四當位，疑也。匪寇婚媾，終无尤也。

六四所以賁如皤如者，以其所處之位，與初相遠，而近于三，疑若有可求者，故來三之求而皤其賁也。然九三雖非寇婚媾，若六四者守正而不與，亦終无尤也。

六五，賁于丘園，束帛戔戔，吝，終吉。

六五賁之主也，而有柔中之德，故所以自奉其身者，惟簡素是尚，而不事乎華麗，若猶不賁于市朝，而賁于丘園也，是固得賁之道矣。然陰性吝嗇，凡施之于用者，概不免之太儉，而束帛戔戔焉。占者如是，則不得文質之中，雖爲可羞，然禮奢寧儉，以約失之者鮮矣，故終吉也。

《象》曰：六五之吉，有喜也。

六五之吉，是可喜也。蓋人而能儉，則無侈靡之失，無匱乏之憂，此其所以可喜也。蓋世方逐末，而六五獨敦本尚實，以矯其弊，誠可喜也。

“有喜”猶云可喜也，正貼“吉”字，不可説是心中有喜。

上九，白賁，无咎。

上九在卦之上，處賁之極，夫物極則反本也，故厭華藻之失實，惡浮僞之失真，反本還淳，而惟樸素是尚，“白賁”之象也。占者如是，則無逐末忘本之失，文勝滅質之過矣。

《象》曰：白賁无咎，上得志也。

上九處賁之極，而厭文尚質，乃其素志也。今也質素是事，則其志遂矣。

剥

䷖ 坤下艮上 剥：不利有攸往。

此卦五陰在下而方生，一陽在上而將盡，陰盛長而陽消落，故伏羲名其卦爲《剥》。文王繫辭意謂：卦體陰盛陽衰，時固當止。卦德坤順艮止，有順時而止之象。君子占而得此，當儉德避難，而不利有攸往也。

《彖》曰：剥，剥也，柔變剛也。不利有攸往，小人長也。順而止之，觀象也。君子尚消息盈虚，天行也。

《彖》曰"剥"者，剥落之義也。此卦所以名爲《剥》者，蓋卦體五陰上進，而欲變乎一陽也，故爲《剥》卦。詞所謂"不利有攸往"者，于卦何所取哉？蓋卦體五陰方生，正小人盛長之時也，固不可有所往。又卦德坤順而艮止，有順時而止之象，君子當觀其象而止也。夫君子之一行一止，必尚乎陰陽之消息盈虚。陰消而虚，陽息而盈，則行；陽消而虚，陰息而盈，則止。然君子之所以尚消息盈虚，何也？蓋陰陽之消息盈虚，乃天運之自然，君子尚之，是順乎天也。若時既當止，不能順時而止，則逆天矣。

《象》曰：山附於地，剥，上以厚下安宅。

山高起于地，而反附着于地，有傾頽圮剥之象也。君子體之，以爲山附于地，猶上之附于下也。地不厚不足以附山，下不厚不足以安上。故爲人上者，當發政施仁，省刑薄斂，以厚乎下，則民心不離，國勢不摇，足以安其位而不至於剥矣。

初六，剥牀以足，蔑貞凶。

《剥》自下起，"剥牀以足"之象也。君子占而得此，當知其勢必至于蔑貞而有凶也，可不見幾而作乎？

《象》曰：剥牀以足，以滅下也。

初六之曰“剥牀以足”者，陰自下起，以剥陽也。

六二，剥牀以辨，蔑貞凶。

六二漸進而上矣，猶剥牀而及其幹也。君子占而得此，當知其勢必至蔑貞而有凶也。

《象》曰：剥牀以辨，未有與也。

六二雖剥牀以辨，而猶未至於及身，是陰之黨與猶未盛大也。君子處此，可爲則爲，不可爲則速退，若俟其禍既切身，則無及矣。

六三，剥之无咎。

六三當衆陰方剥陽之時，而己獨應之，是能剥去其黨而從正之象也。占者如是，則是能向善背惡，而不肯置其身于小人之歸也，何咎之有？

《象》曰：剥之无咎，失上下也。

六三剥之无咎者，言其失上下四陰，而不與之同黨也。

六四，剥牀以膚，凶。

六四陰長已盛，剥陽已及其身矣，故爲“剥牀以膚”之象。君子遇此，凶何如哉？

《象》曰：剥牀以膚，切近災也。

小人之禍加於君子，已不可免，故曰“切近災也”。

六五，貫魚以宫人寵，无不利。

天道不可一日而無陽，世道不可一日而無君子，然君子剥既盡，小人惡能以獨存哉？故六五爲衆陰之長，總率群陰，如貫魚然，而以之受制于陽，亦猶后妃以宫人承寵于其君也。占者如是，則君子得以行其道，天下得以蒙其福，而己亦得以陰受其賜焉，何不利之有？

《象》曰：以宫人寵，終无尤也。

害君子者，小人之罪也。能率其彙以受制于君子，則終无罪矣，何怨之有？

上九，碩果不食，君子得輿，小人剥廬。

陽受陰之剥已盡，獨上九尚存，則是天地生生之意未盡滅息，故獨留此以爲弭亂開治之人，而善類將以之而復興者也。如一碩大之果，人不及食而能復生也。其象如此，占者得此，若君子歟，則尊居人上而爲衆陰所載也；若小人歟，則必盡去君子而自失其庇覆也。

"碩果不食"是象，"君子"二句是占。

《象》曰：君子得輿，民所載也。小人剥廬，終不可用也。

所謂"君子得輿"者，言上九以一陽居衆陰之上，是乃有德之君子尊居民上，而天下之人皆奔走服役，以共載之也。所謂"小人剥廬"者，言小人若剥去君子，則終自失其庇而無所用也。

"終不可用"，言終無所利也。

復

䷗ 震下坤上 復：亨，出入无疾，朋來無咎。反復其道，七日來復，利有攸往。

震下坤上之卦，伏羲所以名爲《復》者，蓋陽爲陰剥盡，至此則復生于下也，故爲《復》。文王繫詞以爲：陽既往而復反，則是善彙一脉，生意初回，故占者得以遂其進而亨矣。又内震外坤，有陽動於下，而以順上行之象，故占者不惟己之進得以亨而出入无疾，朋類之來，亦得以遂其進而无咎。又自五月《姤》卦一陰始生，至此七爻，而一陽來復，故占者若有喪失，則以往來循環之數計之，七日當得來復焉。又以剛德方長，道將大行，故占者若往而有爲，以建功立業，則無一之不利矣。

"亨"字即是"出入无疾"，重在"朋來无咎"，不然，則贅矣。"出入无疾"就仕進上説，"出入"二字猶云動機也，不可謂出而宣化，入而贊參。"无咎"同"利有攸往"，是就作爲上説，比"出入无疾"更光采矣。

《彖》曰：復，亨，剛反。動而以順行，是以出入无疾，朋來无咎。反復其道，七日來復，天行也。利有攸往，剛長也。復其見天地之心乎！

復之所以得亨者，以陽既往而復反故也。又謂"出入无疾，朋來无咎"者，于卦何所取哉？蓋以卦德陽動于下，而以順上行，則是凡事從容，不迫不驟，是以在我之勢得行，而朋類亦得其休庇矣。又謂"反復其道，七日來復"者，蓋自五月《姤》卦一陰始生，至此七爻，而一陽來復，乃天運然也。故"七日來復"取諸此也。所以利有攸往者，蓋以陽既生，則漸長而勢必盛，故足以大有所爲也。嗚呼！復其見天地之心乎？蓋天地以生物爲心也，然陽主生，陰主殺。方其陰氣盛長，爲剥爲坤，但見其蕭條肅殺而已，天地生物之心不可得而見矣。至此一陽來復，貞下起元，无中含有，于此觀之，可見天地之心，惟在生物，綿綿延延，而無一息之間斷也。由人道以及造化，復道之大有如此。

《語録》云："三陽發生萬物之後，則天地之心盡散在萬物，不能見得如此端的。"此説難曉。

《象》曰：雷在地中，復，先王以至日閉關，商旅不行，后不省方。

雷在地中，陽復于下之時，是之爲復也。蓋陽者，天地之生氣，而天下萬物皆待此而後有也。今一陽初復，其氣尚微，苟不有以養之，則其氣不固，而來春發動必無力矣。故先王因此立法，以至日閉關，使商旅不行，而爲后者亦不省方，而安静以養微陽也。此聖人所以順天時而參天地之化育矣。

初九，不遠復，无祇悔，元吉。

一陽復生于下，爲復之主，又在卦初，是其一念之動微有差失，即能省察克治，而復歸于善，不至見于事而有悔也。占者如是，則人欲日消，天理日明，可以爲聖神，可以參天地，其大善而吉也何如！

"不遠復"以心言，"无祇悔"以事言。此一爻，顔子當之。

《象》曰：不遠之復，以脩身也。

初九失之未遠，而能復于善者，則一身之間，動無非理，不至陷其身于有過之地，乃所以脩身也。

六二，休復，吉。

六二柔順中正，近於初九，而能下之，資其善以自益，則心不困而力不勞，復之休美者也。占者如是，則德因人而日進，業因人而日脩，人之善皆己之善矣，不亦吉乎？

《象》曰：休復之吉，以下仁也。

六二休復之吉者，言初九不遠而復，乃仁人也。六二近于初九，而能下之，資其仁以自輔，故爲休復而得吉也。

"休"者，慶幸之詞。時文講用"蔚然天理之休明"　句，非是"休復之吉"。

六三，頻復，厲，无咎。

六三以陰居陽，不中不正，又處動極，是行非賢良，性又輕躁也。然在《復》卦，則爲屢失屢復之象。占者屢失，則不免于危矣；屢復，則亦无咎矣。

《象》曰：頻復之厲，義无咎也。

觀之頻復，則不免有屢失之危矣。然能屢失，而能屢復，於義亦无咎也。

六四,中行獨復。

六四處群陰之中,而獨與初應,是其處小人之群中,而與之俱行,猶不忘其好德之良心,而獨能從善焉,理所當然,吉凶非所論也。

《象》曰:中行獨復,以從道也。

六四處群陰之中,而獨從初九,不與衆共往者,非有他也,唯道是從耳。初九不遠而復,以脩其身,即道之所在也,從初九即從道也。

道以道理言非謂有道之初九也

六五,敦復,无悔。

六五當復之時,而有中順之德,是能復於善而德已成也,"敦復"之象也。占者如是,則无所失,何悔之有?

"敦"是敦厚,乃成德之地也,何失之有?《本義》"居尊"意輕,重"德"字。

《象》曰:敦復无悔,中以自考也。

六五敦復而得无悔者,何所取哉?蓋以六五當復之時,而得其中,是其以中德而自抵于成也。殆必時時存養,以立乎中之體;事事省察,以達乎中之用。愈嚴愈敬,而无一念之不中,曾以悠久而少偏乎?愈精愈密,而無一事之不中,曾以紛紜而少雜乎?以中德自成如此,此所以謂之敦復也。六五即成德地位也。

"考"字不重,"自"字重。

上六,迷復,凶,有災眚。用行師,終有大敗。以其國,君凶。至于十年不克征。

上六以陰暗居復,終爲終迷不復之象。占者如是,則凶而有災眚,若用行師,則終有大敗,而凶及其君,以至于十年,亦不克征而雪其耻,其凶一至此極,迷復之可畏也何如哉!

“災眚”以下皆言其凶。

《象》曰：迷復之凶，反君道也。

所謂“迷復之凶”者，蓋上六居上，有君象也。君者在於有失而能復，若迷復之凶，是反君道也。

无　　妄

䷘ 震下乾上 无妄：元亨利貞。其匪正有眚，不利有攸往。

實心以體實理，而吉凶禍福一付之自然，此之謂无妄也。此卦之所以謂《无妄》者，以其卦自《訟》而變，九自二來而居於初，又爲震主，動而不妄者也，故爲《无妄》。文王繫詞以爲：卦變有動而不妄之善，又卦德震動而乾健，卦體九五剛中而應乎六二，皆所謂正而无妄者也。故占者值《无妄》之卦，則悦親信友而往無不通，獲上治民而行無不得矣。又必自守以正，使在我之善有以合於卦；以正自持，使在卦之善有以體於我，斯可謂之无妄而得元亨矣。若不正，則是妄而已，故有眚，不利有攸往，而不可以得亨也。

《彖》曰：无妄，剛自外來而爲主於内，動而健，剛中而應，大亨以正，天之命也。其匪正有眚，不利有攸往，无妄之往何之矣！天命不祐，行矣哉！

《无妄》之占曰“元亨利貞”者，何所取哉？卦變剛自外來而爲震主，動而不妄者也。又卦德動而健，則勇於有爲，而不撓於私意也。卦體九五之剛中，而應六二之柔中，則是相與以道，相勉以義也。夫卦有是善如此，皆正道也。故占者得此，當獲大亨而利於正，是亦天之命也。蓋誠者，天之命也。大命本無不正也，大亨而必以正，所以能順乎天之命也，此其所以得亨也。若有不正，則有眚而不利有攸往者，往無所之矣，以其逆天之命而天不祐之，故不可以有行也。

卦詞意不必重，此特以占而言。“天之命也”，重在“正”上。“大亨”字不重。“正”字即是“无妄”。

《象》曰：天下雷行，物與无妄，先王以茂對時，育萬物。

震下乾上，天下雷行，震動發生，萬物各正其性命，是物物而與之以无妄也。先王法此，則善順乎天時，以養育乎萬物，使萬物各遂其生焉。如"斧斤以時入山林"，"孟春犧牲毋用牝"之類是也。

"物"不兼人説。

初九，无妄，往吉。

初九以剛在内，爲卦之主也，正所謂"无妄"者也。占者如是而往，則誠能動物，其吉可知。

此爻象即卦詞"悦親"等句意。

《象》曰：无妄之往，得志也。

所謂"无妄之往"者，蓋行自與吉會，而志無不得也。

六二，不耕穫，不菑畬，則利有攸往。

六二柔順中正，因時順理，"正其義不謀其利，明其道不計其功"，"不耕穫，不菑畬"之象。蓋耕則望其可穫，菑則望其成，畬是爲于前而冀于後也。夫仁義自无不利，放于利而行多怨，故占者苟能如六二之不計利焉，則何所往而不利哉？

"不耕穫"二句只是不計利意。耕是耕田，穫是收穫，菑是開田，畬是成田，字義亦當分曉。

《象》曰：不耕穫，未富也。

所謂"不耕穫"者，言凡事順理而爲，初不計利而爲之也。

"未"字當"不"字看。

六三，无妄之災，或繫之牛，行人之得，邑人之災。

卦之六爻，皆无妄者也。六三亦无妄，但處不得正。□人事則爲所居，非其地所遇，非其時所處，非其有莫之致而至者。占而得此，有无妄之灾，猶如或繫之牛，行人之得，邑人反受其災也。君子處此，亦順受其正而已。

《象》曰：行人得牛，邑人災也。

行人既得牛以去，則邑人必受其災也，故謂“无妄之災”。

九四，可貞，无咎。

九四陽剛，乾體本无妄，而可有所爲者，但下無應與。夫建功立業，必得人以爲之助；若孤立无朋，則安能濟事？故占者得此，可安静固守而無咎，而不可以有爲也。

《象》曰：可貞无咎，固有之也。

九四曰“可貞无咎”者，言静固守其道于已，不見之于爲也。

九五，无妄之疾，勿藥有喜。

九五既乾剛矣，而又中正在己；既中正矣，而所應又中正，无妄之至也，宜乎天下无事，四海安寧矣。設若有意外之變，是爲无妄之疾。然惟安静以鎮之，閒暇以處之，則變爲自息，不宜生事煩擾，以騒動天下，如无妄之疾，勿藥而自愈矣。

“舞干羽于兩階而有苗格”。此爻詞純是象也，而占如之。

《象》曰：无妄之藥，不可試也。

既已无妄，而復藥之，則爲无妄之疾。試无妄之藥，反爲妄而生疾矣，故爲无妄之藥，不可試也。然則所處既當於理，豈可因非意之事而改圖乎？

出此題者，專指象講人事，意首尾見。

上九，无妄，行有眚，无攸利。

上九亦无妄也，但以其居卦之上，處時之極，故有眚，无攸利。

《象》曰：无妄之行，窮之災也。

上九无妄之行，而反有災者，言其處時之窮極而有災也，非謂无妄而有災也。

大　畜

䷙ 乾下艮上 大畜：利貞，不家食，吉。利涉大川。

以巽畜乾，是以陰畜陽，小畜也。艮爲陽，陽大也，此卦以艮畜乾，故爲《大畜》。又以内乾剛健，外艮篤實輝光，内外合德，其德日新而爲蘊畜之大者也，此伏羲所以名其卦爲《大畜》也。文王觀卦變、卦體、卦德，而繫以詞曰：占者值此，必其所畜者，皆聖賢之大道，而不溺于異端，則所畜得其正矣。然君子不貴于獨善其身，而貴于兼善天下，故所畜者既正，又必食禄于朝，而不食于家，則所畜者不至積于无用，不亦吉乎？由是以其所畜者施之于政事，以拯蒼生之困，以濟天下之險，此君子有體有用之學也。

“不家食，吉”二句，當根帶大畜。《大畜》卦名，以止之義言；註中爲“畜之大者”，以蘊畜言。此大畜與小畜相反，故註中下一个“又”字，承小畜説也。有一説，以陽爲大，故爲大畜，而所畜者陽，亦爲大畜也。此説不是，當以大畜相帶言。

《彖》曰：大畜，剛健、篤實、輝光，日新其德。剛上而尚賢，能止健，大正也。不家食吉，養賢也。利涉大川，應乎天也。

此卦所以名爲《大畜》者，何所取哉？蓋以卦德觀之，内乾剛健，則是理得于心，不爲私意之所撓；外艮篤實輝光，則是理體諸身，而不爲物欲之所蔽。則體用相須，内外交養，德之得于己者，自然日進于高明廣大之域，而不自知矣，其所畜者，不亦至大而無外乎？故爲《大畜》。卦辭所謂“利貞”者，何所取哉？以卦變觀之，此卦自《需》而來，九自五而居于上，則是賢者尊居于民上也。以卦體言，六五尊而尚之，則是人君屈己下賢也。以卦德言，艮以止乾之健，是能消其狂背之心，去其剛猛之勢也。若此者，皆非大正不能也。如上九而非大正，則德不稱位，何以居上？六五而非大正，則挾勢自驕，安能尚賢？止健而非大正，則自反不直，又安能服其心哉？此利貞之所由取也。所謂"不家食"者，何所取哉？亦以卦體言之，六五尊尚乎上九，則是爲君者忠信，重禄以養天下之賢人。君能養賢，則賢者進自于朝，故必得君之養而吉矣，故曰"不家食吉，養賢也"。所謂"利涉大川"者，何所取哉？亦以卦體而言，六五下應于乾，爲應乎天也。夫人舉動合天，則仁政覃敷，自有以置天下于康泰平寧之域，何險之不濟乎？此所以利涉大川也。

一説"應天"就時上説，依此説，則"利涉"當實説矣。

《象》曰：天在山中，大畜，君子以多識前言往行，以畜其德。

乾下艮上，天在山中，爲山所畜，大畜之象也。君子法之，以多識前言往行，察言以求其心，考迹以觀其用焉。若此者，豈欲爲誇多鬬靡之資哉？蓋欲見諸身體力行之間。不言則已，言則必以古人之言爲矜式，而言焉寡尤；不行則已，行則必以古人之行爲軌範，而行焉寡悔。則萬理體于心，萬善脩于己，于以畜成其德焉。

初九，有厲，利已。

初九爲六四所畜，不可進者也。故占者得此，進則有危，止乃爲利也。

《象》曰：有厲利已，不犯災也。

有厲利已者，言其止則不犯灾也。

九二，輿説輹。

九二亦爲六五所畜，以其處中，故能明義理、識時勢，自止而不進，有"輿説輹"之象也。

《象》曰：輿説輹，中无尤也。

九二之所以輿説輹者，以其處中，故能自止不進，如九二而无可尤也。

九三，良馬逐，利艱貞，日閑輿衛，利有攸往。

九三以陽居健極，上九以陽居畜極，極而通之時也，又皆陽爻，故不相畜而俱進，有“良馬逐”之象。然良馬逐者，其進不可禦也，以其過剛鋭進，故戒占者以爲得進固君子之所喜，輕進又君子之所憂。必以禮自重，勿輕進以取辱；以正自守，勿枉道以從人。既處之以艱貞矣，又必學術日進，藴經綸於未用之先；德業日脩，畜謀猷於未試之日，而日閑輿衛焉。夫利艱貞則無躁進之失，閑輿衛則有可進之資。如是而往，何不利之有？

《象》曰：利有攸往，上合志也。

九三之所以得遂其進者，由其上九與之合志，而稱揚荐拔之也。

“合志”就二爻皆陽上取，不在畜極、健極意。

六四，童牛之牿，元吉。

六四下應初九，而畜之者也。夫初陽在下，其勢尚微，於此而畜止之，使其剛暴之惡不得以逞，若施横木於未角之牛，以防其觸焉。占者如是，則上不勞於禁制，下不傷於刑誅，大善之吉也。

《象》曰：六四元吉，有喜也。

六四之所謂“元吉”者，蓋其止惡於未盛之時，則己不勞而彼无所傷，誠可喜也。

六五，豶豕之牙，吉。

六五下應九二，而畜之者也。夫九二已進，其惡長矣。六五居尊位而有柔中之德，是以知天下之惡不可以力制也，察其機，持其要，塞絶其本原。授之以農桑之業，而使之不迫於饑寒；教之以廉恥之道，而使之不貪于利誘。有如豶豕之勢，則牙雖存而剛躁自止矣。占者能如是，則不用嚴刑峻法，而天下自無肆惡之民，不亦吉乎？

《象》曰：六五之吉，有慶也。

六五之吉者，蓋其得機會以制天下之惡，則其衆惡自止矣，是有慶也，吉何如哉？

上九，何天之衢，亨。

屈之久者，則其伸必大。上九處畜之極者也，畜極則適而豁達無礙矣，何天之衢也。占者值此，則往無不通，而人不能我畜矣。

《象》曰：何天之衢，道大行也。

所謂"何天之衢"者，言其伸於久屈之後，通於畜極之餘，平昔之所抱負者，皆得大行於天下矣。

上九一爻是已爲人所畜，蓋其本有賢德，而素屈於人者也，故至此則通矣。有一説以已蘊畜之極言，此説亦無妨。

象中據"何天之衢"字義解，非有所取也。

頤

䷚ 震下艮上 頤：貞吉，觀頤，自求口實。

此卦上下兩陽，内含四陰，外實内虚，上止下動，爲頤之象，故伏羲名其卦爲《頤》。文王繫詞意謂：頤有養之義也，所養必得其正而後吉也。人之所養之道有二，有養德者焉，有養身者焉，二者皆不可不正。故必觀其所養之道皆合乎聖賢之學，而不惑於異端，則養德得其正而吉。又必自考夫口實，皆出於道義之正，而不急於口體，則所以養身者得正而吉矣。集義以養其氣，寡欲以養其心，守聖道而不溺於虛無，崇聖學而不流於術數，則所以養德者正矣。窮而不屑於嘑蹴，達而不至於素餐，不以貧賤飢渴害其心，不以聲色臭味汩其性，則所以養身者正矣。

《彖》曰：頤，貞吉，養正則吉也。觀頤，觀其所養也。自求口實，觀其自養也。

所謂“頤，貞吉”者，言養得其正者則吉也。所謂“觀頤”者，言觀其所以養德者，必得其正而後吉也。所謂“自求口實”者，言觀其所以養身者，則亦必得正而後吉也。

此皆據卦詞而釋之，非有所取也。

天地養萬物，聖人養賢以及萬民，頤之時大矣哉！

又極養道之大而言之。天地爲萬物之父母，而雷動風散，雨潤日晅，以養乎萬物，使萬物各遂其生焉。聖人爲萬民之父母也，以天下之大，非一人之身所能周，故忠信重禄以養才德之賢，由是賢者代之發政施仁于以養萬民，使萬民各得其所焉。是則天地之于萬物，此養也；聖人之於萬民，亦此養也。則養之時義，其不大矣哉！

《象》曰：山下有雷，頤，君子以慎言語，節飲食。

震下艮上，山下有雷，則山下之物皆動其根荄，發其萌芽，頤養之象也。君子法之，以慎言語，使勿妄發，以養其德；節飲食，使勿過度，以養其身。夫養德、養身固不止于此二者，然二者其切務也。

初九，舍爾靈龜，觀我朵頤，凶。

初九陽剛在下，不求於人而自足者也。乃上應六四之陰，見其勢位之焰，遂改其素而有慕於彼焉，是“舍爾靈龜，觀我朵頤”之象，占者有守，不終凶之道也。

《象》曰：觀我朵頤，亦不足貴也。

初九陽剛，本有可貴者也，觀我朵頤，則自喪其所守矣，亦不足貴也。

六二，顛頤，拂經于丘頤，征凶。

六二陰柔，不能自養，待養於陽剛者也。然以上養下，理之常也，若求養於初，則以上求下，顛倒而違於常理矣。相應則相養也，若求養於上，則非其正應，故往必不與而得凶也。

《象》曰：六二征凶，行失類也。

六二有所往，以求養於初上，皆得凶者，何也？以初上皆非其應，與往來，失其類也。失類猶云非其親也。

六三，拂頤，貞凶，十年勿用，无攸利。

六三陰柔不中正，以處動極，不足於德者也。惟其德有不足，縱欲傷生，而違其所養之道矣，拂頤之象也。占者如是，所養如飲食男女之養，雖天理人情之所不能无者，然縱肆之極，其能免於凶乎？吾知其終不可用而无所利也。

《象》曰：十年勿用，道大悖也。

六三所以終不可用而凶之極者，以其拂頤也。

"十年"以"終"字言其凶，以下二句皆言"凶"字。

六四，顛頤，吉。虎視眈眈，其欲逐逐，无咎。

六四居上，責當養人者也，但陰柔無才，弱不能養人，猶幸初九陽剛，而己以柔順得正應之。能任初九之賢，而賴其養，以施於下，顛頤者也。夫以上求下雖爲顛倒,而天下無失所之民,在己亦免尸位之誚,何吉如之！然用賢之道不可苟也,殆必忘其勢位,而屈己以下之。又不可疑貳其心而任之不專也,必如虎之下視眈眈可也,必咨其謀猷而虚心以求之。又不可倦怠其勤而求之不繼焉,必有如虎之欲食逐逐可也。如是,則賢者得以行其道,而在己亦得以塞其責,何咎之有?

"无咎"即所謂"吉"也。"顛頤"是象,"吉"是占,"虎視"以下是戒占詞。

《象》曰:顛頤之吉,上施光也。

六四"顛頤之吉"者,言能任在下之賢以養人,則在己之德施光被于天下矣,此其所以吉也。

六五,拂經,居貞吉,不可涉大川。

六五居位養人者也,然陰柔不中正,其才不足以濟,反賴上九之養以養人,是拂其常矣。然用賢以養民,亦正道也,占者能居于正則吉。若欲自用以濟天下,則是行險矣,非所宜也,故不可涉大川。

《象》曰:居貞之吉,順以從上也。

所謂"居貞之吉"者,言其順以從乎上九,而賴上九之養以養人,此所謂"居貞"也,此所謂得吉也。

"居貞吉"一句,皆就"反賴上九之養"一句言。

有一説,"居貞"以静言,"不可涉大川"以濟大事言,此説亦無妨。

象中是釋爻詞,非有所取也。

上九,由頤,厲,吉。利涉大川。

六五賴上九之養以養人,是物皆由上九以養也。位高任重如此,必憂勤惕厲，不敢自暇自逸，斯有以勝其任而吉。然以陽剛在上，才既能爲，勢又得爲，于以往而濟天下之艱危，求天下之治安，亦何不利之有？

“厲吉”者，戒之也。“利涉大川”者，因其能而許之也。

《象》曰：由頤厲吉，大有慶也。

上九之“由頤厲吉”，則無一夫之不被其澤矣，不亦大有慶乎？

“慶”屬上九，不屬“天下”。“大有慶”猶云甚可也。

大　過

䷛ 巽下兑上 大過：棟橈。利有攸往，亨。

大過者，盛極將衰，時過乎中也。此重彼輕，勢失其平也。此卦四陽居中過盛，故爲《大過》。文王繫詞意謂：觀此卦之體，上下二陰，才能不足以濟事，有“棟橈”之象。然天下無不可爲之事，特患人無能爲之才耳。故使《觀》卦之剛過而中，内巽外悦，則有可行之道矣。故往以濟時之過，則過可濟而得亨矣。

《彖》曰：大過，大者過也。棟橈，本末弱也。剛過而中，巽而説，行，利有攸往，乃亨。大過之時大矣哉！

所謂“大過”者，以四陽居中，過盛也。所謂“棟橈”者，上下二陰，不勝其重也。夫當大過而棟橈，宜不可有所往矣，而曰“利有攸往”者，何也？蓋以卦體剛過而中，卦德巽而説行也。剛過而中者，强毅過人，又能自濟，不至于太剛則折也；巽而説行者，思慮精細，而所行又從容不迫也。卦有大過人之才如此，以處大過，必能濟其過而不終于過矣，故利有攸往而得亨也。以此觀之，人當大過之時，而爲大過人之事，非有大過人之才者，安能脱出乎尋常法度之外而有濟耶？大過之時大矣哉！

“時”字兼有事在。

《象》曰：澤滅木，大過，君子以獨立不懼，遯世无悶。

巽下兑上，澤水高漲，浸滅乎木，大過之象也。君子于大過之象，以立大過人之行，如世方流失也，則挺然獨立于衆人之中，而恪守其義之正，不以中立無依而有懼也。世人不我知也，則飄然遠遁于寂寞之濱，自樂乎吾道之真，不以抱負莫展而有悶心焉，是其卓行絶識，有非常人之所可及也。

"獨立"内兼窮達，"遁世"只是窮。

初六，藉用白茅，无咎。

初六陰柔居巽下，凡事過於畏慎。有如物之錯諸地，固已安矣，而又藉之；藉之可矣，而又用之以白茅。過于畏慎如此，則動無所失矣，何咎之有？

《象》曰：藉用白茅，柔在下也。

初六藉用白茅，而過于畏慎者，以陰柔居巽下也。陰柔固慎居巽下，慎之至也。

九二，枯楊生梯（稊），老夫得其女妻，无不利。

九二陽過之始而比初陰，借彼之柔以濟己之剛，猶可以立天下之事，其象爲"枯楊生梯（稊），老夫得其女妻"，而占無不利也。

《象》曰：老夫女妻，過以相與也。

"老夫女妻"者，言其始過乎中，而得與初相與也。

九三，棟橈，凶。

九三以剛居剛，過乎剛也，過剛則折，不足以濟其時之過，有"棟橈"之象，占者必凶矣。

《象》曰：棟橈之凶，不可以有輔也。

所以謂"棟橈，凶"者，言其過剛則折，不可以有輔也。

九四，棟隆，吉。有宅吝。

九四以陽居陰，用柔濟剛，過而不過，足以濟時之過，其象棟之隆起也，占者則吉矣。然下應初六，故又戒之，意謂立事以剛爲主，過剛則濟之以柔可也。今剛柔適可，若求彼之柔以濟之，則過於柔反不足以立事，不亦可羞乎？

《象》曰：棟隆之吉，不橈乎下也。

"棟隆之吉"者，言其剛柔相濟，不至太剛則折，以橈墜乎下也。

九五，枯楊生華，老婦得其士夫，无咎无譽。

九五陽過之極，又比過極之陰，其象爲"枯楊生華，老婦得其士夫"。夫如是雖無太剛則折之咎，亦不足以濟時之過，何譽之有？

《象》曰：枯楊生華，何可久也。老婦士夫，亦可醜也。

"枯楊生華"，速其死矣，何可久也！"老婦士夫"，相與非宜，亦可醜也。

上六，過涉滅頂，凶，无咎。

上六陰柔，處過極之地，不能成天下之事，而死天下之事者也，爲"過涉滅頂"之象。其事雖凶，然無愧於義，非臨難苟免者所可比，何咎之有？

《象》曰：過涉之凶，不可咎也。

"過涉之凶"者，於義得之，不可咎也。

習　坎

䷜ 坎下坎上 習坎：有孚維心亨，行有尚。

此卦上下皆坎，是爲《習坎》。文王繫詞意謂：坎者，險也，處險有道也。此卦二五剛中，爲"有孚"之象。占者身在險中，苟能安於義命，而誠心以處之，不萌行險僥倖之私，則利害不能爲之驚，禍福不能爲之動，而豁然亨通矣。以是往以濟險，則熟察乎事機而經理有道，深灼乎時勢而處置得宜，必能出險而有功矣。

"有孚維心亨"句截。或者以"有孚"處截，非也。

《彖》曰：習坎，重險也。水流而不盈，行險而不失其信。

坎者，險也。所謂"習坎"者，重險也。所謂"有孚"者，於卦何所取哉？蓋坎之象爲水也，嘗觀夫水之流也，足于此而通於彼，不至於泛盈肆出矣。然水流即行險也，行險斷乎其不盈而不失其信，此可見其有孚矣。

註中"内實而行有常"，是貼"有孚"字，不貼"水流"二句。蓋"有孚"即"行有常"，"有常"本於"内實"也。

維心亨，乃以剛中也。行有尚，往有功也。天險不可升也，地險山川丘陵也，王公設險以守其國，險之時用大矣哉！

所謂"維心亨"者，於卦何所取哉？蓋此卦二五之剛，各居其中，則是天德之剛卓立於内，而不爲私意所撓，此可見其維心亨矣。又謂"行有尚"者，何謂也？蓋能維心亨以濟險，則往以濟險而有功也。又極險道之大而言之，天有險也，高而不可升是也；地有險也，山川丘陵是也；人有險也，王公設山河城池之險以守其國是也。天、地、人各有其險如此，險之時義，不其大矣哉！

《象》曰：水洊至，習坎。君子以常德行，習教事。

坎爲水，水流仍洊而至，習坎之象也。君子法習坎之象，以爲德行不常，則理不熟於身心，或有時而放失；教事不習，則民不習於聞見，或有時而誤遺。於是日新又新，而加顧諟之功，以常德行焉，三令五申而致叮嚀之意，以習教事焉。

初六，習坎，入于坎窞，凶。

初六以陰柔居重險之下，而陷於險，是其習坎而入于坎窞之象。占者如是，則終無出險之功，凶何如哉！

《象》曰：習坎入坎，失道凶也。

遇習坎而入坎者，以陰柔失濟險之道，故得凶也。

九二，坎有險，求小得。

九二處重險之中，未能自出，在坎而有險之象。幸其剛中，其占雖未能大有爲，以出險亦可以求小得，而不至困阨之甚也。

《象》曰：求小得，未出中也。

求小得者，雖有剛中之德，而阻于其時，不能出坎險之中也。

六三，來之坎坎，險且枕，入于坎窞，勿用。

六三以陰柔不中正，无才无德，而履重險之間，來往皆險，前險而後枕，其陷益深，不可用也。

《象》曰：來之坎坎，終无功也。

六三"來之坎坎"者，終无濟險之功也。

六四，樽酒簋，貳用缶，納約自牖，終无咎。

九五尊位，六四近之，有君臣之分也。蓋君臣當艱危險阻之中，勢相依而心相求。六四之事君也，略其禮文，益以誠心，君有蔽也，則委曲以通之。占者如是，則始雖在險，而終則出險而无咎矣。

《象》曰：樽酒簋貳，剛柔際也。

所謂"樽酒簋，貳用缶，納約自牖"者，以其剛柔相際也。惟其剛柔相際，故六四之事君，而所以匡救之者，不得不如是其切也。

“樽酒簋”只是簡意，“貳用缶”只是誠意，“納約自牖”是委曲事君意。象中“剛柔”只是君臣言，“樽酒簋”不必益了。

九五，坎不盈，祗既平，无咎。

九五猶在坎中，爲坎不盈，然以陽剛中正居尊，有德有位，將出乎險，而坎既平，占者如是，則无咎矣。

《象》曰：坎不盈，中未大也。

九五在坎中，則雖有中德而未施也。

《本義》中“而時亦將出矣”，或者搭上“陽剛居尊”爲二下説，此恐非也，當以出險言。“坎不盈”只是在中，“平”是坎平。

上六，係用徽纆，寘于叢棘，三歲不得，凶。

上六以陰柔居險極，則是以柔懦不進之才，而當危急存亡之秋，亦終於敗亡而已。其象猶拘係之以徽纆，而又寘之叢棘，三歲不得脱。占者如是，凶莫甚焉。

《象》曰：上六失道，凶三歲也。

上六以陰柔失濟險之道，故凶而至于三歲也。

離

䷝ 離下離上 離：利貞，亨，畜牝牛吉。

離，麗也。一陰麗於二陽之間，此卦上下皆離，故離之名不易焉。文王繫詞意謂：凡附麗於人者，貴乎得正。如非其君不事，所事者必得其人；非其友不友，所友者必得其人。如是，則无失身之辱，而終身焉是賴矣，不亦亨乎？然勁悍非所以處人，英氣亦足以害事，故必柔順以附於人，則彼此不相忤，而情意交孚矣，何吉如之！

《彖》曰：離，麗也。日月麗乎天，百穀草木麗乎土。重明以麗乎正，乃化成天下。柔麗乎中正，故亨，是以畜牝牛吉也。

離，麗之義也。凡物皆有麗，日月則麗乎天，百穀草木則麗乎土，君臣各以其明德而麗乎正位，乃化成天下，離之爲義如此。所謂"利貞，亨，畜牝牛吉"者，於卦何所取哉？蓋以卦體觀之，五之柔麗乎中，而得其正。惟其中正也，則君臣一德而有利貞之義焉，占者值此，必利貞而後可以得亨也；惟其柔也，則有牝牛之義焉，故占者值此，必畜牝牛而後可以得吉也。

講中凡例當如此，然畜牝牛利貞，亦可援卦辭來。

《象》曰：明兩作，離，大人以繼明照于四方。

離爲日，上下皆離，則大明繼作，離之象也。大人法此以存養省察，日新又新，去其私欲之間，淑其本體之明，使其精采宣著於文章，餘光照及乎四表焉。

"繼明"字重，"照于四方"輕。

初九，履錯然，敬之无咎。

初九以剛明之才而處於下，不安於下而急於進，故有步履錯然而不安常之象。占者值此，當知其進无所妨，急則不可，必從容鎮重而處之以敬，則無躁進失身之咎矣。

《象》曰：履錯之敬，以辟咎也。

履錯然則有咎矣，履錯而處之以敬，正所以辟咎也。

六二，黄離，元吉。

六二麗乎中而得其正，是其凡有所處，皆合乎義理之當然，而無太過不及之差。占者如是，則百順并集，萬福攸同。以之爲己，則順而祥；以之爲人，則愛而公；以之爲天下國家，則無所處而不當大善之吉也。

註中“柔”字輕。

《象》曰：黄離元吉，得中道也。

黄爲中之色，離爲麗之義。六二黄離之象，而得元吉者，以其居下卦之中，而所行得中道也。

“得中道”泛講，總是無過不及意。

九三，日昃之離，不鼓缶而歌，則大耋之嗟，凶。

三處重離之間，前明將盡，爲日昃之離，乃盛極將衰之象也。占者值此，當知盛衰相仍，理勢之常，任其自然，吾無所與可也。若不安常以自樂，惟戚戚焉以爲衰耋之憂，則亦無益於事，而徒苦耳，凶也。

《象》曰：日昃之離，何可久也。

日昃之離，盛極將衰，不可久也。

九四，突如其來如，焚如，死如，棄如。

九四後明將繼之時，適當事任之初，動而以順行可也。而九四以剛逼之，則是陋前規而一掃，任己意以驟行，突如其來如矣，如是寧不至於激變生灾，而自焚棄者乎？

《象》曰：突如其來如，无所容也。

“突如其來如”者，言其必焚如、死如、棄如，无所容也。

六五，出涕沱若，戚嗟若，吉。

六五柔麗乎中，而存心猶爲近道，然不得其正，而迫於上下之二陽，而所行過當，最可懼也。占者處此，知其可懼而常存憂懼之心，則有以保其位而吉矣。

《象》曰：六五之吉，離王公也。

“六五之吉”者，言其尚存憂懼而保王公之位也。

上九，王用出征，有嘉折首，獲匪其醜，无咎。

上九以剛而居離體之上，剛明及遠。剛及遠則威已震，爲王用出征，有嘉折首；明及遠，則刑不濫，王用出征，獲匪其醜。惟其震威，則人知所懲而不流於姑息；刑不濫，則人知所感而不流於寡恩，何咎之有？

《象》曰：王用出征，以正邦也。

“王用出征”，非得已也，言寇賊奸宄擾我邦國，故出征以正之也。

周易淺説卷三

下 經 一

咸

䷞ 艮下兑上 咸：亨，利貞，取女吉。

艮下兑上之卦，伏羲所以名爲《咸》者，蓋以兑柔在上，艮剛在下，而交相感應。又艮止則感之專，兑説則應之至。又艮以少男，下於兑之少女，男先於女，得男女之正，婚姻之時。據卦體、卦德、卦象而觀之，皆有感之義也，故名其卦爲《咸》。文王繫辭意謂：觀卦之所以爲《咸》，固無不正者，正則亨而吉。故占者得此，則有感斯應，和順亨通矣。然必其所感者出於正，而不流於邪僻可也，否則必至於睽離而失其亨矣。如取女，亦所感之一事也，能以正，則得亨而吉焉。"吉"即亨也，只和合之意。

《彖》曰：咸，感也。

夫子《彖傳》之意謂，夫卦名爲《咸》者，何謂也？乃交相感應之謂也。蓋一則獨立，二則有對。有對斯有感，有感斯有應，此自然之理也，咸之義如此。

柔上而剛下，二氣感應以相與，止而説，男下女，是以亨，利貞，取女吉也。

其辭曰"亨，利貞，取女吉"者，於卦何所取哉？蓋以卦體觀之，兑柔在上，艮剛在下，二氣感應，以相與也。以卦德觀之，艮止則感之專，兑悦則應之至也。以卦象觀之，艮以少男下於兑之少女。男先於女，得男女之正；二少相與，又得婚姻之時。皆感得其正，而无不亨者也，是以其辭曰"亨，利貞，取女吉也"。

天地感而萬物化生，聖人感人心而天下和平。觀其所感，而天地萬物之情可見矣。

又以感通之理而極言之，陽下降，陰上騰，天地之感也，萬物自爾而化生；誠於此，動於彼，聖人之感人心也，天下自爾而和平。是則天地感者，感也，萬物化生，則通矣；聖人感人心者，感也，而天下和平，則通矣。即此感通之理而觀，而天地萬物之情可見矣。蓋在天地，有天地之感通；在萬物，有萬物之感通；在此一物，有一物之感通；在彼一物，有一物之感通。无一物而無感者，亦無有感而不通者，此自然之機，而相生之本也。非知道者，孰能識之？

"天地感"與"聖人感人心""感"字内該有"應"字意。蓋感與應對，若單言感，則應在其中，有感有應則通矣。"通"即卦詞"亨"字意，不可就把"應"字當"通"字。如父慈而子孝，此感而應也，而家庭之間，自有一段和順熙寧處，此便是通。

"天下和平"，以天下之治言，與《傳》曰"天下和平，王道得"之"和平"同，不必説是人心親附聖人，民心親附已該在"聖人感人心"内矣，所謂"誠於此，動於彼"也。若就親附上説，則是聖人感人心，而人心應聖人也，與"天地感而萬物化生"之意亦不同。

"天地萬物之情可見"，只説天地萬物皆有感通，只是感通處便是情。時文中講，謂天地萬物之情隱而難見，因感通而後見，此説非也。

"二氣感應以相與"泛説，不專指天地。

"天地萬物之情"説得廣，不可指上文説。

《象》曰：山上有澤，咸，君子以虚受人。

山上有澤，澤以潤而感乎山，山以虚而受其感，咸之象也，君子體之，則虚其心以受人之感焉。蓋心無私主，有感皆通，若有一毫私意自蔽，則先入者爲主，而感應之機窒矣，雖有所受，未必其所當受，而所當受者，反以爲不合，而不之受矣。故君子之學，莫若廓然而大公，物來而順應也。

初六,咸其拇。

初六居最下之位,勢隔於上,而情意之感於上者尚淺,“咸其拇”之象也。惟其感之尚淺,則欲進未能,而榮辱有所不及矣,故無吉凶之占。

《象》曰:咸其拇,志在外也。

“咸其拇”雖不得遂其進,然其志已在外而欲進矣。

“志在外”與志在天下國家不同。《本義》云:“此卦雖主於感,然六爻皆宜静而不宜動也。”“静”字最有味,盡吾之理而無所容心焉耳。初六陰柔欲動者也,故感人尚淺而未免有欲感之心,在下未進而未免有求進之念。

六二,咸其腓,凶,居吉。

人欲行則腓先自動,六二適當腓處,又以陰柔不能固守,故爲“咸其腓”之象也。占者若妄動躁進,則敗名喪節、招尤取羞而凶矣。然六二雖陰柔,而有中正之德,是其性雖躁而心則無邪,故能覺其妄動之非,而反居其所。占者能居其所,則吉矣,吉則名節可全,羞尤可免,且得夫進退之宜,不亦吉乎?

“咸其腓”,象也;“凶”,占也。“居吉”本象以著占,亦占也。

《象》曰:雖凶居吉,順不害也。

六二雖凶而又居吉者,以其有中正之順德,故能居其所而得吉也。

九三,咸其股,執其隨,往吝。

股隨足而動,不能自專者也。九三當股之處,則是下二爻欲動,三亦不能自守而隨之也,故爲“咸其股,執其隨”之象。所謂掘泥揚波而與世俱濁,哺糟啜醨而與衆俱醉者也。占者如是而往,則降志辱身而可吝矣。

“執其隨”者,“咸其股”之義也。當會其意而混講之,不可分做兩截講。

《象》曰：咸其股，亦不處也。志在隨人，所執下也。

所謂“咸其股”者，言下二爻皆欲動，三亦不能自守而隨之動也。夫二爻陰躁，其動也宜，而九三以陽剛君子，且居止之極，宜卓然自立，而超出乎流俗之外也，其志在於隨人所執，何其卑也！

九四，貞吉，悔亡。憧憧往來，朋從爾思。

九四居股之上，脢之下，又當三陽之中，心之象，咸之主也。心之感物當得其貞。今九四以陽居陰，爲失其貞。故因占設戒，以爲天下無非感應之理，感應有自然之機，唯能廓然而大公，物來而順應。予之奪之，吾皆無所用心；恩我怨我，吾皆有所不恤。貞固如此，則至誠足以動人，至公足以服衆。舉天下之大，皆囿於和平之中，孰肯弗率而自棄於聲教之外？蓋感無不應，應無不廣也，得吉而悔亡矣。設若物物容心，不能心普萬物而無心；事事留情，不能情順萬事而無情。一有所施，唯恐恩之不己歸；一有所感，唯恐人之不己應。於己憧憧如此，則所存者私，所感者僞矣。私則自小，僞則有所不通。但其朋類從之，非其朋類則不從也。心思所及者應之，心思所不及者，則不應之也，吉胡可得？悔胡可亡哉？

此王伯之辨。

《象》曰：貞吉悔亡，未感害也。憧憧往來，未光大也。

所謂“貞吉悔亡”者，言其無不正而感之害也，害即有悔而不吉也。唯其所感者正，則吉而悔亡矣，何害之有？若憧憧往來，即所謂不正而感者，則必有害而朋從爾思耳，其道未爲光也。

九五，咸其脢，无悔。

脢，背肉，在心上，不聽心而動，而與心相背，不能感物者也。九五適當其處，故爲“咸其脢”之象，則是孤介特立，與世邈然無一相合者也。占者如此，則雖不能感物，然亦足以自守，而不至於有悔也。

《象》曰：咸其脢，志末也。

"咸其脢"而不能感物，其志如此，抑末矣。蓋人處倫類之中，君者吾之所當事也，友者吾之所當交也，民者吾之所當愛也。舉宇宙内事，何者而非吾分内事乎？殆必一視同仁，使萬物各得其所，志乃大得也。必欲絶人逃世，則志亦狹矣。

上六，咸其輔、頰、舌。

上六以陰居説之終，處咸之極，又兑爲口、舌，且輔、頰、舌在身之上，而上六適當其處，故爲"咸其輔、頰、舌"之象。是感人以甘言綺語，而无其實者也，小人、女子之態也，其占，凶咎不言可知矣。

《象》曰：咸其輔、頰、舌，滕口説也。

所謂"咸其輔、頰、舌"者，言其騰揚口説以感人也。

恒

䷟ 巽下震上 恒：亨，无咎。利貞，利有攸往。

此卦震剛在上，巽柔在下。震雷巽風，二物相與；巽順震動，二體六爻陰陽相應。四者皆理之常，故伏羲名其卦爲《恒》。文王繫辭意謂：恒者，久於其道也。人能操存，固涵養熟而久於其道焉，將見有大涵養者，必有大施設，掀天揭地之業，無不如吾意，何亨如之！守之固者，則行之自无不利，立法制度無不當於理矣，何咎之有？然必其所守者合乎君子之正道，建諸天地而不悖，質諸鬼神而無疑，非若異端，執其近似之説，而陷於一偏者，乃爲得所常久之道。如是而往，則亨且无咎，而无不利矣。使所守不正，則非所謂恒矣，何以使亨而无咎哉？

《彖》曰：恒，久也。剛上而柔下，雷風相與，巽而動，剛柔皆應，恒。恒亨，无咎，利貞，久於其道也。天地之道，恒久而不已也。

吾夫子傳彖之意謂，夫恒者，常久之謂也。此卦所以名爲《恒》者，何所取哉？蓋以卦體觀之，震剛在上，巽柔在下，剛上柔下，名分凛然而不相犯，此理之常也。以卦象觀之，震爲雷，巽爲風，雷激則風發，二者相須交助其勢，此亦理之常也。以卦德觀之，巽順震動，爲巽而動。夫動必以巽，則於理無所逆，於勢無所阻，是巽而動者，亦理之常也。又以卦體觀之，巽震二體，剛柔相應，而初、二、三、四、五、上六爻，各自以剛柔相應。夫造化則有天、地、日、月，人類則有君臣、父子、夫婦，物類則有雌雄、牝牡，皆以類相合，而無無對之物。是剛柔相應者，豈非理之常乎？卦具有恒之義如此，故名其卦爲《恒》也。夫恒固能亨且无咎矣，然必利於正，乃爲久於其道，而謂之恒也；若不正，則久非其道，而不得爲恒矣。是則不正則不可恒，必正而後可恒如此，天地之道，所以恒久而不已也。蓋覆載生成，寒暑晝夜，萬古常然，皆其理之所當然者，何不正之有？夫天地之恒，亦以正而已，而況於人乎？此恒之所以必利貞也。

利有攸往，終則有始也。

其辭曰"利貞"而"利有攸往"，必守之固而後行之利者，何也？蓋不專一則不能直遂，不翕聚則不能發散。唯静極而終，然後有動以爲之始，此體立用行之道，通造化人事而皆然者也。知終則有始，則知利貞之所以利有攸往矣。

日月得天而能久照，四時變化而能久成，聖人久於其道而天下化成。觀其所恒，而天地萬物之情可見矣。

又以恒久之道而極言之，日月附天而能久照乎萬物，四時變化而能久成乎萬物。聖人至誠無息而久於其道，故其著於外者亦悠久無疆，而天下化成矣。即其恒久之理而觀之，則天地萬物之情可見矣。蓋大氣渾淪充塞，而太極爲之綱維主張，氣有參差而理無不一，故天高地下，萬物散殊，不特其聲色貌象常久如此，而其德性功用，亦亘萬古而不易，少有變易，則爲怪異不祥矣。此可見天地萬物皆有恒也。

"久於其道"只是至誠無息，不是漸仁摩義。"天下化成"在著外言，化乃化其善心，成乃成其美俗。

《象》曰：雷風，恒，君子以立不易方。

雷風相與，恒之象也，君子體之，以立其方而不易焉。蓋方者，大中至正，理之所不可易者也。立其方而不易者，止於至善而不遷也，斯可謂之恒矣。

初六，浚恒，貞凶，无攸利。

初與四爲正應，理之常也。然初居下而在初，居下則勢卑，在初則交淺，固未可以深有所求。四震體而陽性，震體則好動而無常情，陽性則好高而不下接，且又爲二、三所隔，而未免有離間之言，是四應初之意有異於常，而猶不可以深有所求也。使明者處此，必能審時度勢，知其不可而不深求之。而初之柔暗不能度勢，又以陰居巽下，爲巽之主，其性務入，故深以常理求之，自叙故素而責其必酬，欲盡忠悃而望之太切。浚恒如此，非惟不塞所望，而反迎彼之怒，求榮反辱，求親反疎，雖貞亦凶，而无所利矣。

此於朋友故舊爲切，在君亦有然者。

《象》曰：浚恒之凶，始求深也。

所謂"浚恒之凶"者，言其居恒之始，爲交尚淺，而求望於上之深，所謂"浚恒"也，此其所以凶也。

"始"字作一讀。

九二，悔亡。

九二以陽居陰，是所爲之事已失其正矣，宜有悔也。然以其久中，則是能因其失而改圖之，處置得宜，守而勿失，故得亡其悔也。

《象》曰：九二悔亡，能久中也。

九二所得亡其悔者，以其在《恒》之卦，而居下體之中，能久乎中也，故其悔亡也。

此爻悔亡，以知過能改言，非是所處非其地，所遇非其時也。

九三，不恒其德，或承之羞，貞吝。

九三位得其正，本有德者也，然過剛不中，志從於上，是其有所養而未熟，有所克而未盡，一旦遇富貴利達之人，而心有所慕，不能守其所素有者以終其身。夫立身一敗，而萬事瓦裂；大節一虧，無所逃於天地之間矣，故爲"不恒其德，或承之羞"之象。占者得此，苟正而不恒，則不免於羞吝矣。

《象》曰：不恒其德，无所容也。

不恒其德，則辱之者衆矣，无所容也。

九四，田无禽。

九四以陽居陰，久非其位，則其所久者，皆異端邪術，而非正道也，雖久亦何所得哉？故爲"田无禽"之象。占者必擇其所當久者而久之可也。

《象》曰：久非其道，安得禽也？

久其所不當久，雖久何所得乎？

六五，恒其德，貞。婦人吉，夫子凶。

六五以柔中而應九二之剛中，常久不易，正而固矣，故爲"恒其德，貞"之象。然以順從爲恒者，婦人之道也，丈夫則當有果斷剛決之氣，而不可以順從於人爲恒。故占者若婦人如此，則得婦人之正而吉；夫子如此，則失陽剛之正而凶。

《象》曰：婦人貞吉，從一而終也。夫子制義，從婦凶也。

所謂"婦人貞吉"者，言婦人之道，惟在於從夫以終其身也，所謂"必敬必戒，無違夫子"也。若夫子，則當果斷剛決，以義專制，若從婦人之道，而一於順從，則必凶也。

"一"字當就"夫"字看，從一不二嫁之説也。

從婦者，從婦人之道也，非從婦人也。

上六，振恒，凶。

上六居恒之極，處震之終，恒極則不常，震終則過動。又陰柔不能固守，居上非其所安，故爲"振恒"之象，言其動之速而不能恒也。占者若好動不常，既不足以養成乎德性，又不足以建立乎事功，凶何如哉！恒極則不常，亦静極則動之意也。若人之有恒，而至於極者，則習與性成矣，豈其不常乎？

《象》曰：振恒在上，大无功也。

上六在卦之上，處恒之極而振恒焉，則豈能有所成乎哉？大无功也。

遯

☶☰ 艮下乾上 遯：亨，小利貞。

此卦二陰浸長，陽當退避，故伏羲名其卦爲《遯》。文王繫辭意謂：二陰浸長於下，是小人之羣已聚，雖有九五之德，六二之應，然終不能挽回君子之衰，以禦其剥床之勢矣。君子占而得此，知其勢之不可不遯，而決於遯焉，則雖不得行其道於時，以位天地、育萬物，然卷而懷之於吾身，自信自樂，而吾身之天地萬物，亦不害其爲安泰也，是身雖退而道亦未嘗不泰也。若小人占而得此，則利於守正,不可以浸長之故,而遂侵迫於君子也。蓋君子受害,則天下國家從之矣,小人豈能以獨免乎?

《彖》曰:遯亨,遯而亨也。剛當位而應,與時行也。

吾夫子《彖傳》之意謂,夫所謂“遯亨”者,謂遯而得亨也,於卦何所取哉?蓋以卦體觀之,九五陽剛中正,而下應六二之柔順。中正則是在己具有能爲之盛德,又於小人類中得一君子與己合,小人之禍未迫,而君子猶有容身之地,若猶可以有爲,而不必遽遯也。但二陰浸長,氣勢向盛,其時不可以不遯矣。時當遯而遯,則是與時行也。夫與時偕行,而退身於未辱身之先;見幾明決,而正志於未降志之日,此其所以得亨也。若禍已迫,則不能去矣;雖得去,而所損亦多矣,又安能得亨乎?

“剛當位而應,與時行也”,言遯之初未有恥辱之加,故爲退而亨,否則不見亨意。

一説以九五有剛當位而應,故能退避。此説不通,但言其有是德,所應又未有害,猶可有爲。彼能知勢之不可不遯而遯之,何有不亨耶?

小利貞,浸而長也。遯之時義大矣哉!

又必戒小人以利貞者,以二陰浸而長也,其勢已迫於君子矣,故因其迫而止之也。夫陰方浸長,處之爲難,當此之時,唯有遯而已。然昧乎時勢者不知遯,戀乎禄位者不能遯,必有先見之明,克己之志,然後飄然高舉,以保其身,而不爲無及之悔也。遯之時義大矣哉!

《象》曰:天下有山,遯,君子以遠小人,不惡而嚴。

天下有山,天高無窮,而山自不能以及乎天,相去遼邈,遯之象也。君子體之以遠,小人不惡而嚴。蓋惡者牢關固拒,而疾之已甚也;嚴者立禮秉義,而自守必端也。不嚴而惡,適足以致其怨而招其侮;惟不惡而嚴,則有不威之威,不勢之勢，彼之望我者，自然起敬起畏，不待麾之而自卻矣。此可見君子如天，小人如山。天之高也，非以遠山而山自絶於天；君子之嚴也，非以絶小人而小人自絶於君子。然則君子之遠小人也，非遠小人也，遠吾身之小人也。吾身之小人既遠，而在人之小人與之俱遠矣。

此"遯"字與卦名之義不同。

初六，遯尾，厲，勿用有攸往。

初六居《遯》卦之下，遯而在後者也，故爲遯尾之象，危之道也。占者得此，當知遯而不早猶爲危，況可有所往乎？晦處静俟，可免災耳。

《象》曰：遯尾之厲，不往何災也。

遯而在後，固有及災之厲。若不往而早遯，則何災也？

六二，執之用黄牛之革，莫之勝説。

黄中色，牛性順，六二以柔居下卦之中，有中順之德者也。以中順之德自守，則是能隨時觀變，而與時偕行。時當遯，則斷然必遯，人不得以禄位援而止之也，猶固守以黄牛之革，雖欲解之而不能也。其象如此，占者固守亦當如此。

中順有與時偕行之意。以中順自守，而人莫能解者，時當遯則必遯也。自守就中順生出，要之只是中順也。

一説自守是收斂其德，不形於外。

《象》曰：執用黄牛，固志也。

所謂"執用黄牛之革"，言其必遯之志也。

固志只是以中順自守。

九三，繫遯，有疾厲，畜臣妾，吉。

九三下比二陰，當遯而有所繫戀之象，是其有疾且危厲也。占者以是繫戀之遯，而畜臣妾，則得其心而吉也，以之處遯，則不利矣。

《象》曰：繫遯之厲，有疾憊也。畜臣妾吉，不可大事也。

當遯有所繫而致危，是其隱忍濡滯，略無果斷剛決之氣，有疾而困憊也。但謂之"畜臣妾吉"者，則見其不利於出處去就之大事也。

九四，好遯，君子吉，小人否。

九四下應初六，有所好者也。而乾體剛健，有所好而能絶之以遯之象。占而得此者，顧其人何如耳。必自克之君子乃能如此而得吉，若小人則必率於所好而不能如此。

繫遯者，繫而不遯也；好遯者，好而能遯也，正相反。

《象》曰：君子好遯，小人否也。

所謂"君子吉，小人否"者，言君子能好遯而小人不能也。

九五，嘉遯，貞吉。

當位而應，與時行也，遯之嘉美者也。嘉遯即貞也。占者如是而貞焉，則身雖退而道亨矣，不亦吉乎？

未見有可去之隙，而能决于去焉，去得好也，故爲嘉遯。

《象》曰：嘉遯貞吉，以正志也。

所謂"嘉遯貞吉"者，言能正其志而不苟志也。

"以"字是語助詞，非推由也。當去即去，無所貪慕，無所係好，此便是能正其志。正志是正解嘉遯之意。

上九，肥遯，无不利。

明决不足者不能遯，禍已切身，與情有所繫者不得遯。上九以陽剛之資，且居卦外，而又无係應，遯之遠而處之裕者也，故爲肥遯之象。占者如是，吾見從容自得，綽有餘裕，天子不得臣，諸侯不得友，中傷之禍无自而及，污濁之世无自而染，无不利也。

《象》曰：肥遯无不利，无所疑也。

所謂"肥遯无不利"者，言其遯之遠而處之裕，坦然無所滯礙也，此所謂"肥遯"也，此所以无不利也。

大　　壯

䷡ 乾下震上 大壯：利貞。

此卦四陽盛長，故伏羲名其卦爲《大壯》。文王繫辭以爲：君子占而得此，吉亨固不假言，但當凡事順理，不可恃其勢之壯，而有强猛之爲也。

《彖》曰：大壯，大者壯也，剛以動，故壯。

卦所以名爲《大壯》者，何也？以卦體言，四陽盛長，是乃吾道方亨，君子得志，而大者壯也，固爲大壯之義。以卦德言，乾剛震動，剛以動，則是順理而動，不爲私欲所屈撓，則不愧不怍，何憂何懼，所以壯也，亦爲大壯之義。

"剛以動"，集義也。"故壯"者，氣之浩然也。著力在"剛"字上，"動"只是有所行。"剛以動"就勉强用工上説，若説是大有爲則便是壯矣，須看"故"字。

大壯利貞，大者正也。正大而天地之情可見矣。

所謂"大壯利貞"者，何謂也？言大者處壯之時，所行當以正也。即此正大之理觀之，而天地之情可見矣。蓋凡事合乎當然之理，而不雜以一毫之私，此謂之"正大"。天地之道，高也，明也，而無私覆；博也，厚也，而無私載。陽一嘘而萬物皆生，陰一吸而萬物皆成，其正大何如哉？天地之情，不外乎正大，如此，大壯其可不利于貞乎？

物各付物，何嘗容心於其間？作善則降之百祥，作惡則降之百殃，隨物自取，何嘗有意于其間？推而至于日照月臨，雲行而雨施，鳶飛而魚躍，何者而非天地之情？何者而不出於當然之理？

"大者"指君子之人，與下文"正大"不同。

"正大"二字一意，總是無私曲，不必分。亦如見一人立心制行近乎道者，則稱之曰"此人甚正大"，蓋正則自大，私則自小也。

《象》曰：雷在天上，大壯，君子以非禮弗履。

雷震天上，聲勢赫烈，大壯之象也。君子體之，以志帥氣，以道御情。凡出於己私，而不合乎天理者，務極力克去之，非禮勿視，非禮勿聽，非禮勿言，非禮勿動，卓然自立，惟理是依，奮迅果決，而超出于萬物之上，斯可以言壯矣。

"非禮弗履"就是壯，故曰"自勝之謂强"。"非禮弗履"與"剛以動"，同一克己之意。克己最難也，人能所難，是亦壯矣，不待氣充理備，無己可克地步，然後可許其壯也，《象傳》故壯之。壯無己可克地位也，此是就其能加克己之功而許其壯也。

初九，壯于趾，征凶有孚。

初九以陽剛居下而當壯時，凡事勇于必爲，无所顧慮，壯于進者也，故爲"壯于趾"之象。占者居下而壯于進，其凶必矣。

居下不是无位，只是位之卑者耳。

進亦不妨，但壯于進，則不可耳，况當大壯之時，又居下位，則尤不可也。聖人于大壯極剛之爻，便致危之之辭，理勢當然也。

《象》曰：壯于趾，其孚窮也。

居下位，當壯時，而壯于進，其困窮也必矣。

《程傳》曰："以剛處壯，雖居上猶不可行，况在下乎？"

九二，貞吉。

九二以陽居陰，已不得其正矣，然所處得中，是能因其失而改之，以復于正也。占者得此，當知過之可改，善之可遷，斟酌于太過不及之間，以求合于義理之正。憂深思遠，不乘勢而妄爲；救弊補偏，不恃壯而猛進。得正如此，則不至於激事之變，啓禍之端，而時之壯盛可以長保矣，不亦吉乎？

"以陽居陰"二句，《蒙引》以所爲之事言，以所處得中爲心，非也。或者又以以陽居陰，爲氣質之偏，以所處得中爲天理，猶有一息之存，此説大非也。只是所爲之事失正，猶能因其失而改之，以歸於正意。此爻與《恒》卦九二同意，出此題，九二當依註講，還他貞吉，當另起作占説。至小象"貞吉"，又當作九二講，此亦爻象之體如此也。

《象》曰：九二貞吉，以中也。

九二以陽居陰，本不正也，而又曰"貞吉"者，何也？以其所處之得中也。中則能因其失而改之，无復有不正者矣。

爻辭"貞吉"是戒占者，《象傳》"貞吉"只就"二"身上説。講"貞"字，須用不恃壯意。

九三，小人用壯，君子用罔，貞厲。羝羊觸藩，羸其角。

九三過剛不中，當壯之時，在小人則爲用壯，惟憑氣勢而不顧理之是非者也；在君子敢於必爲，輕視天下，旁若無人也。其象如此，占者如是，則雖事出於正，然發之過當，亦不免於厲也。貞厲如此，其象何如？殆猶"羝羊觸藩，羸其角"焉。蓋壯則必敗，罔則必困也。

"小人用壯"二句是象，"貞厲"是占，"羝羊觸藩，羸其角"又是占之象也。

《象》曰：小人用壯，君子罔也。

所謂"小人用壯，君子用罔"者，言此一爻在小人則用壯，在君子則用罔也。

此象只據本爻講，與他象不同。

九四，貞吉，悔亡。藩决不羸，壯于大輿之輹。

九四以陽居陰，本不得正而有悔也。然以陽居陰，則爲不極其剛，猶若可轉而正者。占者得此，凡事若能以正不過剛，以妄爲不恃壯，而猛進如是，則進無所阻，建大功，立大業，無有不成者矣。“貞吉悔亡”如此，其象何如？蓋四前二陰，非若三前之有四，其象亦猶藩籬决開，而不至於觸羸其角，由是壯於大輿之輹，惟吾意之所如矣。

“藩决不羸”二句只是作一意，重在“不極其剛”上。

《象》曰：藩决不羸，尚往也。

所謂“藩决不羸，壯于大輿之輹”者，言其得以前進而無所阻也。

“尚”字作“前”字，“往”字作“進”字。

六五，喪羊于易，无悔。

卦體似兑，有羊象焉，外柔而内剛者也，故能抵觸以進。獨六五以柔居中，爲失其壯而不能進，有“喪羊于易”之象也。占者如是，雖失其壯，亦可以无所悔矣。蓋鋭進者易折，過剛者必敗。惟夫柔順謙抑，安常守分而有所不爲，則外物鮮得以病之也。

剛雖不過，而亦不可無，故六五只得无悔而不得吉。

《象》曰：喪羊于易，位不當也。

所謂“喪羊于易”者，言其以柔居中，失其壯而不能進也。

上六，羝羊觸藩，不能退，不能遂，无攸利，艱則吉。

壯終動極，是志壯而欲進者也，亦猶羝羊觸藩，不能退也。然其質本柔，而其才有所不足，故又不能遂其進而无攸利，其象如此。然上六雖壯終動極，而猶幸其不剛，故占者能艱以處之。凡事慎重，不極其剛，而鋭于進焉，則終得以遂其進而吉矣。

《象》曰：不能退，不能遂，不詳也。艱則吉，咎不長也。

上六不能退遂者，由其壯終動極，而所處不詳慎也。謂之"艱則吉"者，言得遂其進，而不詳之咎可免也。

晉

☲☷ 坤下離上 晉：康侯用錫馬蕃庶，晝日三接。

此卦之象，爲日出乎地之上，是上進也。此卦之德，爲順而麗乎大明之君，亦上進也。又其變自《觀》而來，爲六四之柔，進而上行，以至於五，亦上進也。故名其卦爲《晉》。文王繫辭意謂：明出地上，是當明盛之時也；順而麗乎大明，是有忠君之德也；柔進而上行，是遇虚中下賢之君也。占者得此，當是時，有是德，而又際遇是君，則其進也，當爲安國之侯，被人君非常之寵，用錫馬蕃庶而恩澤極其優渥，晝日三接而禮意極其殷勤焉。

《彖》曰：晉，進也。明出地上，順而麗乎大明，柔進而上行，是以康侯用錫馬蕃庶，晝日三接也。

所謂"晉"者，上進之義也。其辭曰"用錫馬蕃庶，晝日三接"者，於卦何所取哉？蓋以卦象言之，明出地上，天下清明，有其時矣。以卦德言之，順而麗乎大明之君，是能盡忠以事其君，有其德矣。以卦變言之，柔進而上行，是推心以任天下之賢，有其君矣。占者是以康侯用錫馬蕃庶，晝日三接也。

麗，附麗也。大明以君言。順，柔順，以己之德言，重在"順"字。"柔進而上行"，重在"柔"字，上行只是他居君位耳。

"明出地上"固是時順，而"麗乎大明"固是德。若出此二句，則以上句爲君，下句爲臣，輔臣作明良相逢之意。若出此三句，自有分屬矣。

《象》曰：明出地上，晉，君子以自昭明德。

明出地上，進而上行，晉之象也。君子體之，以爲日本明也，入於地則晦；德本明也，蔽於私則昏。必加夫格物致知，以啓其自昭之端；誠意正脩，以致其自昭之實。使吾本明之德，超出於物欲之表，亦如日之出也，杲杲乎騰光於九地之上，以自昭明德，而復其本明之初焉。

初六，晉如摧如，貞吉。罔孚，裕无咎。

以陰居下，應不中正，有欲進見摧之象。占者當此，惟脩德從時，不枉道以求進，則得以遂其進而吉。設若自處以正，而人猶不之信，而不得以遂其進，亦當處以寬裕，則得進退之道，而无咎矣。苟或求進之心切，非汲汲以失其守，則悻悻以傷於義矣，安能免于獲咎哉？

无咎與吉不同。

“罔孚，裕无咎”，《蒙引》欲作申上意，非也，只是戒占。

《象》曰：晉如摧如，獨行正也。裕无咎，未受命也。

所謂“晉如摧如，貞吉”者，言雖不能遂其進，而所行亦不可以不正也。“罔孚，裕无咎”者，以初居下位，未有官守之命也。若有官守，則當盡其職；不得其職，則當速於去，豈可處以寬裕，而曠職苟禄哉？

六二，晉如愁如，貞吉，受兹介福，于其王母。

六二中正，本有德而可進者也，而无應於上，是無汲引之者，故爲“晉如愁如”之象。占者於此，惟以中正之德自守，而不急於求進，則得以遂其進，而居天位、食天禄，受福于柔順之君也。

此貞吉與初六同。“受兹介福”二句即是吉。

《象》曰：受兹介福，以中正也。

六二所以得遂其進而受寵于君者，由其有中正之德也。唯其有中正之德，則久而必彰，自有以來爲君者之求矣。

六三，衆允，悔亡。

三不中正，是德業不足，宜不得進而有悔也。然當晉之時，與下二陰皆欲上進，惟其事與人同，故其心與衆人孚。相與者多，相信者衆，則聞見廣而德行脩，規誨多而學業進，以遂其上進之心而悔亡也。

允者，心孚意契也。

《象》曰：衆允之志，上行也。

六三所以爲衆所信者，以三之志在於上進也。蓋當進之時，人皆有上進之志，六三亦有是志，此其所以爲衆所信也。

九四，晉如鼫鼠，貞厲。

不中不正，無德者也。無德而進居高位，非其所安，是貪而不免於畏人者也，故爲"晉如鼫鼠"之象。占者如是，雖其位出於在上之所與，而得之以正，然德之不稱，終必失之，厲何如哉？

貪者，貪處高位。

《象》曰：鼫鼠貞厲，位不當也。

所謂"鼫鼠貞厲"者，言其不中不正，无德而竊據高位也。

"位不當"作人事，亦不以德言。

六五，悔亡，失得勿恤，往吉，无不利。

六五以陰居陽，是所爲之事未免有過當者，宜有悔矣。然以其居乎離明之中，而坤以順處其下，是能改過自新，如日月之復其明，而人皆仰之，天下无有不順從而歸服者矣。占者得之，則其悔亡。然爲君之道，但當爲其所當爲，而功利之或得或失，在所不計。能如是，則君道得而天下治，不計其利而自有其利也。

六五以陰居陽，或作資質偏説，或作所處之位不當説。大明在上，或作有其德説。細看來，以陰居陽，只是所爲之過，當"大明在上"二句，是能改過遷善，如日月之復其明，人皆仰之，天下無不歸服。意蓋以改過爲大明，則亦有其本明者。此"大明"字勿例諸"大明"字義。

"失得勿恤"，於爻本無所取，只是因他在君位，故戒之，以爲君道當如此。然凡事惟當順理，勿問功利之得失。若有一毫計較功利之心，便是私意，便非王道。

"失得勿恤"等句，只是戒占之辭。"失得勿恤"作功利言，或作人心之失得勿恤，此正人君之所深憂也，如何謂之勿恤耶？吉即是无不利。

《象》曰：失得勿恤，往有慶也。

人君爲其所當爲，而无計功謀利之心，則往吉而无不利也。蓋主之以誠，行之以公，自足以成天下之治；若私意計較，則其所成就亦少矣。

象中只依爻説，無再申之意。

上九，晉其角，維用伐邑，厲吉，无咎，貞吝。

角剛而在上之物，上九以剛處晉之極，故爲"晉其角"之象。占者得之，无所用，而可惟純用之，以伐其私邑，則雖不免有殘傷之危，而亦可圖其事之濟，而吉且无咎矣。然以極剛治小邑，多費力于不必費力之地，雖得其正，亦可羞矣。

上九无咎，止是略。略可之辭，不可説太深，否則貞吝説不通矣。

《象》曰：維用伐邑，道未光也。

但謂之"維用伐邑"，則可見其道之未光大也。

明　夷

☷☲ 離下坤上 明夷：利艱貞。

此卦下離上坤，日入地中，明而見傷之象，故名其卦爲《明夷》。文王繫辭意謂：卦體上六柔暗之主，六五以柔中近之，内難而能正其志者也。故占者當明夷之時，不得直遂其志，但當利于艱難以守正，而自晦其明也。

《彖》曰：明入地中，明夷。内文明而外柔順，以蒙大難，文王以之。利艱貞，晦其明也。内難而能正其志，箕子以之。

卦之所以名爲《明夷》者，以卦象言之，明入地中，故爲《明夷》。又以卦德觀之，内文明而外柔順，以蒙大難，亦明夷之義也。昔者文王遭紂之亂而見囚，常用此道以處之也。其辭曰"利艱貞"者，言其當艱難守正以晦其明也，於卦何所取哉？以卦體觀之，六五柔中，近上六之暗主，内難而能正其志，亦艱難守貞之義也。昔者箕子爲紂近親，在其國内，亦嘗用此道以處之也。

《象》曰：明入地中，明夷，君子以莅衆，用晦而明。

明入地中，明而見傷之象也。君子體明入地中之象，而於莅民也，不察察以爲明，則明而用晦焉。蓋太察則量狹，而民心不敢以自安；任明則威厲，而下情不得以上達。惟明而用晦，則能容物和衆，民心安而且親无所疑懼矣。"用晦而明"，猶言以明而用晦，只是不察察以爲明，重在"晦"字。或曰：用晦了，又必明此，非似君子體明入地中之象。

"用晦而明"，言内雖明而外用晦耳。

初九，明夷于飛，垂其翼。君子于行，三日不食，有攸往，主人有言。

下三爻明在暗外，而初九一爻去暗主又遠，而其明夷也，如鳥之飛而垂其翼之象。占者得此，君子則當有所行，而其行也，必至三日不得食焉。然於行也，必有所當適之處，或至其處，而主人又有言焉。不食有言，是未免有傷也，特其傷之淺耳。

“君子于行，三日不食”，此亦是見傷。註中“時義當然”句，乃是小象申意，且漫説在此内。蓋此“君子于行”以下，通是見夷，以配“明夷于飛”。“明夷于飛”，胡氏之説可采。

《象》曰：君子于行，義不食也。

君子于行，雖至于三日不得食，然禍亂將及，義當行而決于行之，亦不避也，雖不食，亦不得而避也。若慮乏食而不行，則其所傷，更有大于不食者矣。

六二，明夷，夷于左股，用拯馬壯，吉。

六二去暗主，視初六爲稍近，視三、四、五則爲猶遠，故其明夷也，夷于左股之象。是雖見傷，而非切要之處，占者于此，惟當救之耳。苟能救之速，而用馬壯焉，則得以免禍而吉矣。

《象》曰：六二之吉，順以則也。

六二傷未切而救之速者，其柔順中正，故能識時見幾而救之速也。

小象如《蒙引》作“當救之速”之意，蓋以《本義》中無“柔正”字，出此説更爲精密。若出此題者，但知程傳、吴註之可依耳，故姑從“柔正”亦可。

九三，明夷于南狩，得其大首，不可疾，貞。

以剛居剛，是有剛正之德也，又在明體之上，是負天下之望者也，而屈于至暗之下，則又受傷之切也，正與上六暗主爲應，彼此相敵，將以明而代其暗也，故有向明除害、得其首惡之象。占者得此，必出于不得已然後可以舉事也。若以天下爲利，而有欲速之心，則不免有悖逆之罪矣。

《象》曰：南狩之志，乃大得也。

南狩之志，非富天下也，必能成功而得天下也。苟志不在于南狩，則是天地間一罪人耳，夫豈能有所成大得乎？

“南狩之志”“志”字帶上讀，重“南狩”字。

六四，入于左腹，獲明夷之心，于出門庭。

六四已入于暗地矣，然以柔正居闇地而尚淺，故猶可以得意于遠去，故爲“入于左腹，獲明夷之心，于出門庭”之象。故筮占而得此者，其自處當如是也。

以柔正居闇地而尚淺，柔正尚淺平重。蓋非柔正之德，則不能去；非尚淺之禍，則不得去。六四兼而有之，此所以“入于左腹，獲明夷之心，于出門庭”也。

《象》曰：入于左腹，獲心意也。

六四雖入于左腹，然猶可以得意于遠去也。

六五，箕子之明夷，利貞。

居至暗之地，近至暗之君，然有柔中之德，而能晦其明以正其志，此箕子之明夷也。占者得此，亦當如是也。

《象》曰：箕子之貞，明不可息也。

所謂“箕子之明夷”者，言其外雖晦而明之在中者，尚存而不可息也。

上六，不明，晦。初登于天，後入于地。

以陰居坤之極，不明其德，以至於晦，始則處高位以傷人之明，終必至于自傷而墜厥命。故爲“不明其晦，初登于天，後入于地”之象。

《象》曰：初登于天，照四國也。後入于地，失則也。

所謂“初登于天”者，言其居高位而照及四海也。“後入于地”，以其不明而失君道也。

家　　人

☲☴ 離下巽上 家人：利女貞。

卦之九五、六二内外各得其正，故伏羲名其卦爲《家人》。文王繫辭意謂：治家之道，固在于内外各得其正，然家之不正，多起于婦人，而人之難正，莫甚於婦人。故欲正家者，當先正乎内也，内正則外无不正而家齊矣。

《彖》曰：家人，女正位乎内，男正位乎外。男女正，天地之大義也。

家人利女貞者，於卦何所取哉？蓋以卦體觀之，六二柔順中正，而居乎内卦，則是女子以柔順貞静之德，而正位乎闔門之内。九五剛健中正，而居乎外卦，則是男子以制義刑家之善，而正位乎閨門之外。男女各正，乃天地陰陽之大義也。蓋天陽而地陰，男陽而女陰，是天地即大男女，男女即小天地也。天有天之正道，剛健奮震，而地不得與焉。男得其正，然後合天之道，否則失其所以爲陽，而與天不相似矣。地有地之正道，柔順静翕，而天不得與焉。女得其正，然後合地之道，否則失其所以爲陰，而與地不相似矣。故曰“男女正，天地之大義也”。夫卦具内外各正之義如此，故欲齊家者，必先正乎内也。内正則外無不正矣，此家人必利女貞也。

“女正位乎内”二句，重“正”字，不重“内外”字。蓋男女自在内外也，不正則非正位内外矣。“天地之大義”指陰陽言，不必言天尊於上，地卑於下也。

家人有嚴君焉，父母之謂也。父父、子子、兄兄、弟弟、夫夫、婦婦而家道正，正家而天下定矣。

夫卦之二五各得其正，固有男女各正之象，又有父母尊嚴之象。彼在天下，則有天下之嚴君，以正天下之綱紀。在一國，則有一國之嚴君，以正一國之綱紀。在家人亦然焉。家人之嚴君維何？父母之謂也。蓋九五以剛健中正而爲主於外，有父之道也；六二以柔順中正而爲主於内，有母之道也。爲父母者，定長幼之序，慎男女之别，均施與之惠，法度以之而立，倫理以之而正，父母非家人之嚴君乎？又通六爻而觀之，又有一家各得其正之象。彼上爲父而居乎上，初爲子而居乎下，是父慈子孝，而父子各盡其道矣。五爲兄而居乎上，三爲弟而居乎下，是兄友弟恭，兄弟各盡其道矣。以至五上而四下，三上而二下，是剛上柔下，夫制婦聽，而夫婦各盡其道矣。父子、兄弟、夫婦各得其道，而家道正矣。故家者，天下之則，風俗之原也。能正其家，則人皆有所感化，而天下定矣，此家之所以貴乎正也。然不先正乎内，則何以能使内外之各正哉？此利貞所以爲正家之要，而卦畫所具之藴，要不外乎此矣。

"正家"，"天下定"，或説天下人人皆有家，故人人正家，則天下自平。此説亦通，但泥著"人人"字面，不若感化爲簡潔。

《象》曰：風自火出，家人，君子以言有物而行有恒。

風自火出，猶風化自家而出也，故以風自火出爲家人之象也。君子觀家人之象，可不思所以正其家乎？然家之本則在身，而身之所出，惟言行二者而已。殆必先行其言而後從之，或言之已發而後必踐之。言焉有物，不爲無實之空言也。善之已行者，則守之而勿失。或有未行者，則行之而必力行焉有恒，而非勉强于一時也。言行皆謹，則修身矣；身脩則家治，而風化之本端矣。

"言有物"兼已發、未發言。"行有恒"是始終不易意。

初九，閑有家，悔亡。

初九以陽剛居有家之始，夫有家之始，則當閑有陽剛之才又能閑也。蓋必乘其初心之未放，衆志之未流，于以正倫理、篤恩義，嚴長幼之分，慎男女之别，使一家之人皆囿吾約束之中，如是，則倫理以正而人心不至于睽離，恩義以篤而人心不至於放逸，其悔亡矣。占者得此，當如是也。

"悔亡"是象。

《象》曰：閑有家，志未變也。

初九所以閑有家之始者，是果何見哉？蓋以此時家人之心猶未至於流放變動也，故乘此時而預防之也，失此不閑則悔生矣。

六二，无攸遂，在中饋，貞吉。

柔順中正，女之正位乎内者也。凡事无所專，遂其所遂者，在乎中饋而已，中饋之外，无所事也，此女子之正者也。占者如是，則有以成内助之功與閨門之化，何吉如之！

《象》曰：六二之吉，順以巽也。

六二之"无攸遂，在中饋，貞吉"者，由其以柔居柔德，性所稟本自和順，故能巽從于人而吉也。

重"巽"字。巽只是"无攸遂，在中饋"也。"順"字是推原之意。

九三，家人嗃嗃，悔厲，吉。婦子嘻嘻，終吝。

九三過乎剛者也，故治家之道，一於嚴而无寬，故有"家人嗃嗃"之象。占者如是，則必至于傷恩有悔而厲矣。然家道齊肅，人心祇畏，猶爲正家之吉也。若一于寬而不嚴，則致婦子嘻嘻而樂笑無節，如是，則必至于喪敗倫理，以及其家而可羞矣。以此觀之，可見治家之道，所以貴於寬嚴得中、恩義並舉。然與其過于寬而以恩掩義，寧過于嚴而以義勝乎恩也。

"嗃嗃"只是恐懼震肅之意，與"嘻嘻"相反。家人嘻嘻是象，餘俱是占。

"婦子嘻嘻"是反言，與"家人嗃嗃"不可例看。

《象》曰：家人嗃嗃，未失也。婦子嘻嘻，失家節也。

家人嗃嗃，于治家之道，猶未甚失也。若婦子嘻嘻，則失治家之法度也。

"未失"是起下文之辭，不可講"吉"字。

六四，富家，大吉。

以陰居陰，是有致富之資，而在上位，又挾致富之勢，故能使財用豐、衣食足，而富其家者也。占者如是，則仰事俯育无所累，禮義由此而可興；養生喪死无所憾，和氣由此而可浹。吉孰大焉？

《象》曰：富家大吉，順在位也。

六四所以能富家而得大吉者，以其稟陰柔之資，而且在上位也。

在上位者，爲家之主母也；以陰居陰，則婦之至吝嗇者。

九五，王假有家，勿恤，吉。

九五以剛健中正，下應六二之柔順。中正則是夫婦咸有一德，内外皆得其人也。王者占而得此，若以是而至于其家，則女正位乎内而夫愛其内助，男正位乎外而婦愛其刑家，將見倫理正而風化出，紀綱振而家道成，勿用憂恤而吉可必矣。

"假"字勿謂自外而至于家。"至"字輕，猶言王者處家而有是也。

《象》曰：王假有家，交相愛也。

王假有家，但見其交相愛也，何有不吉乎？

小象與爻同，意出此象。爻文可通用，只用爻辭之意入講。

上九，有孚威如，終吉。

上九以剛居上，在卦之終。居上則爲家之主也，在卦終則有家也久矣，陽剛則能治其家者也。吾知既能有孚以篤其恩義，又能威如以正其倫理，則有以結人心而不至于乖離，又有以服人心而不至於□□。既無家人嗃嗃之悔，亦无婦子嘻嘻之吝，終吉而无凶也。占者必如是，則吉也。

"終吉"亦以象言。

《象》曰：威如之吉，反身之謂也。

所謂"威如之吉"者，非謂振聲厲色以作威之謂也，乃反身自治而人自畏服之謂也。

"威如，終吉"只是説嚴法度、正倫理，勿説到修身上。爻辭乃是聖人恐人徒爲作威，而示人爲威之實，反身不外乎言有物而行有恒。

一説"有孚"謂立心以誠，"威如"謂持身以正。此説亦通，而"威如"與小象反身之説亦是，但似不切于正家之意，故不如前説。

睽

䷥ 兑下離上 睽：小事吉。

此卦上火下澤，性相違異，中女、少女志不同歸，故名其卦爲《睽》。文王繫辭意謂：夫當睽則衆情乖離，本不可以有事也。然卦德内説而外明，卦變柔進而上行，卦體則得中而應乎剛，故雖不可大事，然小事無甚賴衆力之協同者，猶可爲也。

"吉"字只是可爲意，言當睽之時，使無卦德、卦體、卦變三者之善，則事无一而可爲者矣。

《彖》曰：睽，火動而上，澤動而下，二女同居，其志不同行。説而麗乎明，柔進而上行，得中而應乎剛，是以小事吉。天地睽而其事同也，男女睽而其志通也，萬物睽而其事類也。睽之時用大矣哉！

此卦之所以名爲《睽》者，以卦象觀之，離爲火，兑爲澤，火動而上，澤動而下，性相違異。又離之象爲中女，兑爲少女，二女同居，其志不同行也，故名其卦爲《睽》。夫當睽之時，本不可以有事矣，而小事又云“吉”者，何也？蓋以卦德言，則内説而外明，和説與明相麗，是有其德矣。以卦變言之，則自《離》來者，柔進居三；自《中孚》來者，柔進居五；自《家人》來者兼之，皆柔進而上行也，是有其勢矣。以卦體言，則六五得中而下應九二之剛，則是已有是德而又得人之助也，故雖不可大事，而小事尚有吉之道也。若使當睽之時，而無三者之善，則天下之事無一可爲者矣。然人但知睽之爲睽，而不知睽之有合。然睽之義有二：有以心情言者，有以形體言者。以心情言，則睽不可有也，故處睽僅止于小事吉；以形體言，則睽不可无者也，故必睽而後能成事。是故天位乎上，地位乎下，天地之睽也；然天施地生，則其事同也。乾道成男，坤道成女，男女睽也；而男唱女和，則其志通也。以至萬物之爲雌爲雄、爲牝爲牡，而萬物睽也，然此感彼應，無物不然，則其事類也。此可見天地不睽，則不能成造化；人類不睽，則不能成人道；物類不睽，則物理或幾乎息矣。是則睽者，生生之本也，化化之機也，天地人物之道，皆以之而立也。睽之時用大矣哉！

《象》曰：上火下澤，睽，君子以同而異。

上火下澤，性相違異，睽之象也。君子觀二卦合體而性不同，于大同之中而知有所異焉，如所謂“和而不流”，“羣而不黨”者是已。

初九，悔亡，喪馬，勿逐自復。見惡人，无咎。

當睽之時，貴于有合。初九上无正應，宜不足以濟六三之睽而有悔也。然九四與之同德相應，彼此協力，乃克有濟，而其悔亡矣，故有“喪馬，勿逐自復”之象。占者遇此，或遇同德而與己合者，則當求與之合矣；若遇惡人而不與己同德者，亦當見之以避咎也。

《象》曰：見惡人，以辟咎也。

惡人本不當見而見之者，以辟咎也，是豈其本心哉？亦不得已也。

九二，遇主于巷，无咎。

九二二、五陰陽正應，是有君臣之義也，居睽之時，乖戾不合，然君臣之義不可廢也，爲君者設或失于不接，而爲臣者終不可以自外。此九二之于六五也，必積誠以感動之，盡力以扶持之，明義理以致其知，杜蔽惑以誠其意，委曲相求而得會遇，故爲“遇主于巷”之象。占者如是，則君臣之睽合，而臣子之責塞矣，乃爲无咎。

“遇主于巷”，乃是象中之戒。

《象》曰：遇主于巷，未失道也。

九二遇主于巷，而求之切者，乃臣道之當然，非有邪也。

六三，見輿曳，其牛掣，其人天且劓，无初有終。

六三、上九正應，不幸居二陽之間，故九二從後而曳其輿，欲求與之合；九四從前而掣其牛，亦欲求與之合。又上九以剛處明極、睽極之地，而猜狠方深，故六三有髡劓之傷。然邪不勝正，二四之求久當自息，六三之節久當自明，而上九之疑亦豈得終存而不釋哉？是初雖不合，而終必有合焉。其象如此，占者亦必有其象云。

《象》曰：見輿曳，位不當也。无初有終，遇剛也。

所謂“見輿曳”者，言其六三所居之位，在二陽之間，而爲彼所求。所謂“无初有終”者，言其初雖不遇上九，而終得與上九遇也。

九四，睽孤，遇元夫，交孚，厲无咎。

九四當睽之時，不得陰柔以爲之應，本无所合而能立者也。幸遇初九元善之夫，而同德以相信，則亦爲不孤矣。然當睽之時，難合易離，故必危厲以處之，則終得以濟睽而无咎矣。占者亦如是也。

“睽孤，遇元夫，交孚”是象，“厲无咎”是占。

《象》曰：交孚无咎，志行也。

所謂“交孚无咎”者，言其同德相信，則足以濟天下之睽，而其志遂矣，何咎之有？

“志行”脱出外説。

六五，悔亡，厥宗噬膚，往何咎？

六五以陰居陽，是所爲失正，本有悔也，然有悔而得亡，何也？蓋六五有柔中之德，而能虚己以應九二之賢，是爲賢者素有愛君之心，而爲君者又有下賢之誠，則有相合之易也。吾知六五之與厥宗合也，有若噬膚之易。以是而往，如磨金之有礪，和羹之有鹽梅，濟川之有舟楫，所爲自无不得其正，而天下之睽可合也，何咎之有？此其所以悔亡也。

上是象，“悔亡”、“往何咎”是占。若講則當貫意，不可依别爻象、占例分析。

《象》曰：厥宗噬膚，往有慶也。

“厥宗噬膚”，往則足以濟天下之睽而有慶也，何咎之有？

上九，睽孤，見豕負塗，載鬼一車。先張之弧，後説之弧，匪寇，婚媾。往遇雨則吉。

上九下應六三，本不孤也，然三不幸爲二陽所掣，而已以剛處明極、睽極之地，又自猜狠而乖離，故爲睽孤。彼六三本不受污于二陽也，則疑其有污，如見豕負塗；六三本無受污之事也，則以无爲有，如載鬼一車。然於是遂欲去而不與之合，蓋嘗先張之弧矣。然實无是事者，其事必白；空有是疑者，其疑必釋，故爲後説之弧。久之，知其匪讎而實親，如是而往，則得和合而吉矣。

純是象，其占亦如之。和合就是吉。夫婦和，順家之肥；君臣和，天下之肥也。

《象》曰：遇雨之吉，羣疑亡也。

所謂“遇雨之吉”者，言其羣疑消盡，而和合无間也。

蹇

䷦ 艮下坎上 蹇：利西南，不利東北。利見大人，貞吉。

此卦艮下坎上，見險而止，故名其卦爲《蹇》。文王繫辭以爲：卦變自《小過》而來，陽進則往居五而得中，退則入於艮而不進。卦德九五剛健中正，有大人之象，自二以上五爻皆得正位，則又有貞之義也，故占者遇蹇，當知思所以處蹇之道。利西南而不利東北，蓋西南平易，東北險阻也。利見大人，蓋大人有德而有位者。貞吉，固守其正，而不入于邪也。夫處平易之地，則可寓之以安其身；處失其地，則難益已甚矣。見非常之人，則可資之以濟其難；所依匪人，則難終不濟矣。得正心亨而出險有期，行險僥倖則累德辱身，而行有不得矣。此占之所以必利西南，利見大人，利于固守其正也。

《彖》曰：蹇，難也，險在前也。見險而能止，知矣哉！

所謂“蹇”者，遇難而不進也，于卦何所取哉？蓋以卦德觀之，坎險在上，艮止在下，則是有險在前，而見險能止也，故爲蹇。夫見險而能止，則不遽進以陷于險，可謂知矣哉！

蹇利西南，往得中也；不利東北，其道窮也。

所謂“利西南”者，於卦何所取哉？蓋以卦變自《小過》而來，九四一陽進往居于五而得中，是進而得其所安也，有平易之義也，故曰“利西南”。所謂“不利東北”者，蓋言東北乃險阻之方，往之則難益已甚而其道窮也。

利見大人，往有功也；當位貞吉，以正邦也。蹇之時用大矣哉！

所謂“利見大人”者，言往見大人，則可資之以濟其難而有功也。又卦體自二以上五爻，皆以陰居陰，以陽居陽，當位而得其正，故爲貞吉。夫人而能正，則德化之所薰蒸，風聲之所感動，邦亦以之而正矣，况於處蹇，其有不吉者乎？由是觀之，必往西南，必利見大人，必固守其正，然後得爲處蹇之道，而蹇庶乎有濟。然則蹇之時用大矣哉！

“往得中也”可説卦變。“道窮也”，“道”字輕。“往有功也”泛説，於卦无所取。

“正邦”通上下之人言。陽城以一善士居晉之鄙，薰其德而善良者數千人，况有道而純粹者乎？故必當位貞吉，而後能正邦也。

《象》曰：山上有水，蹇，君子以反身脩德。

山本峻阻，上復有水，則不得以行，蹇之象也。君子處蹇而行有不得者，則當反之於身，以修其德，有所未善則改之，無歉于心則加勉之，如是，則德孚于人，而行无不得矣。

初六，往蹇來譽。

初六當蹇之時，若上往，則如遇險而不利，唯當自止于下而不進，儉德辟難以待天下之清，則得知時之譽，斯爲善矣。

初、三、四、上四爻皆占而有戒之辭。

《象》曰：往蹇來譽，宜待也。

所謂“往蹇來譽”者，非終于不往也。言當蹇之時，宜觀變以待其時之可進而後進，不宜冒進以陷於險也。

六二，王臣蹇蹇，匪躬之故。

六二正應在五而在險中，是君之在難也。二有柔順中正之德，盡忠竭力，冒艱涉險，以求濟之，是王臣之蹇而又蹇也。然所以蹇而又蹇者，其心以爲正道當然，非以其身之故也。

"匪躬之故"，原其心也。若心有所爲而爲，則亦未爲忠也。

《象》曰：王臣蹇蹇，終无尤也。

所謂"王臣蹇蹇"，則臣道盡矣，設或不濟，亦終无可尤也。

六二一爻是象。

九三，往蹇來反。

九三當蹇之時，往則蹇矣，惟當來就二陰，則得其所安矣。

二陰卑賤，可服役也。《賁》卦九三"賁如濡如"，亦得二陰也。

《象》曰：往蹇來反，内喜之也。

九三往則遇蹇，而必來就二陰者，以下二陰喜得其陽而依之也。此九三之來反，所以得其所安也。使二陰不樂從之，則亦豈能得其所安哉？

六四，往蹇來連。

六四以陰柔當蹇之時，不足以濟，往則遇蹇矣。惟當來連於九三之陽，以資其力而共濟之，可也。

《象》曰：往蹇來連，當位實也。

六四往則蹇，而必來連於九三者，以九三乃當位之陽剛也。蓋濟蹇非陽剛之才，不足以濟之也。

"實"字即陽剛當位，是以陽居陽，不是爲得其正意。

九五，大蹇，朋來。

九五爲天下之君，當天下之蹇，非若一身一家之蹇，乃蹇之大者也。然九五居尊，又有剛健中正之德，則勢力之所招致，德望之所感動，凡彼有用之賢才，孰不樂爲之用哉？故必有朋來而助之者，將見群策必陳，衆力俱效，而蹇無不可濟矣。占者有是德，則有是助也。

此與二爻是象。

《象》曰：大蹇朋來，以中節也。

九五當大蹇而得朋來者，以其有中節也。夫困踣顛頓而氣概不亡，險阻艱難而信義愈篤，豈不足以結天下才德之士而繫其心哉？此九五所以得朋來而蹇無不濟也。

上六，往蹇，來碩，吉，利見大人。

上六以陰柔而居蹇之極，占者如此而往，則益以蹇矣。此惟當來就九五與之濟蹇，則有碩大之功而吉矣。夫九五有德有位，乃大人也，往見大人，則可資之以濟其難，乃爲利也。

"吉"字即是"碩"字。"利見大人"是伸"來碩"之意，不可以"來碩"爲象，"利見大人"爲占也。蓋象乃爻之所能者，若以戒意，便是占。

《象》曰：往蹇來碩，志在内也。利見大人，以從貴也。

所謂"往蹇來碩"者，言其志當從乎九五也。所謂"利見大人"者，言其當從有德有位之貴人也。

"内"與"貴"字俱指九五，特"貴"字指有德有位矣。

解

䷧ 坎下震上 解：利西南。无所往，其來復吉。有攸往，夙吉。

此卦坎下震上，是居險能動而出於險之外也，故名其卦爲《解》。文王繫辭意謂：卦變自《升》來，三往居四，入於坤體，固有平易之義也。二居其所，而又得中有,即其所安之義也。故占者遇難之既解,則當培養生理於彫悴之餘,保全元氣於方復之日,故利於西南平易。凡事涉於危險峻阻者,皆不宜爲矣。又利於安静。若无所往,則宜静居其所而吉;若有所往,則宜早往早復,不可久于煩擾而吉。蓋无事不欲煩擾以生事,有事則行其所無事,皆以安静爲吉也。

講此卦辭,要通上下,不可專就人君安天下上説。"利西南"指凡事言,不指平易之地言。有一説以爲生民之安言。此就人君説得,又安能説得應哉? 要之泛説爲的。

《彖》曰:解,險以動,動而免乎險,解。解,利西南,往得衆也。其來復吉,乃得中也。有攸往,夙吉,往有功也。天地解而雷雨作,雷雨作而百果草木皆甲坼。解之時大矣哉!

此卦所以名爲《解》者,於卦何所取哉? 蓋以卦德觀之,坎下震上,是居險能動,則出乎險之外而免乎險矣,故爲《解》。卦辭所謂"利西南"者,於卦何所取哉? 蓋以卦變觀之,自《升》而來,六四一爻本居於三,今則由三而進居於四,而入於坤體,蓋坤於《後天》卦圖位居西南之方,故曰"利西南"。所謂"其來復吉"者,于卦何所取哉? 亦以卦變觀之,三往居四,二居其所而又得中,有即其所□□義,故曰"其來復吉"。所謂"有攸往,夙吉"者,蓋言九二居得其中,宜早往早復而往有功也。又以解之義而極言之,天地之氣解于閉鬱之餘,而雷雨于是乎並作。雷雨既作,而百果草木之枯者以甲,甲者以坼,生意于是乎勃然而不遏也。則天地化育之功,亦皆由解而成。解之時大矣哉!

"衆"字作"坤"字看,不是得衆心之歸也。凡講中不必下一"衆"字,"得中"只是得所安意,不是無過不及,與《蹇》九五得中意同。此中亦言卦變。"往有功"只是"有攸往,夙吉"意。"得中"、"有功"皆指九二言。

《象》曰:雷雨作,解,君子以赦過宥罪。

雷雨並作,二氣發散,解之象也。君子體解之象,以爲雷雨並作,乃天地所以解萬物之屯也。故於人之有過者,則赦之而勿問;爲惡而犯罪者,則宥之而從輕。亦所以推天地生物之心,以解斯民之難也。

初六,无咎。

初六當大難既解之初,固不可多事,亦不可失事。多事則彫悴之餘,不堪其太煩;失事則廢弛之後,不足以自振。初六以柔在下,上有陽剛之應,柔則不廢,剛則有立。占者如是,何咎之有?

"在下上"不重,只重在"剛柔"上。

《象》曰:剛柔之際,義无咎也。

初六以陰柔之資,上有陽剛之應,則固不至於生事,亦不至于廢事。以是處解,宜其得无咎也。

"義"字作"宜"字。

九二,田獲三狐,得黄矢,貞吉。

九二卦凡四陰,除六五君位,餘三陰即三狐之象也。九二以陽剛得中,爲能解去邪媚之小人也。然邪正不容以並立,邪媚之小人既去,中直之君子自集,故爲"田獲三狐"之象。占者陽剛得中,亦如九二之貞焉,則亦能去邪媚、得中直而无不吉矣。

"得中直"象本無所取,然既邪媚自去,則中直自集矣。

《象》曰:九二貞吉,得中道也。

九二貞吉,于本爻何所取哉?以其居下卦之中,而得中道也。得中道,則所存所行,皆合乎天理之公,此所謂"貞"也,此所以吉也。

"得中道"與"得中直"不同,"得中道"以本身言,"得中直"是得人。

六三,負且乘,致寇至,貞吝。

六三陰柔不中正,无才无德,居下之上,據非其分,是負者之至賤,且乘君子之器，終必爲人所奪而致寇至也。占者如是，則所得之位雖出於自然而不出于詐力，然處非其分，亦可羞也，况得之不以正乎？惟避而去之，爲可免耳。

《象》曰：負且乘，亦可醜也。自我致戎，又誰咎也！

負且乘，則德之不稱，亦可醜也。自我致戎，處非其分，寇戎之至，自我致之，又誰咎也！

九四，解而拇，朋至斯孚。

初與四皆不得其正而相應，理所當解者也。然四陽而初陰，其類則不同，勢所必解者也。爲九四者，若能知初六之小人非吾之同類，而且妨吾之同類，必解而去之，則吾同類之朋至而相信矣。

此亦戒占辭，須看《本義》"若能"之"若"字。

《象》曰：解而拇，未當位也。

九四所以必解初六者，以初六與四皆不得其位而相應，應不以正者也。應不以正，理所當解也。

六五，君子維有解吉，有孚于小人。

六五當君位，與三陰同類，是與小人共事者也。占者君子若能知小人非可與同之人，必解而去之，則國家生民之福也。果何以驗君子之能解哉？以小人之退與不退驗之耳。彼小人之盡退，固可以驗君子之能解；小人未退，則君子實未嘗有解也。然小人易進而難退，人君之待小人，多外薄而中厚，陽雖不同，而陰實與同也，故必有孚于小人。

《象》曰：君子有解，小人退也。

所謂"君子有解，有孚于小人"者，以小人之退爲驗也。

上六,公用射隼于高墉之上,獲之,无不利。

上六以陰柔居卦之上,是隼之在高墉之上者也。占者遇此,用射隼于高墉之上而獲之,則善類之幸,人君之幸,而亦天下蒼生之大幸也,何不利之有?

《象》曰:公用射隼,以解悖也。

所謂“公用射隼于高墉”,以其解去悖亂之小人也。

損

䷨ 兑下艮上 損:有孚,元吉,无咎,可貞,利有攸往。曷之用?二簋可用享。

爲卦損下卦上畫之陽,益上卦上畫之陰,損兑澤之深,益艮山之高,皆損下以益上,有剥民奉君之象。夫民貧則君不至獨富,下損則上安得獨益?是上下俱損也,故伏羲名其卦爲《損》。文王繫辭以爲:於常賦之外,而别有所取之謂損。夫損本拂人情之事,難乎得元吉而无咎,不可以貞而利有攸往也。必其所損者,迫于事勢之不得已,出於義理之所當然,則損有孚而不妄矣。惟其不妄損,則民心樂于所需,吉孰大焉?怨謗无自而生,咎何有乎?由是可以爲經久之常典,傳之萬世而无弊,可以濟當時之急務,推之四海而皆準矣。夫損至有孚,固有是四者之應矣。然當損之時,其用財之法又當何如耶?蓋損出于不得已也。既不得已而損之,亦當不得已而用之。彼祭祀乃國家之大事,宜厚而不宜薄,惟當損時,則雖二簋亦可用享也。蓋禮稱其情,則雖至薄亦不害其爲誠敬也。祭祀尚宜薄,况其他乎?若取之盡錙銖,用之如泥沙,則民就窮而斂愈急,斂愈急而其用亦愈不周,公私俱困,國非其國矣,夫豈可乎哉?

損内益外,只是損下益上意。

《彖》曰:損,損下益上,其道上行。損而有孚,元吉,无咎,可貞,利有攸往。曷之用?二簋可用享。二簋應有時,損剛益柔有時。損益盈虛,與時偕行。

此卦之所以名爲《損》者,蓋以卦體觀之,上卦本乾,下卦本坤,今則兑下艮上，是損下卦上畫之陽，益上卦上畫之陰，是損下以益上也。損下益上，則利歸於上，而其道上行也。夫民貧則君不至獨富，下損則上亦與之俱損，故爲《損》。損而有孚，則固元吉，无咎，可貞，利有攸往矣。其曰"二簋可用享"者，言二簋非可以常用也。蓋祭祀乃國家之大事，而事鬼神又不可不致其孝也。二簋之用，惟當損時爲然耳，非其時則不可也。且以卦畫觀之，剛非當損，柔非當益也。今則損下卦之剛，益上卦之柔，損剛益柔，亦有其時也。又通天下之物理觀之，損也，益也，盈也，虚也，莫不各有其時。時當損則損，時當益則益，時當盈則盈，時當虚則虚，莫不與時偕行也，然則二簋之用亦以時耳。

《象》曰：山下有澤，損，君子以懲忿窒欲。

山下有澤，潤氣上通，損下益上，損之象也。君子體損之象，以爲修身之道所當損者，莫過于忿欲二者而已。必也明以察其幾，健以致其決。忿心一起，則平心氣以和之，而忿懥必得其正；欲心一萌，則思義理以勝之，而好樂必得其正。如是，則忿懲欲窒，而身無不修矣。

初九，已事遄往，无咎，酌損之。

初九當損下益上之時，上應六四，輟在已所爲之事而速往以益之，國爾忘家，公爾忘私者也。其象如此，占者能如是，則於義得矣，何咎之有？然居下而益上，在已之財力有限，在上之所需無窮，故又當斟酌其淺深而損之也。若損失其節，而罄已之所有，則後無可繼而公私俱弊矣。

"上應六四之陰"，"陰"字輕，重在"上應"上。

《象》曰：已事遄往，尚合志也。

初九"已事遄往"，其所往爲誰也？以其上應六四，而與之合志，故速往以益之也。

九二，利貞，征凶。弗損，益之。

九二剛中，志在自守，不肯妄進者也。占者得此，則宜抱道自重，而自守以正。若心爲富貴功名所動，而枉道以從人，則降志辱身而凶矣。若果能守正而不肯妄進，則上有以起人君尊德樂道之心，下有以抑俗士奔競無恥之習，則風俗可厚，節義可興，不待損己之財，而其爲益于上也大矣。

《象》曰：九二利貞，中以爲志也。

九二利貞于本爻何所取哉？以其居下卦之中，而中以爲志也。惟其中以爲志，則抱道而不外慕，自守而不妄進，其所爲貞者在是矣。

若出此題，"貞"字不可講，只講"中以爲志"。"貞"字講尾見"利"字，帶説"中以爲志"，只是自守而不妄進。

六三，三人行則損一人，一人行則得其友。

六三下卦本三陽之乾，而損上爻以益坤，有三人行而損一人之象也。一陽上往，一陰下來，有一人行而得其友之象也。其象如此，占遇六三者，觀其一損一益、一往一來，如初九與四、二與五、三與上，皆一陰一陽，以兩相與而不容三焉。有或三人行歟，則損一人，而不與之交，既損一人，則以兩相與而致一矣。或遇一人行歟，則得其一人而與之友，既得其友，則亦以兩相與而致一矣。此陰陽配合之理，而萬物化生之機也。若三則雜而亂，豈理也哉？

一説三則損一者，言不可雜也；一則得友者，言不可孤也。此亦有理，但本文無不可孤立之意，故講得友處，亦須見兩相與而不容三意。友者，相合也，非謂朋友也。

此内當貼一陰一陽，皆兩相與。

《象》曰：一人行，三則疑也。

一人行，則宜得一人而友之可也；若三，則疑而不專矣。

六四，損其疾，使遄有喜，无咎。

六四陰柔不立，本有疾也，然下應初九，則能資其陽剛之德以自輔，於以變其氣質之偏，損其陰柔之疾。其象如此。然克己最難，而改過貴勇也。占者得之，使其能知己之不善而速改，以從人之善，乃可喜也。如是，則賢者樂告以善道，而陰柔可變爲剛健矣，何咎之有？

《象》曰：損其疾，亦可喜也。

六四資人之善，以損己之疾，則德全而身修，誠爲可喜也。

六五，或益之十朋之龜，弗克違，元吉。

六五柔順虛中，以居尊位，當損之時，受天下之益，則是爲君者能虛心好善，不敢訑訑自足，由是則四海之内，皆輕千里而來告之以善，是率天下之善，而爲一己之益，益之大者有若“或益之十朋之龜”，有不得而辭者焉。占者能如是，則君道得而治道成，人心歸而天命眷，吉孰大焉？

《象》曰：六五元吉，自上祐也。

六五元吉，是孰與之？自天與之也。蓋天之視聽在民，民之益之即天益之也。

上九，弗損益之，无咎，貞吉，利有攸往，得臣无家。

上九受益之極，而欲自損以益人，然居上而益下，不待損己而自可以益人也。占者能如是，則可以爲民之父母，而无咎矣。然其所以益乎下，又必利於正，如薄税斂以舒民困，因民之所利而利之，有公平正大之體，而非私恩小惠之施。得正如此，則惠之出于我者無窮，而澤之及于人者甚廣，則貞吉而利有攸往，由是盡得人心内外之歸服，而无遠近内外之限矣。

《象》曰：弗損益之，大得志也。

“弗損益之，大得志也”，蓋君子之志在于無一夫之不被其澤，弗損益之，其惠廣矣，大得志也。

吉、利只是一意，就該“其惠廣矣”之意在內。“得臣无家”，就承此説去。

益

☴☳ 震下巽上 益：利有攸往，利涉大川。

爲卦損上卦初畫之陽，益下卦初畫之陰，自上卦而下於下卦之下，有人君損己以益人之象。夫民富則君不至獨貧，下益則上亦與之而俱益矣，故名爲《益》。文王繫辭以爲：卦體九五、六二皆得中正，是其益道之盡善，以是往而益下，則民蒙其實惠矣，何不利之有？卦象震、巽皆木，是有濟險之具矣，故往以濟險，則險斯濟而民得所安矣，又何不利之有？

涉川作濟天下之險言，不止一事。此上二句須根中正言。

《彖》曰：益，損上益下，民説无疆；自上下下，其道大光。利有攸往，中正有慶。利涉大川，木道乃行。益動而巽，日進无疆。天施地生，其益无方。凡益之道，與時偕行。

此卦之所以名爲《益》者，蓋以卦體觀之，上卦本乾，下卦本坤，今則損上卦初畫之陽，益下卦初畫之陰，是損上以益下也。損上益下，則膏澤及民，民蒙實惠而悦之无窮矣。然所謂“損上益下”者，實自上卦而下於下卦之下，自上下下，則膏澤覃敷，雖窮鄉遠邑，亦无一夫不被其澤，無一人不被其恩，其道不亦大光乎？由此觀之，人君能損己以益下，下固受其益，而己亦自有其益也，上下皆益，故名其卦爲《益》。卦辭所謂“利有攸往”者，於卦何所取哉？蓋以卦體觀之，九五、六二皆得中正，則是人君發政施仁以益下者，皆盡善盡美而民蒙其福也，故曰“利有攸往”。所謂“利涉大川”者，於卦何所取哉？蓋以卦象觀之，震於《後天》卦圖位居東方，東方屬木，巽則善入，而善入之物莫如木，木道乃行，險斯濟矣。君子有濟險之具，又何天下之險不可濟哉？故曰“利涉大川”。此涉川正是乘木舟虚意，首尾當見君子濟險意。又以益道之大而極言之，《益》之卦德動而且巽，動則奮發有爲而不甘於自棄，巽則潛心巽志而務合乎天理。由是氣質變化，私意消融，由善信而美大，由美大而聖神，而德之進也，不可限量矣。卦體乾以一陽而居於下，天之施也，而萬物於是乎資始；坤以一陰而居於上，地之生也，而萬物於是乎有形矣。萬物有形，但見形形色色並育於覆載之間，生生化化各得其性命之正，則其益也无有方所矣。夫動而巽，時當益也，則日進无疆；天施地生，時當益也，則益无方。以此推之，凡物皆有益，凡益皆有時，如日月之虧而復盈，潮水之消而復長，世道之亂而復治，人事之窮而復通，如此之類，皆爲益也，莫不與時而偕行。時未至，不先時而加益；時既至，不後時而不益。益道之大有如此矣。

"損上益下"，且説澤被於民，到"自上下下"，方説澤无不被。

"中正有慶"。宋神宗、王安石非不欲益下也，所行之法不中正也，故不利。

"中正有慶"帶起人事言。

《象》曰：風雷，益，君子以見善則遷，有過則改。

風雷之勢交相助益，益之象也。君子體之，以見善則遷，勿自卑而讓；人有過則改，勿畏難而苟安。夫見善則遷，則有以盡天下之善；有過則改，則復於無過，益之大者。且速於遷善，則過當益寡；決於改過，則善當益純。是遷善改過又自相益也。

初九，利用爲大作，元吉，无咎。

初九雖居下位，然既受上之益，則亦有禄位者也。然不可徒然無所報效，故必任大事、建大功，而大有所作爲焉。又必其所爲者，皆盡善盡美而無所妄焉，則上有益於君，下有利於民，而无咎矣。苟所作者，或利於此而害於彼，或有恩於當時而遺怨於後世，則雖得以建功，亦不免於有咎矣。

爻辭是戒占。

《象》曰：元吉无咎，下不厚事也。

初九必元吉而後得无咎者，以初居下，本不當任厚事也。苟不元吉，則不惟無建功立業之譽，而且有越職犯分之譏，此所以有元吉无咎之戒。

六二，或益之十朋之龜，弗克違，永貞吉。王用享于帝，吉。

六二當益下之時，虛中以處下，是虛以受人，卑以自牧，德之極其盛者也。既有是盛德，自當見知於君，而受禄位之益者也，有如或益之十朋之龜，而己弗得辭焉。其象如此。然陰柔疑於不能固守，故占者又必固守其虛中處下之德，則王命以之而愈加，君寵以之而弗替，可以受上之益而吉矣。然此爻居下，固可受上之益矣，若夫王者無上，占而得此，宜若無所用矣。然以王者對上帝而言，則王者又爲下，故用享于上帝，必法其虛中，以一此心之誠，體其處下，以盡此心之敬，則上帝來歆，而降福穰穰矣，亦上之益而吉也。

《象》曰：或益之，自外來也。

六二受上之益而曰“或益之”者，何也？蓋六二本無求益之心，而益自至，是益出於意望之外而來也。蓋其忽然受益，而莫識其所從來，初不知其爲誰之益也，故曰“或益之”。

六三，益之用凶事，无咎。有孚中行，告公用圭。

六三陰柔不中正，本不當得益，然當益下之時，概當得益者也，而居下之上，又多凶多懼之地，故有益之以凶事之象。雖非爲益之常，而亦不爲無益者也。占者得之，若能因此而警戒震動，則亦可以受上之益而无咎。然又必其所存所爲者，主誠實而不欺，合中道而不悖，務使德業日修，名譽日聞，于以上達於君，而副其責望之意可也。

“告公用圭”，爻中本無所取，只占中之象，亦戒意也。“有孚中行”只承“无咎”説落來。

《象》曰：益用凶事，固有之也。

益用凶事，非欲棄之也，正欲其困心衡慮，固有其所本有也。

六四，中行告公從，利用爲依遷國。

六四居下而不中，是有位無德，不能以益下爲心者也。占者若能以益下爲心，而合於中道，即其所欲者而告之於君，則君亦信我之志而見從矣。且爲國特患無益下之心耳，果能以益下爲心，則雖爲依遷國，亦不拂乎安土重遷之情而爲之也，何不利之有？

"爲依"字輕，重"遷國"意。益下爲心只是合於中行，事之所欲爲者謂之志。"告公"是以吾之志告於君，志既在於益下，則君必樂從之矣。

《象》曰：告公從，以益志也。

六四告公從者，言其能以益下爲心也。

九五，有孚惠心，勿問元吉，有孚惠我德。

九五爲益之主，陽剛中正，是其發政以惠乎下者，一皆出於真心實意之行，而無一毫之虛假，有孚誠惠下之心。占者如是，則不問而元吉可必矣。何也？蓋君民一體，感應一機，上既有孚誠惠下之心，則下必歡欣愛戴而樂於供貢服役，亦有孚誠以惠我之德矣。

《象》曰：有孚惠心，勿問之矣。惠我德，大得志也。

上有孚誠惠下之心，則不問而元吉可知矣；下有孚誠惠我之德，則可以驗吾德之及於人也深矣，乃大得志也。蓋君子之志，在於使天下各得其所也。

"惠我德"是惠民之德，不指君德言。

上九，莫益之，或擊之。立心勿恒，凶。

上九以剛暴處益之極，求益不已。夫利者，衆人之所同欲也。苟專欲利益己，其害大矣，故爲莫益之，而或擊之也。其象如此，占者若專以求益爲心，亦如上九之勿恒焉，則擊之者至矣，凶何如哉？

《象》曰：莫益之，偏辭也。或擊之，自外來也。

欲利，人之同情也。貪利爲害甚大，求益不已，豈特莫益之而已哉？夫謂之莫益之者，猶從其求益之偏而言也。若究而言之，則又有擊之者矣，豈但莫益之而已哉？夫擊之不指言何人，而必曰"或擊之"者，言志在於求益，不期而有擊之者矣，是或擊之亦出於意望之外而來也，故曰"或擊之"也。

"偏辭"一邊說。

夬

䷪ 乾下兑上 夬：揚于王庭，孚號有厲。告自邑，不利即戎，利有攸往。

此卦以五陽去一陰，如摧枯拉朽不勞餘力也，決之而已，故名其卦爲《夬》。言欲其去則便去矣，理之可決者也。文王繫辭意謂：夫以君子之甚盛，去小人之甚衰，其勢固甚易也。然君子如芝蘭，雖種之而不榮；小人如荆棘，雖剪之而不去。故欲決小人者，豈可以爲易，而不思所以決之之術乎？必也揚于王庭，使小人之罪明，則去之有辭，而有以服其心矣。孚號其衆，使君子之類合，則我之勢盛，而有以奪其氣矣。怠心一萌，則慮患不密，而彼得以中傷，有危厲之道焉；私心一起，則有隙可議，而彼得以藉口，故又有自治之道焉。然徒逞勢力，專尚威武，則我不免於已甚，而彼或敢於爲敵，而即戎則又非所宜也，如是而往，則小人可決而所往自利矣。

此卦辭作五句意看，與《蒙引》異。"不利即戎"是餘意。

《彖》曰：夬，決也，剛決柔也。健而說，決而和。

所謂"夬"者，決去之謂也，於卦何所取哉？以卦體觀之，以五剛去一柔，決之而已，故名卦爲《夬》。又以卦德觀之，乾德爲健，兑德爲説。健而説，則是發强剛毅之中，而有從容和順之美，是其德性之和也。德性既和，則其决也亦和矣。殆必動中事機，發中肯綮，既不至於壯頄之凶，亦不至於莧陸之咎；既不至於疾惡而已甚，亦未嘗容惡而不去也。此又决之最善者也。

"决而和"不是决而且和也，重在"和"字。

揚于王庭，柔乘五剛也。孚號有厲，其危乃光也。告自邑，不利即戎，所尚乃窮也。利有攸往，剛長乃終也。

其辭謂"揚于王庭"者，以一柔而乘五剛之上，既有負乘之羞，又有蔽賢之失，乃其罪之所在也。"孚號有厲"，其危厲如此，君子之道，其無虞而有光也。當"告自邑，不利即戎"，若不自治而專尚威武，乃自取困窮也。其曰"利有攸往"者，蓋以五陽而决乎一陰，則剛一長而變爲純乾，滿朝皆君子，而無一小人以間於其間矣，不亦快哉？"其危乃光"，其危兼"孚號"説，乃光者得以决去小人而不爲所傷也。○所謂"孚號有厲"而"告自邑"者，或不暇顧，而所謂"即戎"者，或有之也。

《象》曰：澤上於天，夬，君子以施禄及下，居德則忌。

参《會解》：雨澤之氣，上積于天，其勢必下沛潰决，爲雨夬之象也。君子體之，其必施禄及下，德之旁達以及萬民，猶澤之潰决以及萬物也。若居其德惠而不流及于下，則非潰决之意矣，故忌。

居者，積而不下流之謂。《蒙引》謂："君子既施禄及下矣，不可以爲我之德而自居也。"亦是。原本闕二條，皆採《會解》。

初九，壯于前趾，往不勝，爲咎。

初九當决之時，居下任壯，有"壯于前趾"之象。占者如是而往，必不能勝從，自取咎耳。

《象》曰：不勝而往，咎也。

居下任壯而進，則有不勝之理。不勝而往從，自取咎。

九二,惕號,莫夜有戎,勿恤。

九二當夬之時,剛而能柔,性非純剛,又得中道,遇事能斟酌其宜者也,故爲常存憂惕,不敢安肆呼號,其衆相與合力,決去小人,以自戒備。如此,則雖小人之患卒然而至,自有禦之,不用憂恤也,亦可無患矣。

前説二象、二占爲明白易曉。

《象》曰:君子夬夬,終无咎也。

"君子夬夬",始雖爲君子所愠,終必能決去小人而无咎也。

九四,臀无膚,其行次且,牽羊悔亡,聞言不信。

陽爻亦君子之類也,但以陽居陰,少剛果之才,不中不正,而德又有不甚滿人意者。然當君子決小人之時,亦欲上進而決去小人,居則不安也。然才德既不足,則心所以決小人者,必無其術,雖欲進而不得遂也,如是有悔,爲九四者當奈何?惟讓衆君子前進而安出其後,凡其出謀發慮,一一聽從他人,吾惟在君子黨中,而因人成事,則得以遂其進而悔亡。然當決之時,志在上進,雖聞有牽羊之言,亦必不信也。占者若能聞言而信,則轉凶而吉矣,何悔之不可亡哉?

《象》曰:其行次且,位不當也。聞言不信,聰不明也。

九四"其行次且"者,以其以陽居陰,少剛果之才,不中不正,而位不當也。"聞言不信",可見其聰之不明也,若明者聞吾言,則必知其言之有理而信之矣。

九五,莧陸夬夬,中行无咎。

九五切近上六之陰,不免爲其所浼,如莧陸之象。然當決之時,爲決之主,雖與之比,終必決去小人也。占者若能果決其決,不係於私愛,合於中行,而又能合於中道,不爲過暴,必能決去小人而无咎。

《象》曰：中行无咎，中未光也。

君子夬夬，則合於中行而无咎矣。然其所以夬夬者，以義之不可而決之也，心則未免有所係，而於道未得爲光大也。

九五"當决之時，爲决之主"二句，乃起君子夬夬之意，而莧陸之象，特"切近上六之陰"一句耳。爻辭"中行"是作兩項事，象傳"中行无咎"只是夬夬合於中行，又不得以中行另作一件事耳。此亦因見不可以孔子之《易》而遂爲文王之《易》也。

上六，无號，終有凶。

上六陰柔小人，居窮極之時，黨類已盡，无所呼號，終必爲君子所決而有凶也。

《象》曰：无號之凶，終不可長也。

所謂"无號之凶"者，言終必見決於君子而無可長也。

姤

䷫ 巽下乾上 姤：女壯，勿用取女。

人情好治而惡亂，好君子而惡小人。純乾之後，一陰始生，非人情之所願也。惟其不願，是以不期而遇，而卒然值之，故伏羲名其卦爲《姤》。文王繫辭以爲：偶遇不正，已非男女婚姻之時，又以一陰而遇五陽，又非婦人從一而終之義。女德不貞，而壯之甚也，取以自配，必害乎陽。占者遇之，則勿用取女焉。

不貞就是壯。〇卦辭非卦名之本旨。

《彖》曰：姤，遇也，柔遇剛也。勿用取女，不可與長也。天地相遇，品物咸章也。剛遇中正，天下大行也。姤之時義大矣哉！

所謂"姤"者，不期而遇之謂也。卦之所以名爲《姤》者，以一柔生於五剛之下,而過乎剛,不期而遇也,故名爲《姤》。卦辭所謂"勿用取女"者,以女德不貞,而壯之甚也,取以自配,必害乎陽,不可與久也,故曰"勿用取女"。又以卦體觀之,天以陽氣而下交乎地,地以陰氣而上交於天,天地相遇,由是生生化化、形形色色,而物皆章著,而不可遏矣。又以九五以陽剛中正之德,而際遇中正之位,則得以發政施仁、制禮作樂,而其道大行於天下矣。此於卦中别取一義,乃姤之最善者也。然姤之所以得名,實以一陰而遇五剛,所謂"不期而遇"者也。夫五剛之下,一陰始生,固甚微也,然履霜有堅冰之漸,羸豕有蹢躅之孚,乃亂之所倚,禍之所伏也。必智足以見幾,明足以防微,謹之又謹,防之又防,遏滔滔之勢於涓涓之始,止燎原之焰於星星之微,否則易進者得以進,易退者終於退,將轉而爲否爲剥爲遯爲坤,舉天下事無一可爲者矣。姤之時義大矣哉!○胡雲峰云:"一陰雖微,可慮者大也。"

《象》曰:天下有風,姤,后以施命誥四方。

天下有風物,無不遇姤之象也。人君體之,以施命誥四方,則德政風行於天下,而無一人之不遇矣。

初六,繫于金柅,貞吉;有攸往,見凶。羸豕孚蹢躅。

初六一陰始生,其勢易進者也。然天下不可一日無君子。君子而盛則天下治,而小人得以陰受容養之賜;君子衰微則天下亂,而小人不能以獨免。爲初六者,誠能堅於自止而不進,則得正而吉;若欲進以害君子,則見凶矣。一吉一凶,當知所以自擇矣。然天下之物,微必至盛,生必漸長,此常理也,况小人易進,尤非常物之比者。蓋名爲小人,未有不貪權位,既得權位,則未有不害君子者,有如羸弱之豕,必能蹢躅也,君子豈可以爲微而忽之哉?

一説一陰始生,其勢尚微,君子之勢猶盛,故自止爲利,進則必爲君子所逐而凶。此説尚疑。蓋聖人不憂小人之微而禍及其身,唯憂小人之盛而禍及君子也。得意好花容易落,惱人芳草燒還生。一陽始生則憂其微,一陰始生而憂其盛。既戒小人，又曉君子，《易》之爲君子謀者至矣。

《象》曰：繫于金柅，柔道牽也。

所以戒初六繫于金柅者，以其柔道向於上進也，故止之。

"繫于金柅"只是堅於自止而不進意。

九二，包有魚，无咎，不利賓。

九二二與初遇，是君子與小人相得，而小人則在君子包容之中者也，爲"包有魚"之象。然能制之則可无咎，若不制而使之得位，以遇於衆，則不利矣。

疾惡已甚亂也，"包有魚"爲未甚害，但貴有以制之耳。"无咎"者，占辭也，不是包有魚便无咎。

《象》曰：包有魚，義不及賓也。

包有魚宜制之，不使遇於衆也。

小象直説，不是申意。

九三，臀无膚，其行次且，厲，无大咎。

九三過剛，性暴者也，下不遇於初，上無應於上，不得陰而與之，其勢孤矣，有"臀无膚，其行次且"之象。占者如是，則厲矣。然初无所遇，則必無陰邪之傷，故雖厲而无咎也。

不遇无應只言孤立無助耳，又不可説及君子、小人也。下文既無所遇，則無陰邪之傷，又是因无所遇也，别轉一意。不是厲者，此也，而无咎者，亦此也。君不得臣，夫不得妻，爲長官不得乎僚屬，皆不免於孤危也。

《象》曰：其行次且，行未牽也。

所謂"其行次且"者，言其行未得進也。

九四,包无魚,起凶。

九四居上,下應初六,而初六乃其所屬之民也。二與初遇,是民心離散,而歸於它人矣,故爲"包无魚"之象。夫民心離散,禍亂將起,占者如是,則起凶也。

《象》曰:无魚之凶,遠民也。

所謂"无魚之凶"者,言其所行失道,無以結民之心,致民之去己,猶己之遠乎民也。

九五,以杞包瓜。含章,有隕自天。

九五以陽剛中正之德,爲善類之主,而下防始生必潰之陰,有如以杞包瓜焉。然彼之勢方長,我之勢漸衰,乃陰陽迭勝,時運之常,而未易以力制也。若露才使氣,悻悻憹憹,適足以取敗耳。故必含晦章美,不露聲色,而潛消默奪之於冥冥之中,則可以挽回造化,而轉亂爲治矣。

> "含章"不是退避。狄仁傑所以反周爲唐者,得含章之道也。漢黨錮諸賢不知此道,故至於敗。九五不取君象。"含章,有隕自天",是戒占辭。
>
> "有隕自天"四字分明,不可太泥字義講,但以轉亂爲治,便是如自天墜下來意思。

《象》曰:九五含章,中正也。有隕自天,志不舍命也。

九五含章,以其有中正之德也,使無大涵養,則英氣圭角不免太露,而不能含章矣。所以挽回造化,轉亂爲治,若有隕自天者,以其知天命之常而不之逆,含晦章美而静以制之,故能回造化也。

上九,姤其角,吝,无咎。

上九以剛居上而无位,不得其遇,有"姤其角"之象。夫當遇之時,獨亢而不與物合，孤立於世，一無所助，不亦可羞乎？然謂之“姤其角”者，不遇其所當遇，固爲孤立而可羞；不遇其所不當遇，則無所傷而无咎矣。

《象》曰：姤其角，上窮吝也。

所謂“姤其角”者，言上九以剛居上，不得其遇，乃窮吝也。

無遇便是窮。

萃

䷬ 坤下兑上 萃：亨，王假有廟，利見大人，亨，利貞。用大牲吉，利有攸往。

此卦坤順兑説，九五剛中而二應之，又爲澤上于地，萬物萃聚之象，故伏羲名其卦爲《萃》。文王繫辭以爲：事物之萃固多端，隨物之萃皆可用，故王者能聚己之精神，則可以至宗廟之中而享祖考也。物既萃，則必見大人，而後可以得亨，然又必利於正，所聚不正，則亦不能亨也。然當萃之時，財物豐盛，故祭用大牲乃爲吉矣。當萃則器用素備，往而有爲，无不利矣。是則占而得萃者，可以假有廟，可以見大人，可以用大牲，可以有所往，此占之吉也。然必萃而後可以假有廟，必萃而後可以見大人，而欲萃又必利於正，而用大牲、有攸往，皆必萃而後可。此戒勉之意，自寓於占吉之中也。

《彖》曰：萃，聚也，順以説，剛中而應，故聚也。王假有廟，致孝享也。利見大人，亨，聚以正也。用大牲吉，利有攸往，順天命也。觀其所聚，而天地萬物之情可見矣。

萃之義聚也。此卦所以名爲《萃》者，蓋以卦德言之，坤順兑説，是彼此之情聚也。以卦體言之，九五剛中，下應六二之柔中，是上下之情聚也，故名爲《萃》。卦辭所謂“王假有廟”者，言王者七日戒，三日齋，聚一己之精神，極一心之誠孝，以至於宗廟之中而享祖考也。必利見大人而後得亨者，由其所聚以正也。如聞見之聚得其正，則利見大人而正其所學；學術之聚得其正，則利見大人而行其所志。如聞見不正，則失其所以取正之具；學術不正，則失其所以致用之本。雖見大人，亦安得亨乎？又必用大牲而利有攸往者，言其順天之命也。蓋未萃而必用大牲，則失之太奢；已萃而不用大牲，則失之太儉，皆非天理之正也。當萃之時，而用大牲，於理順矣。未萃而輕有所往，則不足以成事；已萃而不肯以有攸往，則所萃爲无用，皆非天理之正也。當聚萃之時而有所往，於理順矣，又即其所萃者而觀之，而天地萬物之情可見矣。蓋天者陽之大，地者陰之積，而萬物之生雖有異類，要亦不外乎一陰一陽以爲道。獨陽不生，獨陰不成，故陽必求於陰，陰必求於陽，陰陽二者相求而相應，此静之所以有動，體之所以有用，而生生之理所以爲無窮也。

《象》曰：澤上于地，萃，君子以除戎器，戒不虞。

澤上于地，津潤上行，萬物暢茂，萃之象也。君子當萃之時，以爲人聚則争，物聚則亂，而豐盛之極，亦衰亂之所由起也，於是修除戎器，以預備乎不虞焉。

初六，有孚不終，乃亂乃萃。若號，一握爲笑，勿恤，往无咎。

初六上應九四，乃其所當萃者也，然而隔於二陰，當萃之時，陰柔不能自守以有待，唯比於二陰而與之萃，是有孚而不終，志亂而妄聚也。其象如此，占者若能呼號正應，則衆見其舍近就遠，以爲迂闊而笑，但當勿恤其笑而往從正應，則非唯無妄聚之愆，又得所聚之正，於理順矣，何咎之有？

《象》曰：乃亂乃萃，其志亂也。

所謂“乃亂乃萃”者，言其志亂而妄萃也。

六二，引吉，无咎。孚乃利用禴。

六二二應五而雜於二陰之間，是五乃其所事之君，二陰則其同類之友也。

欲係二陰，則失乎九五；欲獨從九五，則失乎二陰，皆未可以得吉而无咎也。故爲六二者，必牽引二陰以萃於五，則我既得其所萃之正，而無離羣爲邪之嫌，乃得吉而无咎矣。又二中正柔順，虛中以上應，九五剛健中正，誠實而下交，故卜祭者有其孚誠。有如六二之虛中順應，則雖薄物亦可以祭，而鬼神亦將來格，如九五之下交六二也。

此爻通是占。

《象》曰：引吉无咎，中未變也。

六二牽引二陰以萃於五，則得吉而无咎者，以其有虛中之上應而不變也，是其誠心以愛君而无所轉移，此所以牽引二陰以從於五也。

六三，萃如嗟如，无攸利，往无咎，小吝。

六三陰柔不中正，無德者也。以其上無應與，而欲求萃於近，是無德而人不之與，故爲"萃如嗟如"之象。占者如是，亦何所利哉？爲六三計，唯往從於上，可以无咎。蓋上下俱六，雖非相得之情，而三與上實有相應之分，此理所當萃者。然不得其萃，困然後往，已非相與之本心，復得陰極無位之爻，則亦不足以濟其事，亦可小羞矣。然理所當從，不可以不從也。

"无攸利"以下俱戒占辭。

《象》曰：往无咎，上巽也。

所謂"往无咎"者，言六三能巽順以從於上，則无咎也。

"上巽"指六三，一説謂上六巽順乎三，非也。

九四，大吉，无咎。

九四上比九五，爲人君所任，下比衆陰，爲民心所歸，得其萃矣。然以陽居陰，是其所以得君得民者，未免有不正之嫌，故戒居此位。而得此占者,必以道事君,毋阿諛以爲容,必以道使民,毋違道以干譽,而大吉焉。如此,則天理當,人心安,上不負於君,下不欺於民,而中亦不愧於己,何咎之有?

《象》曰:大吉无咎,位不當也。

所以戒九四必大吉而後得无咎者,由其以陽居陰,有不正之嫌,故因其不足而戒之也。

此爻大吉與他爻不同,他爻以效言,此爻據理言。

九五,萃有位,无咎。匪孚,元永貞,悔亡。

九五以陽剛中正之德,當萃之時,而居尊位,則德教覃敷,人皆信服,可以无咎矣。占者得此,若人有未信者,則是己德未至,亦當反求諸己,脩其元永貞之德,則人無不信,何悔之不可亡乎?

"萃有位,无咎",以象言。

《象》曰:萃有位,志未光也。

九五雖萃有位矣,然己德未至,人心未孚,其志亦未光大也。

"志未光"打開説。

上六,齎咨涕洟,无咎。

上六處萃之終,陰柔无位。陰柔則才劣,無位則望輕,故欲求萃於人,而人不之與,孤立無助,可懼之甚也。唯當齎咨涕洟,危懼不敢以自安,則得以自保而无咎矣。

《象》曰:齎咨涕洟,未安上也。

所謂"齎咨涕洟"者,言其危懼而不敢自安於上也。

升

☷☴ 巽下坤上 升：元亨，用見大人，勿恤，南征吉。

卦自《解》來，柔上居四，故其卦名爲《升》。文王繫辭以爲：卦德内巽外順，卦體九二剛中而五應之，故占而欲升者，當得乎元亨。元亨何如？用見大人，升也，則可以接其道德之光，而勿恤其不見受，乃所謂“元亨”也。向南前進，升也，則得以遂其行道之志而吉，於是乎可得，亦所謂“元亨”也。

《彖》曰：柔以時升，巽而順，剛中而應，是以大亨。用見大人，勿恤，有慶也。南征吉，志行也。

此卦所以名爲《升》者，蓋以卦變言之，卦自《解》來，六三之柔以時而升居於四，故名其卦爲《升》。卦辭所謂“元亨”者，於卦何所取哉？蓋以卦德觀之，内巽之德爲巽，外坤之德爲順。以卦體觀之，九二剛中而五應之。夫巽則善通人情，善灼物理；順則與人不争，與物無忤。剛中則舉動合理，而不失乎時宜；有應則在内有人，而藉之以薦拔。卦德、卦體之善如此，是以不升則已，升則無所摧抑而得元亨矣。所謂“用見大人，勿恤”者，言其得見大人而有慶也。所謂“南征吉”者，言其行道之志得以遂也。

“有慶”即是得見大人。

《象》曰：地中生木，升，君子以順德，積小以高大。

巽下坤上，是木之生意已動於地之中，地中生木，則必發達於地之上，由萌蘖而拱把，由拱把而干霄，升之象也。君子體升之象，以爲木之生也，一息不長則枯；德之進也，一息不慎則退。必念念謹審，事事謹審，如是而積之，則由善信而美大，由美大而聖神，進進不已，亦如木之升也。

初六，允升，大吉。

初六以陰柔之才，似乎不能升也，然爲巽之主，巽於二陽，故二陽援之，而拔茅連茹，則其升也必矣，故爲“允升”之象。占者如是，則亦能升而得行其道矣，吉孰大焉？

《象》曰：允升大吉，上合志也。

初六所以允升而得大吉者，以其巽於二陽，而與之合志也，故二陽援之而得升也。

九二，孚乃利用禴，无咎。

九二剛健中正，誠實而上交。六五柔順中正，虚中而下應。故卜祭者有其孚誠，則雖薄物亦可以祭，而鬼神亦將來享，何咎之有？若無其誠，則無其神，安能免於有咎乎？

《象》曰：九二之孚，有喜也。

九二以誠心而應於五，五亦以柔應之，是君臣一心，上下相信，吾知爲九二者，得以行其道於天下，沛其澤於生民，其心不亦有喜乎？

小象説異《蒙引》。

九三，升虚邑。

九三以陽剛之才，進臨於虚邑之坤，則是備能升之具，遇得升之機，以是而升，則得見用於時，而無所阻滯也，故爲“升虚邑”之象。占者如是，則其升也，亦如是之易矣。

《象》曰：升虚邑，无所疑也。

所謂“升虚邑”者，言其得以前進而無所礙阻也。

六四，王用亨于岐山，吉，无咎。“亨”讀作“享”。

六四以柔居柔，順之至、誠之極也。王者占而得此，則用享于岐山，而達誠意於岐山之神，則神之格思而實受其福矣，吉又何咎耶？

《象》曰：王用亨于岐山，順事也。

王者占得六四，而用享于岐山者，何哉？蓋以六四以柔居柔，順之至也，有誠實之義也。以順而升，則爲登祭於山，一念誠意上升，以通乎神明也，故用享于岐山。

以順而升之象，不可以“升”字對“登”字看。只是以順而升，始誠意上通神明之義，或以爲身登於山者，非矣，然已備《蒙引》。

六五，貞吉，升階。

五，君位也，君位必至正而後能升。六五以陰居陽，有不正之嫌，故戒占者當知神器不可以苟膺，大德方可受大命。故必“惟精惟一，允執厥中”，中心無爲，以守至正，如是，則上得天命之眷，下得民心之歸，宗子之責，父母之任，自有不可得而辭者矣，豈不猶升階之易乎？

或於“貞”字先説他已升居尊位，然後戒之以得正則吉，而尊位可保，若升階之易。或又謂治道之進，若升階之易，皆不可從。此爻只是因其不正而升居尊位，故因占設戒，以爲得正則升居尊位無難矣，不正則未有能升者也。

《象》曰：貞吉升階，大得志也。

所謂“貞吉升階”者，言其必以正而居尊位，則德以位顯，道與時行，可以致天下之治，定四海之民，其志不亦樂乎？

上六，冥升，利于不息之貞。

上六居升之極，宜可已矣，乃以陰居之，沈酣勢利而昏冥不已，故有“冥升”之象。占者遇此，無適而利，但可反其不已之心，施之於不息之正。由一念之善求,而至於念念之皆善;自一事之善求,而至於事事之皆善。立而不已,必求與權;賢而不已,必求爲聖。如此,乃爲利矣。

正者,人之所當力行固守,而不可息者也,故謂“不息之貞”。

《象》曰:冥升在上,消不富也。

上六進居升極,可以已矣,乃冥升而不已焉,貪得無厭如此,則有消亡,又豈復有所富益乎?

古人知足知止,不辱不殆者,得此道也。

周易淺説卷四

下　經　二

困

䷮ 坎下兑上 困：亨，貞，大人吉，无咎。有言不信。

此卦坎剛爲兑柔所掩，九二爲二陰所掩，四、五爲上六所掩，剛掩於柔，是君子見困於小人之象也，故伏羲名其卦爲《困》。文王繫辭以爲：坎險兑説，處險而説，身雖困而道則亨，有亨之義也。二五剛中又有大人之象。占者處困，誠能守義安命，泰然自得，不以貧賤困苦而移其心，則得其正矣，此豈小人之所能哉？必有學有守、不憂不懼之大人，然後能處困而亨，得吉而无咎也。然處困之道，内固貴於光明，而外又當務乎晦默。若專尚言語，嘵嘵自鳴，訴在己之無失，憒在人之見傷，人不之信適足以招怨取禍，而益取困窮耳。

内明外晦，處困之道，盡於此彖辭。不過此二意，内明者心不可死，外晦者身不輕死也。孔子絶糧弦歌，微服而過宋，得此道也。亦有不當晦默者，不可一例論。當言即言，雖及於禍，身死而心不死，亦是困而亨也。

"亨"是戒意。"吉，无咎"只是"亨，貞"。

《彖》曰：困，剛揜也。險以説，困而不失其所亨，其唯君子乎！貞大人吉，以剛中也。有言不信，尚口乃窮也。

此卦所以名爲《困》者，蓋以卦體觀之，合二體言，坎剛爲兑柔所揜；分六爻言，九二爲二陰所揜，四、五爲上六所揜，皆剛困於柔也，故爲《困》。卦辭所謂"亨"者，於卦何所取哉？蓋以卦德觀之，坎險兑説，處險而説，是困而不失其所亨也,能之者其唯君子乎?曰"貞,大人吉"者,於卦又何所取哉?蓋以卦體觀之,二五剛中,則是所存者正,所守者堅,利害不能移其心,生死不能奪其志,有大人之象也。所謂"有言不信"者,何謂也?言當務晦默,若專尚口説,則益取困窮也。

《象》曰:澤无水,困,君子以致命遂志。

坎下兑上,水下漏則澤上枯,困之象也。君子處困,論是非而不論利害,論順逆而不論成敗,論萬世而不論一生,必致命以遂其志,不失身以屈其志焉。

初六,臀困于株木,入于幽谷,三歲不覿。

初六以陰柔之才,處困之下,傷於困而不能自安,故猶"臀困于株木"之象也。居暗之甚,入於暗而不能以自拔,"入于幽谷,三歲不覿"之象也。

《象》曰:入于幽谷,幽不明也。

所謂"入于幽谷"者,言其幽暗之甚,而不能通明也。

困與暗無甚分别,蓋困則暗,通則明。"入于幽谷,三歲不覿",甚言其困耳。

九二,困于酒食,朱紱方來,利用亨祀。征凶,无咎。

九二有剛中之德,以處困時,是能濟天下之困者也。吾知必居高位,必享厚禄,任天下之責,爲生民之翼,受責於一世,見役于萬世,有"困于酒食"之象也。且剛中之德,九五爲應,則德音上達,足以結人主之知,而來人主之求,將倚之以柱石朝廷,望之而霖雨天下,有"朱紱方來"之象也。然剛中有誠實之義,故占者則利用享祀。若征行,則時當困窮而凶也。然當行則行,於義爲无咎也。

《象》曰:困于酒食,中有慶也。

所謂"困于酒食"者,以其有剛中之德,故多得所享而有慶也。

“有慶”即“困于酒食”也。

六三,困于石,據于蒺蔾,入于其宫,不見其妻,凶。

六三陰柔不中不正,無才無德者,上困於堅剛不可動之九四,下困於剛鋭不可依之九二,雖居三而得上六以爲之應,然終不能自保也,故爲“困于石,據于蒺蔾,入于其宫,不見其妻”之象。占者如是,凶何如哉?

《象》曰:據于蒺蔾,乘剛也。入于其宫,不見其妻,不祥也。

所謂“據于蒺蔾”者,言其乘乎九二之剛也。“入于其宫,不見其妻”,皆由其象之不祥也。

九四,來徐徐,困于金車,吝,有終。

九四下應初六,志欲濟初六之困,而與之合者也。然以剛居柔,才弱不足以濟,而初六方困於下,而來徐徐,又爲九二堅剛所隔,不得進而與之合,是其象如此。占者如是,雖可羞吝,然邪不勝正,終必得合也。

《象》曰:來徐徐,志在下也。雖不當位,有與也。

初六來徐徐者,言九四與之應,志在濟初而與之合也。雖以剛居柔,不能濟物,終必得初六而與之合也。

九五,劓刖,困于赤紱,乃徐有説,利用祭祀。

九五當困之時,上揜于上六之柔邪,下乘於九四之剛暴,是上下皆傷。上下既傷,則所榮於身者,皆無所用而反爲累矣。然剛中而説體,故能動必以正,事皆順理,柔邪終不能爲之揜,剛暴終不能爲之制,一時雖困,久則必亨也,故爲“劓刖,困于赤紱,乃徐有説”之象。然剛中有誠實之義也,故占者利用祭祀,久當獲福。

《象》曰：劓刖，志未得也。乃徐有説，以中直也。利用祭祀，受福也。

謂之“劓刖”者，言其上下皆傷而志未得也。所以“乃徐有説”者，以其有中直之德也。所謂“利用祭祀”者，言其久當受福也。

上六，困于葛藟，于臲卼，曰動悔有悔，征吉。

上六以陰柔之才，處困之極，纏束而不能改，危懼而不得安，動輒皆有悔也，故爲“困于葛藟，于臲卼，曰動悔”之象。占者如是，則不可有所往矣。然困窮則變，若能悔前日之失，改前日之過，則可以征而吉矣，無復葛藟臲卼之悔矣。

《象》曰：困于葛藟，未當也。動悔有悔，吉行也。

所謂“困于葛藟”者，處陰柔而所爲有未當也。所謂“動悔有悔”者，言其事雖悔而心能有悔，則行自與吉會也。

井

䷯ 巽下坎上 井：改邑不改井，无喪无得，往來井井。汔至亦未繘井，羸其瓶，凶。

此卦以巽木入乎坎水，井水上行之象也，故伏羲名其卦爲《井》。文王繫辭意謂：井之爲井，一定而不可移，經久而不能易，故邑可改而之他，而井則不可改也。惟其不可改，則固無失於其舊，而亦無增於其舊也。故往者得以井其井，而來者亦得以井其井。夫井之爲井也如此，然人之井其井也如何？又當始終致慎，期以得水爲功。若汲井幾至未盡，繫瓶之綆稍有不謹而敗，取水之瓶則無成功，而所喪多矣，凶何如哉？由是觀之，凡事不可改者，固當仍其舊，故无得喪，而又必敬以守之，斯可以保其舊也。

據井而講其占仍舊无得喪，意在繳尾。

《彖》曰：巽乎水而上水，井，井養而不窮也。改邑不改井，乃以剛中也。汔至亦未繘井，未有功也。羸其瓶，是以凶也。

此卦所以名爲《井》者，蓋以卦象觀之，巽木侵入乎坎水之下，而上出乎水；

坎水上行乎巽木之杪,而滋潤乎木,有井水上行之象,故爲《井》。是井也,可以爲烹飪之資,可以爲灌溉之用,取之不竭,用之不盡,養萬物而不窮也。卦詞所謂"改邑不改井"者,於卦何所取哉?蓋以卦體觀之,二五以剛而得中。夫德性堅剛,故能一定而不移;事合中正,故可一定而不移,有如井之不可改焉。"汔至亦未繘井"者,猶未得水,未有功也。未有功而羸其瓶,則終無成功,而所喪多矣,是以凶也。

"改邑不改井",只就井上講,"剛中"就人事上講。一説"改邑不改井"是擬出三綱五常,禮之大體,古今相因,而不改變之象。此説非也。蓋卦名爲《井》,故卦辭只就井上説道理。《本義》所謂"可仍舊,无得喪,又當敬勉,不可幾成而敗",是教占者由《易》之法以見《易》辭,是稽實待虚,雖就一事一物上説,而凡事凡物皆可用也,若拘拘專就井上説,不於言外説出餘意,則於人事不甚切,而聖人開物成務之意荒矣。然亦不可泥定。如《井》卦彖辭是就井上説,而人事意在言外矣。至六爻則就人事上説,而井特其象也。如《鼎》彖辭亦就人事上説,與鼎無預,若拘一例則不通矣。此所以胸中無活法者,不可讀《易》也。

《象》曰:木上有水,井,君子以勞民勸相。

以巽木入乎坎水,其水津潤上行,井之象也。君子體井養不窮之義,盡爲民父母之道,必制田里、教樹畜,所欲與聚,所惡勿施,於以安育撫養乎斯民。又勸戒之,使之相友相助,相周相恤,無以强淩弱,無以富吞貧,而自相養焉。

初六,井泥不食,舊井无禽。

井以陽剛爲泉,初六陰柔則不泉,而無濟物之德。井以上出爲功,初六居下則無位,而無及物之功,是無德無位而爲時所棄也。其象猶井之污泥,而人不之食,非惟人不之食,以此污泥荒穢之井,雖禽鳥亦莫之顧也。德不足於己,功不及於人,有如此哉?

《象》曰：井泥不食，下也。舊井无禽，時舍也。

所謂“井泥不食”者，言其陰柔而居於下。“舊井无禽”者，言無德而爲時所棄也。

九二，井谷射鮒，甕敝漏。

九二有剛中之德，足以濟物，有泉之象也。然上無正應，而無人爲之汲引，下比初六，不免有所牽係，功不上行，故其象以井言，猶井旁穴出之水，僅能下注於鮒，而無以及物也。以汲井言，猶敝壞其甕，不能有水，而反漏於下也。

“射鮒”、“敝漏”總是言其功之不上行，不可以下比初六爲射鮒也。

《象》曰：井谷射鮒，无與也。

所謂“井谷射鮒”者，言九二有剛中之德，而上無應與也。

九三，井渫不食，爲我心惻，可用汲，王明並受其福。

九三以陽居陽，剛而得正，然在下之上，猶未離乎下，是有才德而未爲時用也，故其象猶井之渫，而人不之食，有以使人之心惻矣。此心之所以惻者，正以此井之清渫可用汲矣，若遇明主，汲之以濟物，則天下得以遂其生，而在己亦得以享其盛。蓋益之大者也，而乃積之於無用，如何不使人心惻哉？

爻辭通是象。“我”指旁人，不指九三。“爲”字平聲，做“使”字看。“可用汲，王明並受其福”，此我所以惻也，惻其可用而不見用也。

《象》曰：井渫不食，行惻也。求王明，受福也。

井渫不食，可惻甚矣，不惟知己興嗟，雖行道無干預的人，亦皆以爲惻也。井渫不食，正無有汲之者。若有汲，求之王明，則上下並受其福也。

“可用汲，並受其福”，是伸“心惻”之意，不可做效説。

六四，井甃，无咎。

六四柔順得正，是有謹厚之德，無剛果之才；有自修之行，無及人之功。故其象猶井之修治，不污，但無泉耳。占者如是，雖不足以贊天地之化育，而爲天地間之至人，要亦無愧於天地也。雖未能極體用之大全，而備君子之全功，然亦不失爲君子也，何咎之有？

《象》曰：井甃，无咎，脩井也。

所謂"井甃无咎"者，言六四之柔順得正，但能脩治其井也。

九五，井洌寒泉，食。

九五井以清洌爲貴，泉以見食爲尚。井而不洌，則其體不立；泉而不食，則其用不行。九五有陽剛之德，是濟物之具已備，猶非之清洌而無所停污也。居中正之位，而德及於物，猶寒泉爲人見食，而不積於無用。其象如此，占者有其德，則契其象也。

"井洌"重"洌"字，"寒泉食"重"食"字。

《象》曰：寒泉之食，中正也。

九五功及於物，如寒泉之爲人見食者，以其陽剛之德，而居中正之位也。使無其位，則德無所施，功何以及於物哉？

重在"位"上。《蒙引》亦曰："可見中正主時位。不然，雖寒泉而不爲人食矣。"

上六，井收勿幕，有孚，元吉。

井以陽剛爲泉，上出爲功。上六雖非陽剛，然居卦之上，適當坎口不揜之處，猶井收勿幕。則是功之及於人者博，而無一人不得其所；德之被於人者廣，而無一物不遂其生，乃大善而吉之道也。然源不深，則其流不遠；體不立，則其用不行。占者必涵養純熟,德之得於己者粹精而無瑕;脩治完具,善之得於心者静深而有本。必如是,而後德及於物,功被於人,而元吉矣。否則,所出有窮,其何以得元吉哉?

《象》曰:元吉在上,大成也。

井以上出爲成功。上六井收勿幕,隨取隨足,井道之大成也。

"元吉在上",只當以"井收勿幕"講,不兼"有孚"。"有孚"乃是戒占之辭,當觀"井收勿幕"之中自有"元吉"矣。

革

䷰ 離下兑上 革:已日乃孚,元亨,利貞,悔亡。

此卦兑澤在上,離火在下,火然則水乾,水決則火滅,有相革之義。又中少二女合爲一卦,而少上、中、下倫序乖紊,志不相得。既不相得,則必不相容,亦有變革之義,故伏羲名其卦爲《革》。文王繫辭以爲:民可與習常,難與通變;可與樂成,難與慮始。革弊於久安之後,而欲人之信之也難矣,故必已革之日而後信之。然事果在所當革者,雖一時人心未信,亦不之恤,但貴於革而當耳。以卦德觀之,内文明而外和悦,故占者若有所革,必文明以灼義理而不苟革,必和悦以順時勢而不驟革,務使所革者放之四海而皆準,傳之萬世而無弊,質諸天道而天道合,揆諸人心而人心安,大亨而得其正。如此,則所革皆當,人心不駭,天下樂從,所革皆當而所革之悔亡也。

《革》"元亨"與《困》"元亨"同,是作戒辭,非是效與利貞並看,亦非謂元亨由於利貞也。

《彖》曰:革,水火相息,二女同居,其志不相得,曰革。已日乃孚,革而信之。文明以説,大亨以正,革而當,其悔乃亡。天地革而四時成,湯、武革命,順乎天而應乎人。革之時大矣哉!

所以名卦爲《革》者,蓋以卦象觀之,兑澤在上,離火在下,勢各相勝而相息，二女少上、中、下，志各相戾而不相得，故名其卦曰《革》。卦辭所謂“已日乃孚”者，言方革之日，未之信，必待已革之而後信之也。所謂“元亨，利貞，悔亡”者，於卦果何所取哉？蓋以卦德觀之，離之德明，兑之德説。文明則能灼義理而其革也不苟，和説則能順時勢而其革也不驟，故其所革者皆大亨而得其正，所革皆當，而所革之悔乃亡也。又以革之大者言之，天地之氣，默運潛革，而四時以成也。湯革夏所受之命而爲商，武革商所受之命而爲周，非湯、武强爲之也，皆所以順天理而應人心也。是則天地所以成四時者，此革也。不革，則寒一于寒，暑一于暑，而不可以爲造化矣。聖人之所以順天應人者，亦此革也。不革，則世亂日甚，民困日滋，不可以爲世道矣。革之時大矣哉！

《象》曰：澤中有火，革，君子以治曆明時。

澤中有火，水決則火滅，革之象也。君子觀革之象，則見夫事物之革，固非一端，而四時之變，乃革之大者，不治曆以明之，則何以若昊天而授人事哉？故必驗日月星辰之運行，而計其日不及天，月不及日之度，積氣盈朔虚之餘日，以立爲三歲一閏、五歲再閏之法，一月之内分中節二氣，一歲之内分二十四氣。自立春以至穀雨，則爲時之春；自立夏以至大暑，則爲時之夏。時春而春，時夏而夏，春之月不入於夏，夏之月不入於秋也。自立秋以至霜降，則爲時之秋；自立冬以至大寒，則爲時之冬。時秋而秋，時冬而冬，秋之月不入於冬，冬之月不入於春也。温熱凉寒，而陰陽之老少以分；生長收藏，而歲序之始終以備。如是以治曆，如是以明時，則術不違天，政不失時，百工允治，而庶績咸熙矣。

初九，鞏用黄牛之革。

初九雖當革時，若可以革也，然而居初無應。居初則卑也，而不當事任；無應則上無援也，而不得自伸，是未可輒有所革。惟是中順之道自固而不妄動，其象猶固物而用黄牛之革者。然占者惟當堅確固守，而不可以有爲矣。

居卦之初，乃出身任事之初，非蠱壞之初也。中順無甚分别，總是安常守分之意。

《象》曰：鞏用黄牛，不可以有爲也。

所謂“鞏用黄牛”之革者，言當安常守分，不可輙有所革也。

六二，已日乃革之，征吉，无咎。

六二柔順中正，而且文明有其德矣，有應於上有其勢矣，于是可以革矣。然革非得已者，不可遽革也，必從容和緩，持重謹審，知其事終必壞，而其時可以革矣，乃從而革之，則所革皆當，人心不駭，天下樂從，而弊無不革，往吉而无咎也。

已日非專説是已壞之日也。今日事雖未壞，而終必至於壞，此亦是已日，讀者不可以辭害意。

《象》曰：已日革之，行有嘉也。

已日革之，則吉而无咎矣。

九三，征凶，貞厲，革言三就，有孚。

九三過剛不中，又居離火之極，而猛烈之甚，躁動於革而不審者。夫革之道，貴於審而病於躁也，故其占爲直往而革之則凶，雖事在所當革而正也，亦不免於有厲。然其時則當革矣，所欠者不審耳。若從容周密，持重謹審，議革之言至於三就，則必得人信從而可革也。

《象》曰：革言三就，又何之矣？

革言至於三就，則謀慮之審也極矣，又何之矣！

“革言三就”，是商量到三番也。“又何之矣”，言至此極矣，更無别去處矣。

九四，悔亡，有孚，改命吉。

九四以陽居陰，是所爲之事有失其當者，不免有悔也。然卦已過中，又在水、火相息之際，乃革所當革而剛柔不偏，固不失之猛烈，亦不失之怠弛，又革之用也。占者有其德而當其時，則能革去其前日所爲之失，而悔可亡也。然在我雖可以革，而在人或未之信，則亦未可革也。故必有孚，然後革其政令，則所革皆當，而天下樂從乃爲吉也。

《象》曰：改命之吉，信志也。

所謂“改命”得吉者，由上下皆信其志也。若志不見信於人，則所革未必皆當，而衆人不肯樂從，安能以得吉耶？

“命”是政命，非“湯、武革命”之“命”。“信志”是上下之志。

九五，大人虎變，未占有孚。

九五陽剛中正，爲革之主。其在大人也，或自新新民而黎民爲之於變，或順天應人而天命爲之維新，有若虎之希革而毛毨也。爻有此象，占者得此未易當也，必由其未占之時，人已信其能如此，乃足以當之耳。

《象》曰：大人虎變，其文炳也。

自新新民，大人處常而虎變也；順天應人，大人處變而虎變也。大人虎變，則其文采明盛，炳然而可觀也。以自新新民者言，則所過者化，所存者神，燦燦乎至禮之不讓，洋洋乎至樂之無聲，舉一世而甄陶之也，文何盛乎？自其順天應人者言，則損其太過，益其不及，禮創一代之典章，樂昭一王之功德，蓋合乾坤而再造之也，文何盛乎？其與虎之變革毛毨而文炳然者，不殊矣，故曰“大人虎變”。

上六，君子豹變，小人革面。征凶，居貞吉。

上六居卦之上，值革道已成之時也。斯時也，教化大行，人文宣朗，舉天下之君子、小人，皆變革而自新矣。自君子言之，則和順積中，英華發外，如豹變而有文矣；自小人言之，則畏威遠罪，斂惡制欲，而革面以聽從矣。然變革之事非得已者。當革道之成，固不可過有所革，而上六之才，亦不可以有行。故占者處此，"征凶，居貞吉"也。

上六乃成、康之君也。君子、小人皆以德言。

《象》曰：君子豹變，其文蔚也。小人革面，順以從君也。

君子豹變，則是和順積中，英華發外，如豹變其文蔚然。小人革面，則是心雖不歸於正，而外勉强以從君也。

鼎

䷱ 巽下離上 鼎：元吉，亨。

此卦之體有鼎之象。初陰分植於下，如鼎之足；二、三、四陽實滿於中，如鼎之腹；五陰對峙於上，如鼎之耳；上陽横貫於上，如鼎之鉉。有足，有腹，有耳，有鉉，而鼎之體備矣。又以卦象觀之，巽木入離火而致烹飪，則鼎之用行矣，故伏羲名其卦爲《鼎》。文王繫辭以爲：下巽巽也，上離爲目而五爲耳，有内巽順而外聰明之象。又以卦變自巽而來，進而上居於五位之尊。又卦體六五有中德，而又得陽剛之應。故占者如此，則可以保天下之重器，而得夫元亨矣。

《彖》曰：鼎，象也。以木巽火，亨飪也。聖人亨以享上帝，而大亨以養聖賢。

所以名其卦爲《鼎》者，蓋以卦體觀之，下陰爲足，二、三、四陽爲腹，五陰爲耳，上陽爲鉉，有鼎之象也。又以卦象觀之，以巽木入離火而致烹飪，於以變生爲熟，易堅爲柔，鼎之用也，故爲鼎。是鼎也，不過一烹飪之器耳，然豈可以烹飪而小之哉？彼聖人之享上帝，乃事之至大者，必資是鼎以烹，然後得以達其誠，而上帝得以享也。聖人之養賢亦事之至大者也，必資是鼎以大烹，然後有以將其敬，而聖賢得以養也。夫享上帝、養聖賢，皆有資於鼎如此，然則鼎之爲用，不其大哉！

鼎是重器，故"元亨"只言荷天下之重器，本鼎之義來説。如"益，利有攸往”二句，據益下言，亦本益之義來説，餘可知。“聖人亨”二句作鼎用之大言，註中“因極其大”正此意也。

巽而耳目聰明，柔進而上行，得中而應乎剛，是以元亨。

卦辭所謂“元亨”者，於卦何所取哉？蓋以卦象觀之，下巽巽也，上離爲目而五爲耳，則是心志巽順而義理無所拂逆，耳目聰明而視聽無所壅蔽也。以卦變觀之，卦自巽來，柔進上行，以至於五，是有其位也。又卦體以六五得中，而下應九二之剛，是有其德，又有其輔也。夫有位之君，心志巽順而耳目聰明，所行得中而賢才爲輔，此所以天命眷之，民心歸之，天下重器可以保之而不摇，而得乎元亨矣。

“巽”字本非卦象，但以心志對“耳目聰明”。

《象》曰：木上有火，鼎，君子以正位凝命。

木上有火，以巽木入離火，烹飪之用，鼎之象也。君子體之，以爲鼎之器正，然後可以凝其所受之實；君之位正，然後可以凝其所受之命。必端嚴安重，而舉措張弛之不輕；齊莊中正，而視聽言動之不苟。如此，則惟德動天，而天命眷顧之有加；惟天眷德，而天休滋至之無已。命其不凝者乎？

初六，鼎顛趾，利出否，得妾以其子，无咎。

初六居鼎之下，鼎趾之象也。上應九四，趾而向上，則顛矣。然當卦初，鼎未有實，固無覆公餗之愆，而舊未免有否惡之積，猶未及去也。今因其顛趾，則否由以出，而得其利矣。亦猶丈夫下偶於賤妾，非禮之正，亦爲顛矣，而乃因之，以得其子焉。占者如是，則因敗以爲功，因賤以致貴也，可以无咎矣。

“鼎顛趾，利出否”，初六上應九四之象也。“得妾以其子”，又是“鼎顛趾，利出否”之象也。爻義只當就象上講。“因敗以爲功”二句是爻象言外之意，可講在“无咎”裏。

《象》曰：鼎顛趾，未悖也。利出否，以從貴也。

鼎而顛趾，悖道也，而因可以出否，則亦未爲悖也。初六所以有出否之利者，何也？蓋其居下應四，四在上，貴者也。所從者貴，故爲出否以取新之義，故曰“利出否”。

未悖道也，有因之以出否意思，是另意，與“從貴也”无與。有一説，上帶下來説，言鼎而顛趾，悖道也。“利出否，以從貴”，此所以爲未悖也。或者又以“從貴”上添“而”字，此説非也，不如口講爲的。

爻中“利出否”承“鼎顛趾”説，下無從貴取新之意。象傳又是一意。

九二，鼎有實。我仇有疾，不我能即，吉。

有剛中之德，若鼎之有實也。以是德而自守，則雖密比初六之小人，乃我之仇，而爲我病者，亦不能我即而浼我也。其象如此，占者能如是，則鼎實可保而無所污壞，可以潤身，可以澤民，何吉如之！

“我仇有疾”只據初六之小人言，蓋陷於惡謂之仇，“有疾”即爲我之病意思。

《象》曰：鼎有實，慎所之也。我仇有疾，終无尤也。

九二雖有剛中之德具諸己，而不可以爲有是德則惟意所如，皆無所妨也。必也擇地而蹈，毋置身於小人之黨；擇善而交，毋失身于非義之親。乃爲得君子守身之常法，而所有者，可無污壞也。夫鼎有實，固當慎所往矣。苟能慎所往，則雖我仇有疾，亦終不我能即，而我得以无過也。

“慎所之”是戒辭，此與爻辭不同，爻辭作有德者言之，以能事言。“我仇有疾”二句亦帶上説來。

九三，鼎耳革，其行塞，雉膏不食，方雨虧悔，終吉。

九三以陽居鼎腹之中，且承上卦文明之腴，本有美實者也，美實即雉膏也。

然以過剛失中,孤介迫切,越五之鼎耳而應於上,與之共遊於事外,且居下之極,爲變革之時,故爲耳方革,不可舉移而其行塞也。夫如是,則雖有雉膏之美,亦終積之無用,而不得以爲人之食矣。然以陽居陽,爲得其正,苟能以正自守,固不以仕爲通而枉道求合,亦不以隱爲高而果於忘世,則五必求於三,三亦必應於五,陰陽和合,而向日失君長往之悔可亡矣。占者如是,始雖有不遇之悔,終當有相遇之吉也。

過剛失中,越五應上,是剛介壁立而不事王侯者也,故爲"鼎耳革,其行塞,雉膏不食"之象。又"居下之極,爲變革之時",此句輕,只是見得"革"字所自取意。

《象》曰:鼎耳革,失其義也。

九三越五應上,是不仕無義也。

九四,鼎折足,覆公餗,其形渥,凶。

九四居大臣之任,而下應初六之陰,所用非人,卒至敗天下國家之事,而負君王所托,何異鼎之折足,而傾覆公餗也,當被刑渥之誅矣。占者如是,凶何如哉?

《象》曰:覆公餗,信如何也?

爲大臣而用小人,以傾覆公餗,則向日君之所許,民之所望,與己之所期者,果安在哉?

信者,期許之謂也。

六五,鼎黄耳金鉉,利貞。

六五虚中以應九二之堅剛,其象猶鼎黄耳而貫之以金鉉也。占者如此,惟當堅守任賢不貳之戒,不可始厚而終薄,始親而終疎也。

"鼎黄耳金鉉"作一句讀。

《象》曰：鼎黄耳，中以爲實也。

五於象爲鼎耳，而乃謂之"鼎黄耳"者，何也？蓋黄者中之道，六五在中，是中乃其實德也，此所以黄耳也。

"中"字宜虚講。其所以任賢不貳，亦皆此中之運也。

上九，鼎玉鉉，大吉，无不利。

上九於象爲鉉，而以陽居陰，剛而能柔，如玉鉉之温潤而栗然也。占者如是，則固不至於廢，而亦不至於折，所任之重，自有舉之而無不勝者矣，故"大吉，无不利"也。

"大吉，无不利"只是一意。吉則自無不利，有不利則非吉也。

《象》曰：玉鉉在上，剛柔節也。

上九猶玉鉉之在上者，言其以陽居陰，則既不失之剛，而亦不失之柔，剛柔有節也，所以爲玉鉉也，亦猶玉鉉之温潤而栗然也，故曰"玉鉉在上"。

"大吉，无不利"只承帶鼎説。"玉鉉在上""在上"不甚重，要之"鉉"字亦不重。"剛柔節"是剛不偏於剛，柔不偏於柔。

震

☳☳ 震下震上 震：亨。震來虩虩，笑言啞啞，震驚百里，不喪匕鬯。

一陽始生於二陰之下，震而動也，故爲《震》。此卦上下皆震，故震之名不易焉。文王繫辭意謂：有亨道，何也？危者使平，易者使傾。人於平時，常如禍變之來，虩虩然危懼，而無一毫慢易之心，則始雖危而終則不危，始雖懼而終則不懼，笑言啞啞而安樂自如矣。雖卒然之頃，有禍變之來，遠近驚懼，而吾終無所喪失。有如雷之震驚百里，而主祭者誠敬中存懼，有所忘而不喪匕鬯也。

"震有亨道"之"震"字，乃危懼之意，與"震來"、"震驚百里"之"震"字不同。"震來虩虩"，震也不至喪匕鬯，震之亨也。"震驚百里，不喪匕鬯"，所以足"笑言啞啞"之意，乃假象之詞，不可實説。

"震來虩虩"之"震"字，與卦名"震"字不同。蓋卦辭乃言之於平時。"如震之來而危懼"，此"震"字是屬在外説來，《蒙引》欲説與卦名合，似不可從，且《本義》分明解作"當震之來時也"。卦辭四句其實只是兩句意。"震驚百里"只是足"笑言啞啞"一句意。大意謂人平時若能如震之來而恐懼，則可以致福，雖卒然禍變來，亦可無患也。

《彖》曰：震亨。震來虩虩，恐致福也。笑言啞啞，後有則也。震驚百里，驚遠而懼邇也。出可以守宗廟社稷，以爲祭主也。

震有亨道，不待言也。震來虩虩，常能恐懼，如此可以致福也。笑言啞啞，非苟得也，以其能常存恐懼，而後笑言有則，而安樂自如也。謂之"震驚百里"者，言雷聲所及，凡在百里之内，遠近皆爲之驚懼也。長子出而主祭之時，雖震驚百里，而亦不喪匕鬯，則必可守宗廟社稷，以爲祭主矣。是其誠意常存，敬心不怠，如是而出守宗廟社稷，以爲主祭，真可以守宗廟社稷而爲主祭也。若震驚百里而喪匕鬯，則不可守宗廟社稷，以爲祭主矣。

"出"是已出矣，長子即大君也，重在"可以"二字，許之也，不是謂今日助祭，而他日出主祭也。《彖傳》説"不喪匕鬯"，就長子上實説，而其臨大變不失其常，足以負荷神器之重之意，自見於言外也。必致福也，非是解明上句，言能如是乃可云。

《象》曰：洊雷，震，君子以恐懼脩省。

震之象爲雷，上下皆震，雷聲洊至，物無不懼，震之象也。君子體震之象，凡遇灾變之來，皆以爲人事未盡所致。必也心存恐懼，而無一念之不合乎道；行加脩省，而無一事之不合乎道。如此，則吾之心正，而天地之心亦正；吾之氣順，而天地之氣亦順。尚何灾之不可變爲祥哉?

此象又是當禍變之來,而恐懼如是。與卦辭不同,卦辭是指平日言。

初九,震來虩虩,後笑言啞啞,吉。

震者,震動恐懼也。初九在下卦之初,是能常存恐懼之人也。占者得此,平時若能常如震之來而虩虩恐懼,則後可以無懼而笑言啞啞,安樂自如,不亦吉乎?

《象》曰:震來虩虩,恐致福也。笑言啞啞,後有則也。

參《會解》:"震來虩虩",以其成震主而處震初,自能恐懼以致福也。"笑言啞啞",能常早自戒懼,而後區處有法則也。此條原本闕,採《會解》補入。

象如《彖傳》"笑言啞啞"就是吉。此條原本列在初九爻下。

六二,震來,厲,億喪貝,躋于九陵,勿逐,七日得。

六二以柔弱之資,而遇初九之剛强,是當震之來而危厲也。夫以彼之强暴,而肆其侵侮,吾力既無如之何,但當喪其貨貝,而升於九陵之上,勿爲欲所牽係而飄然高舉,以避其鋭進之鋒耳。然柔順中正,足以自守,其所遭雖不幸,其所存自不亂,一時雖不能禦其來,然時過事已,則有以復其常,而所喪者不待追,而七日自獲其來復也。

喪其貨貝,非因驚惶而得之,須味《本義》"當"字。心係所欲而不忍舍,身劘虎口而不知避者有之矣,此六二之所謂"當喪其貨貝"也。

《象》曰:震來厲,乘剛也。

六二之震來厲者,以其乘初九之剛,柔弱不足以當其强梁也。

六三,震蘇蘇,震行无眚。

六三以陰居陽,當震之來時,而所行不正,則其難當益深,而其懼當益甚也,故爲“震蘇蘇”之象，言其神氣渙散，不得收拾也。占者若因懼而能行正，内恐懼而外脩省，則无復得蘇蘇之眚矣。

行者，改圖也。

《象》曰：震蘇蘇，位不當也。

六三所以震蘇蘇者，由其以陰居陽，當震時而所行不正也。

九四，震遂泥。

九四當震之時，處柔失剛健之道，居中無中正之德，陷溺於二陰之間，不能自振拔也，則其震也，遂泥而不復起矣。

《象》曰：震遂泥，未光也。

謂之“遂泥未光”者，則終身沉溺，無復光明之日也。

六五，震往來，厲，億无喪，有事。

六五以陰柔居君位而處震時，才不足以濟變，往來皆厲，無時而不危也。然以其得中，而德足以自守，故不惟无所喪失，而且有事功也。

初九、六二、六五，此三爻始於懼而終于無懼也。

《象》曰：震往來厲，危行也。其事在中，大无喪也。

所謂“往來厲”者，言其行無不危也。其所以能有事者，以其在中也。在中而有事，不但无喪而已，大无喪也。

无喪者，國勢不至于分崩，民心不至于摇蕩也。有事者，君道從此益脩，王化從此復行也。在中，則能恐懼自省，故不但无喪，而且大无喪也。

上六，震索索，視矍矍，征凶。震不于其躬，于其鄰，无咎，婚媾有言。

上六以陰柔居震極，不能自震，徒爲驚懼而已，故其志氣索索然而消沮，視瞻矍矍然而徬徨也。占者如是而行,則先自亂而無以禦事之變,其凶必矣。然上六之所以索索矍矍者,以其陰柔處震之極,而不及圖之于早也。使占者當夫震未及其身,而方及其鄰之時,恐懼脩省,則不至於索索矍矍之甚,而可以无咎矣。然以陰柔處震時,雖戒懼之早,亦不免於婚媾之有言,未得以安樂和好而略無憂懼也。

婚媾是和樂之意,婚媾有言,則不得和樂矣。此亦是占中之象。當會其意,而不可泥其辭也。

《象》曰:震索索,中未得也。雖凶无咎,畏鄰戒也。

"震索索,視矍矍",其外之驚懼失常如此,可見其中心之危懼而不安也。雖凶而得无咎者,以震方及其鄰之時,知畏而戒之也,此所以得无咎也。

震不于其躬,于其鄰者,事變未至而將至也。

艮

䷳ 艮下艮上 艮:艮其背,不獲其身,行其庭,不見其人,无咎。

一陽止於二陰之上,陽自下升極上而止,故爲《艮》。此卦上下皆艮,故艮之名不易焉。文王繫辭以爲:物各有所當止之處,而人每不能止之者,以其静焉蔽於己私,動焉累於物欲,故必加操存涵養之功,使吾之心廓然而大公,儼然而至正,雖無應事接物,而所以應事接物之體,一皆已定於中,而一身之利害得喪,在所不計也。所謂"艮其背,不獲其身"者如此。由是理自内出而周於事,事自外來而應以理,雖事關衆人,勢有違碍,惟處之以理之當然,當生而生,當殺而殺,當予而予,當奪而奪,而人之毁譽禍福,在所不恤也。所謂"行其庭,不見其人"者如此。夫艮其背而不獲其身者,静而止也,體之立也。行其庭而不見其人者,動而止也,用之行也。體用不偏,動静皆定,則無一時而不合乎理,無一事之不當於理,所以盡己性而盡人物之性,所以贊天地之化育而與天地參矣,何咎之有?

《彖》曰：艮，止也。時止則止，時行則行，動静不失其時，其道光明。艮其止，止其所也。上下敵應，不相與也，是以不獲其身，行其庭不見其人，无咎也。

艮之義止也，動静不以其時，不可以言止。大而出處進退，小而作止語默，皆所謂"行止"也。行止即動静也，而各有不易之定理存焉，所謂"時"也。時當止也，則此心寂然無所偏倚，而其止也以時；時當行也，則物各付物，行所無事，而其行也以時。時行則行，是動不失其時；時止則止，是静不失其時。動不失其時，則是見諸外者，一斯道之涣發，初無一毫物欲之污；静不失其時，則是有諸内者，一斯道之昭融，而無一毫物欲之蔽。其道不亦光明乎？夫時止則止，固止也；時行則行，亦止也，此艮止之義也。卦辭所謂"艮其背"者，即艮其止也。"艮其止"者，言其止於其所當止之所也。此義於卦果何所取哉？蓋以卦體敵應而不相與，有各止其所之義也。惟止於其所，"是以不獲其身，行其庭不見其人"，而得无咎也。

光輝在艮體篤實内，其道光明在動静不失其時内。蓋天理屬陽，私欲屬陰，陽明而陰暗也，故凡稱人舉動光明者，皆以其據理舉事也。

"時止則止，時行則行"，即"艮其背，不獲其身，行其庭，不見其人"意。

《象》曰：兼山，艮，君子以思不出其位。

前後兩山相連而起，彼此自爲一山，而各止其所，艮之象也。君子體之，以天下萬事萬物各有其位，位者義理當然之極，乃人之所當止者也，必思以止之，而不出其位也。

思者，求欲如是之謂。父慈子孝，君仁臣敬，視思明，聽思聰，素富貴行乎富貴，素貧賤行乎貧賤之類，皆思不出其位也。不出有恰好之意，稍有過、不及便是出位。

初六，艮其趾，无咎，利永貞。

趾，在下初之象也。初六以陰柔居艮初，蓋知其才之不足有爲，自止於下而不進也,爲“艮其趾”之象。占者如是,是爲度德量力,而不至犯於非其分也,故无咎。陰柔無守,恐或移于晚節,故又戒以利永貞。

《象》曰:艮其趾,未失正也。

艮其趾是能安分而不妄動,未失正也。

六二,艮其腓,不拯其隨,其心不快。

六二當腓之處,而居得中正,安静自守,而不妄有所行者也,故爲艮其腓。然三居上,乃二之所隨者也,而過剛不中,以止乎上。二雖中正,而體柔弱,不能往而拯之。如君長有過,而臣下不能正救之;父兄有過,而子弟不能正救之也。其失雖在彼,而其責實在我也,是以其心不快。

《象》曰:不拯其隨,未退聽也。

六二不能拯救九三之失,是雖六二柔弱之故,而亦以三之過剛不中,不肯退聽乎二之過也。

九三,艮其限,列其夤,厲熏心。

限,身上下之際,屈伸之所,不可止之處也。九三過剛不中,當限之處,而止其限,則不得屈伸,而上下判隔,如列其夤而危厲熏心矣。此可見止道貴乎得宜,若膠固拘滯,止於其所不可止,則事勢乖離而殆矣。

《象》曰:艮其限,危熏心也。

限不可艮者也,艮其限宜乎危熏心也。限即腰胯也。

六四,艮其身,无咎。

六四以陰居陰,純乎陰而一於静止者也。故或人不我知,時當止也,則止而不出;或事未可爲,時當止也,則止而不爲,"艮其身"之象也。占者如是,雖不足以兼善天下,而亦可以獨善其身;雖不足以濟天下之事,而亦不至於敗天下之事,夫何咎?

六四是箇恬退收斂的人。

《象》曰:艮其身,止諸躬也。

所謂"艮其身"者,乃止諸躬而不動之謂也。

六五,艮其輔,言有序,悔亡。

六五當輔之處,而以陰居陽,未免有失言之悔也。然得其中,則又能艮其輔而言有序焉。占者如是,則不至於傷易傷煩,而其悔亡。

《象》曰:艮其輔,以中正也。

六五艮其輔者,以其得中也,得中則爲時然後言,故爲艮止也。

上九,敦艮,吉。

上九以陽剛之德,居止之極,是能止於其所當止,愈久不變,而物莫能奪,"敦艮"之象也。占者如是,則身脩德成,無頻復之厲,無不恒之羞,何吉如之!

"敦艮"者,止於至善而不遷也。此爻"艮"字與諸爻"艮"字不同。

《象》曰:敦艮之吉,以厚終也。

靡不有初,鮮克有終,故節或移於晚,事或廢於久也。所謂"敦艮"者,言其止所當止,雖至于終,而亦堅確不移,此其所以吉也。

漸

䷴ 艮下巽上 漸:女歸吉,利貞。

爲卦艮下巽上,是其方在下,則自止而不妄動。及其進,又巽順而不迫切,有不遽進之義也。故伏羲名其卦爲《漸》。文王繫辭以爲：六禮不備，則婚姻不成，是天下之事，進必以漸，莫如女歸。故占者女歸以漸，則得男女之正，而無失己之嫌，乃爲吉也。又卦體自二至五，位皆得正，故占者凡欲有所進，不但以漸，而又必以正也。

"利貞"泛説。君之進居君位，臣之進居臣位，女之進歸夫家，其原皆必以正也。正與漸不同。曹操垂涎漢鼎，至其子而後敢上尊號，進非不漸也，但不正耳。

《彖》曰：漸之進也，女歸吉也。進得位，往有功也。進以正，可以正邦也。其位，剛得中也。止而巽，動不窮也。

漸者，漸進之謂也，女歸如是乃吉也。所謂"利貞"者，何所取哉？以卦變觀之，自《渙》而來，九進居三，而得陽位之正，是大臣之進以正也；自《旅》而來，九進居五，而得陽位之正，是大君之進以正也。進得其正，則其進也豈徒然哉？自將有以建大功于斯世矣。何也？蓋一德萬化之本，君進以正，固可以正邦，臣進以正，亦可以正邦；己正而後物正，未有己不正而能正人者也。此進以正所以爲有功也，此漸之所以利於正也。夫以卦變言之，三五之剛，固皆得陽位之正。以卦體言，九五之剛，又得其位之中。惟其得中，則是見諸治道之間者，盡善盡美，無太過不及之差。得中如此，是亦有貞之義也，此利貞之所由取也。以卦德觀之，"止而巽"，止則安静恬退，無必進之心；巽則謙卑慎密，無躁進之失。如是，是爲進以其漸，而不至於困窮矣。此卦所以名爲《漸》也。

"進以正"重在"正"字，不重"君臣皆正"意。"其位，剛得中也"，重"中"字，不重"剛"字。

"動不窮"者，進無所阻之意。宋有狀元及第而兩及相門，宰相薄其爲人，故抑之，此便是窮處。

《象》曰：山上有木，漸，君子以居賢德善俗。

山上有木，以漸而長，漸之象也。君子體之，以居畜其德，變美其俗。其居德也，由善信而美大，由美大而聖神，以漸而進，不期功於旦夕也。其善俗也，仁漸而義摩，禮陶而樂淑，亦以漸而進，不責效于旬時也。

初六，鴻漸于干，小子厲，有言，无咎。

初六在下始進而無位，且上復無應以援之，未得所安也，故爲“鴻漸于干”之象。干，水涯也，近水而未安也。占者如此，不免有小子之厲，言語之傷也。然時命使然，非己自致也，不足爲咎。

“小子”，無位之稱，不是童子也。“小子厲，有言”，只是不安意。

《象》曰：小子之厲，義无咎也。

无位而不得所安，乃制於時命也，故小子之厲，於義則无咎也。

六二，鴻漸于磐，飲食衎衎，吉。

六二柔順中正，進以其漸，而上有九五之應，是有德不妄進，而見知于其君。則位以德稱，而居之不危；禄以功酬，而享之無愧。其象如鴻漸于磐，而飲食衎衎也。占者如是，無鼫鼠之羞，無素飧之誚，何吉如之！

《象》曰：飲食衎衎，不素飽也。

所謂“飲食衎衎”而處之安者，由其有柔順中正之德，進以其漸，而上有九五之應，得之以道，而不爲徒飽也。

重在德上。

九三，鴻漸于陸，夫征不復，婦孕不育，凶。利禦寇。

九三過剛不中而無應，是其直行躁進而不爲上所與者也，故爲“鴻漸于陸”之象，言其不得所安也。占者得此，在丈夫過剛不中而無應，則爲剛愎悍戾，而不得同心協力之助，則足以殺其軀而已，征行則不復也。在婦過剛不中而無應，則爲陰道偏勝，陽力不足，陰陽有失其太和，雖孕而不育也，凶莫甚焉。然以其過剛也，故利禦寇。

《象》曰：夫征不復，離群醜也。婦孕不育，失其道也。利用禦寇，順相保也。

所謂“夫征不復”者，言群類皆歸，而彼獨不歸，離叛其群類，爲可醜也。所謂“婦孕不育”者，以其過剛不中而無應，失生育之道也。所謂“利用禦寇”者，以其剛勇過人，能與衆人同心協力相保聚也。

過剛非順也，過剛故能順也。順者，協順和同之謂。

六四，鴻漸于木，或得其桷，无咎。

六四乘剛而順巽，是遇難處之人，而有善處之術，於不安之中，而有得安之道，猶鴻漸于木，而或得其桷也。占者如此，則无咎也。

《象》曰：或得其桷，順以巽也。

所以或得其桷者，以其順而且巽也。順則和樂而無忤，巽則深潛而善入，此其所以安也。

九五，鴻漸于陵，婦三歲不孕，終莫之勝，吉。

九五居尊，猶鴻漸于陵也。六二正應在下，而爲三、四所隔，猶婦三歲不孕也。然二、五正應，三、四終不能奪其正也，故終莫之勝，而占者如是則吉也。

《象》曰：終莫之勝，吉，得所願也。

所謂“終莫之勝，吉”者，言二、五終得遂其相應之願也。

上九，鴻漸于陸，其羽可用爲儀，吉。

上九鴻漸至高，出乎人位之外，不爲世用，而超乎塵俗之表，猶鴻漸于逵也。

然無位者多無用，上九雖高而無位，而其風概之高，足以激衆人之頑懦；志節之發，足以爲斯世之表儀，而亦不爲無用也，猶鴻之羽可用爲儀焉，此吉之道也，占者如是則吉矣。

《象》曰：其羽可用爲儀，吉不可亂也。

上九所以可則者，以其志節超乎塵俗，而卓然不可亂也，此其所以可則也。若志有不立，外物得以摇奪之，則亦不足法矣。

歸　妹

䷵ 兑下震上 歸妹：征凶，无攸利。

兑以少女而從震之長男，是女子之情勝，而忘其所偶之非敵也，而其情又爲以悦而動，而不待父母之命，媒妁之言，此在女子尤爲可醜也。故伏羲名其卦爲《歸妹》，言女子自歸于人也，與艮以少男下于兑以少女，得男女之正，婚姻之時，正相反也。文王繫辭以爲：卦名《歸妹》固爲不正，又卦體位不當而柔乘剛，亦爲不正也。占者歸妹而不正，則征凶，而无攸利矣。

占就歸妹一邊説，蓋承卦名而稽實待虚也。

《彖》曰：歸妹，天地之大義也。天地不交而萬物不興。歸妹，人之終始也。説以動，所歸妹也。征凶，位不當也。无攸利，柔乘剛也。

歸妹，天地之大義也。天地不交而萬物不興。歸妹，人之終始也。歸妹而男有室，女有家者，即天地交感之常理者也。天地不交，則萬物不興；男女不偶，則人類滅息。是則歸妹也者，雖爲女道之終，而實人道之所由始也。然此卦之所以名爲《歸妹》者，則非以男女室家之常理而言也。蓋卦德悦以動，是乃私情之合，而非禮義之正。男女皆非正，而女子則尤爲醜也，此所以爲《歸妹》也。卦辭所謂"征凶"者，以卦自二至五，位皆不正也。歸妹不以正，則非禮法之所容，此其所以凶也。所謂"无攸利"者，亦以卦體三、五皆以柔乘剛也。以柔乘剛,則是婦制其夫,夫屈於婦,所謂“牝雞之晨,惟家之蠹”也,何所利哉?

“人之終始”重在“始”字,亦不可謂母道之始也,乃人之始也。“人”字指後人言。

《象》曰:澤上有雷,歸妹,君子以永終知敝。

澤上有雷,雷動則澤隨之而動,有若女子之隨男而動,歸妹之象也。君子觀男女之各不以正,而知永終之有敝,凡有合皆必以正也。

初九,歸妹以娣,跛能履,征吉。

初九居下而無應,歸妹以娣也。然以陽剛在女子爲賢正之德,但爲娣之賤,僅能相助其正室,而不能大有所成,猶跛能履而不能及遠也。然在下分,故占者以是而行,則吉也。

娣者,正室隨嫁之女也。

《象》曰:歸妹以娣,以恒也。跛能履,吉,相承也。

初九居下无應,雖爲“歸妹以娣”,然有陽剛長久之德,故猶跛能履而得吉也。謂之“跛能履,吉”者,言其有陽剛之德,而爲娣之賤,僅足以相助其正室也。

九二,眇能視,利幽人之貞。

九二陽剛得中,而應陰柔不正之六五,乃女賢而配不良,不能大成内助之功,猶眇能視而不能及遠也。占者得此,利于抱道守正而不出,若出,則不遇明王而无所利矣。

論德之賢,則九二之剛而且中,爲更賢于初;論命之薄,則初九之歸妹以娣,爲更甚於二。然其不能大有所成則均也,故一曰“跛能履”,一則曰“眇能視”。

《象》曰：利幽人之貞，未變常也。

所謂“利幽人之貞”者，言利於抱道守正，而不變其常也。爲利禄所動，而守正不終，則是變常而不得爲幽人之貞矣。

六三，歸妹以須，反歸以娣。

六三陰柔不中正，又爲悦之主，女之不正，人莫之娶者也，故爲未得所適而反歸爲娣之象。

須，待也，未有所適也。

《象》曰：歸妹以須，未當也。

六三所以不得所適者，以其陰柔不中正也。

九四，歸妹愆期，遲歸有時。

九四以陽居上體而無正應，是女子之賢明貴重，未得所歸而愆期也。其所以愆期者，非不歸也，志在遲歸以待佳配耳，遇佳配便是其所歸之時矣。

《象》曰：愆期之志，有待而行也。

愆期之志，在于待得佳配而後歸也。

六五，帝乙歸妹，其君之袂不如其娣之袂良，月幾望，吉。

六五居尊，下應九二，帝女下嫁之象也，而柔順得中，女之有其德者也。夫内重則外輕，德積于中，則必以禮義爲光華，而不以衣服爲容飾矣。其象猶“帝乙歸妹，其君之袂不如其娣之袂良”也。夫尚德而不貴飾，則女德之盛無以加矣，故又爲“月幾望”之象。占者如是，則有以宜其家人而吉矣。

《象》曰：帝乙歸妹，不如其娣之袂良也。其位在中，以貴行也。

“帝乙歸妹，其君之袂不如其娣之袂良”也，所以然者，何也？其位在中而有中德之貴也。以中德之貴而行，則在内者重矣，此其所以不尚飾也。

上六，女承筐无實，士刲羊无血，无攸利。

上六以陰柔居歸妹之終而无應，乃女子之無德，過時而不得男以爲之配，約婚而不終者也，故其象爲“女承筐无實，士刲羊無血”。蓋女子之嫁，必有筐篚，將送之資；男子之娶，必刲羊爲酒食，以召鄉黨僚友也。約婚不終，則女承筐无實，而士刲羊无血矣，言其不承筐，不刲羊也。占者如此，无所利也。

違室家之願，而廢天地之大義，何所利哉？

《象》曰：上六无實，承虛筐也。

上六之承筐既无其實，則所承者虛筐也。

豐

☶ 離下震上 豐：亨。王假之，勿憂，宜日中。

以明而動，盛大之勢也，故伏羲名其卦爲《豐》。文王繫辭意謂：當豐之時，政治大同，天下一統，无逆命之民，無梗化之俗，有亨道矣。然王者至此盛極當衰，則有憂道焉。徒憂無益，勿憂可也，但能存心于天下，加意于萬民，常加收斂而不萌侈心，自守憂勤而不生怠欲，如日之中而常照天下，則豐可以長保矣。

《彖》曰：豐，大也，明以動故豐。王假之，尚大也。勿憂，宜日中，宜照天下也。日中則昃，月盈則食，天地盈虛，與時消息，而况於人乎？况於鬼神乎？

豐者，盛大之勢也。此卦所以名爲《豐》者，何哉？蓋以卦德觀之，離之德爲明，震之德爲動。明則有遠大之識，動則有奮發之才。明動相資，則明有所用，動有所之，由是而脩政立事，由是而制禮作樂，自有以致天下於太平，極治化於光大也，故爲《豐》。王者際世道方亨之時，見民物熕盛之極，則其志欲日廣，而所尚者自然侈大矣，此其所以可憂。謂之“勿憂，宜日中”者，言不必徒憂，唯宜守常不至過盛，常以天下爲心，如日之中常照乎天下也。所以宜日中而不可過盛者，何也？蓋盛者，衰之機也。日中則昃，月盈則食，雖天地盈虚，亦與時消息，不能以常盈而不虚也。天地且然，而况於人與鬼神，其能常盛而不衰乎？此所以當守常而不可過盛也。

兩個"日中"不同。

《象》曰：雷電皆至，豐，君子以折獄致刑。

雷電皆至，威照並行，豐大之象也。君子體之，取其明以折獄，而照其實情；取其威以致刑，而懲其奸惡，亦保豐之道也。

初九，遇其配主，雖旬无咎，往有尚。

初九遇九四之配主，雖皆陽剛，然初居明體，四居動體，明動相資，則明有所用，而無徒明之失；動有所之，而無妄動之非。由是而往，則明足以灼理，動足以致用，而天下之事，無不可爲者也。

"无咎，往有尚"是占，但象、占相連，截斷説則意不貫矣。

《象》曰：雖旬无咎，過旬災也。

雖旬可以无咎矣，然與人同而力均者，在乎降己以相求，協力以從事。若懷先己之私，有求勝其配之意，則彼此離心而灾患至矣。

六二，豐其蔀，日中見斗，往得疑疾，有孚發若，吉。

六二爲離之主，至明者也，而上應柔暗之君，明而受蔽，有如豐其蔀，日中見斗也。占者若往從之，必得猜疑忌疾。唯在積其誠意以感發之，則彼之昏蒙可開，而吾道得以行矣。

《象》曰：有孚發若，信以發志也。

所謂"有孚發若"者，言以己之誠信，發上之心志也。

九三,豐其沛,日中見沬,折其右肱,无咎。

九三處明之極者也,而應柔暗之上六,是亦明而受蔽也,有如豐其沛,日中見沬也。如是,則雖明無所用,如折其右肱矣。然於我何咎?特所遇非其主也。

《象》曰:豐其沛,不可大事也。折其右肱,終不可用也。

明而受蔽,則不足以有爲也。謂之"折其右肱"者,言其終不可用也。

九四,豐其蔀,日中見斗,遇其夷主,吉。

九四以剛明之德,而上比六五之柔暗,是亦明而受蔽,有如豐其蔀,日中見斗也。占者處此,當何如哉?唯下比初九之同德,而與之協力,則國事猶可支持也。

《象》曰:豐其蔀,位不當也。日中見斗,幽不明也。遇其夷主,吉行也。

九四所以豐其蔀而明不得達者,以其近柔暗之君,而所居之位不當也。所謂"日中見斗"者,言其幽暗不明也。遇其夷主而協力,則行无不吉也。

六五,來章有慶譽,吉。

六五柔暗之君也,占者處此當何如哉?唯能求致天下之賢明以自輔,則雖柔必强,雖暗必明,庶可以保其豐盛,而福慶歸于己,名譽聞于人矣,何吉如之!

是有慶也,有慶即吉也。

《象》曰:六五之吉,有慶也。

六五之來章而得吉者,言能致天下之明而有慶也。

上六,豐其屋,蔀其家,闚其户,闃其无人,三歲不覿,凶。

上六以陰柔居豐極,處動終,明極而反暗者也,有如豐大其屋,徒以障蔽其家。或闚其户,則闃无人,雖至于三歲之久,而竟無所見。占者如是,凶何如哉?

《象》曰：豐其屋，天際翔也。闚其户，闃其无人，自藏也。

所謂“豐其屋”者，言其屋之極高大，而翱翔乎天際也。所謂“闚其户，闃其无人”者，言非无人也，自爲障蔽而不見其人耳。

旅

䷷ 艮下離上 旅：小亨，旅貞吉。

此卦山止于下，火炎于上，爲去其所止而不處之象，故伏羲名其卦爲《旅》。文王繫辭以爲：六五得中而順乎二陽，則是在己有柔中之德，而又能順附乎陽剛以爲之助，艮止而離麗於明，則是恬退安静，而不失之妄動，又能灼乎人情物理，而不迷於所往，故在羈旅中，雖不得大亨，而亦可以小亨也。然柔中而順乎剛，止而麗乎明者，此實處旅之正道也。占者必能守其旅之正，乃可以得小亨而吉也。

《彖》曰：旅小亨，柔得中乎外而順乎剛，止而麗乎明，是以小亨、旅貞吉也。旅之時義大矣哉！

旅而得小亨者，於卦果何所取哉？蓋卦體六五柔得中而順乎剛，卦德止而麗乎明，是以處旅而小亨也，必如是而後爲得旅道之正而吉也。夫窮身於羈旅之中，所遇皆非親故之人，高則招禍，卑則取辱，自非柔中而順乎剛，止而麗乎明者，不能處也。旅之時義大矣哉！

《象》曰：山上有火，旅，君子以明慎用刑而不留獄。

山上有火，去其所而不處，旅之象也。君子體之，以爲山静重而火不處，必明慎用刑，使其輕重得宜，出入唯允，而不能少有所輕忽，有如山之静重也。明慎既盡，則其獄已定，而斷決隨之，不至於留滯而淹久，有若火之不處焉。

“明慎”，猶云審慎也。“不留獄”者，非不留於獄中也。“獄”字如“無敢折獄”之“獄”。

初六,旅瑣瑣,斯其所取災。

初六以陰柔居下位,旅之性質柔弱,而志意卑污者,故爲"旅瑣瑣"之象,言其猥鄙而煩細也。占者如此,則必召人之輕侮,而自取灾咎矣。

《象》曰:旅瑣瑣,志窮災也。

謂之"旅瑣瑣"者,其志意卑污窮迫而自取灾也。

"志窮",即"瑣瑣"也。

六二,旅即次,懷其資,得童僕貞。

六二處旅,而有柔順中正之德,則内不失己,而己無不安;外不失人,而人无不與。凡旅中好事,豈有不得其全者乎?吾知其必即所居之次而處之安,必懷所用之資而用之裕,又且得童僕之貞信而無欺有賴焉。其象如此,占者有其德,則其占亦如之也。

《象》曰:得童僕貞,終无尤也。

謂之得童僕之貞信,則終可賴之而無所失也。

"得童僕貞",得其心而不我欺也。

九三,旅焚其次,喪其童僕,貞厲。

九三過剛不中,居下之上,是其性質猛暴,所行過當,而且高亢不能下人也。以是處旅,必至於困,故爲"旅焚其次,喪其童僕"之象,極旅中之困苦者也。占者如是,雖心無邪私,而亦不免於危厲也。

《象》曰:旅焚其次,亦以傷矣。以旅與下,其義喪也。

處旅而焚其次,則身不得安,亦可傷矣。以旅之時而過剛不中,居下之上,其於下之道如此,宜至於喪其童僕也。

九四，旅于處，得其資斧，我心不快。

九四以陽居陰，處上之下，用柔能下者也。用柔則於事無所拂戾，能下則於人无不愛敬，以是處旅，亦可少安而無虞矣。故爲“旅于處，得其資斧”之象。然非其正位，又上無陽剛之與，下唯陰柔之應，是所處非終身可安之地，所與非終身可仗之人，其心有所不快也。

俱是象。“旅于處”者，旅非其所可旅之處也，猶在客途中也，未及六二旅于次，得其所歸宿之尤要也。“資斧”者，資身之斧也，所以防不虞也。

《象》曰：旅于處，未得位也。得其資斧，心未快也。

九四雖旅于處矣，然非其正位，未得所安也。惟其未得所安，則雖得其資斧，而心亦未決也。

六五，射雉，一矢亡，終以譽命。

雉，文明之物。六五柔中，爲離之主，則文明之爻也。占者得此，當有文明之應，若射雉然。但在旅中不無所費也，猶射雉而一矢亡焉。然其所失者小，而所得者大，終有名譽聞而得文明之應也。

爻辭是占，别爲一例。

唐馬周西遊，舍新豐逆旅中，主人不之顧。後客於常何家，爲具奏草，而得見知於太宗，是亦一矢亡而終以譽命也。命者，名也。

人君無旅，故六五不取君義。

《象》曰：終以譽命，上逮也。

所謂“終以譽命”者，言其譽命聞於上也。

上九，鳥焚其巢，旅人先笑後號咷，喪牛于易，凶。

如鳥之焚其巢而失其所安，其在旅人，則先雖笑樂而後必號咷，樂于未焚之先,而號咷于既焚之後。所以致此號咷者,以其過剛處旅之上、離之極,驕而不順,而喪牛于易也。占者如是,凶何如哉?

《象》曰:以旅在上,其義焚也。喪牛于易,終莫之聞也。

以旅之時,而好高不能下,宜其見惡於人,而失所安也。所謂"喪牛于易"者,言其驕氣方盛,失其柔順之德,而不自聞知也。

"終莫之聞",不自覺也,正所謂"忽然不覺其亡也"。

巽

☴巽下巽上 巽:小亨,利有攸往,利見大人。

巽一陰伏于二陽之下,其性能巽以入也,故爲《巽》。此卦上下皆巽,故巽之名不易焉。文王繫辭意謂:巽以陰爲主,陰之才有所不足,故不能大有所作爲,但可小亨。又以陰從陽,而資其才力之助,故利有所往。然所從不可不擇,必見有德有位之大人而從之,則利有攸往也。

《彖》曰:重巽以申命。剛巽乎中正而志行,柔皆順乎剛,是以小亨,利有攸往,利見大人。

巽順而入,必究乎下,命令之象。重巽是爲申命也,申者丁寧反覆以致其詳也。卦辭所謂"小亨,利有攸往,利見大人"者,於卦何所取哉?蓋以卦體觀之,九五陽剛中正,且居尊位,而其志得以行也。初六順乎二、三,六四順乎五、上,柔皆順乎剛也。惟柔皆順乎剛,是以"小亨,利有攸往"也。又於其中有陽剛中正而志行者,則久爲大人之象,故又利見大人也。

"剛巽乎中正""巽"字輕説過去,因卦名而言及之耳。此如謂"歸妹愆期",不可泥帶"歸妹"説。中正以德言,中正内該有位在。

一説謂剛健之德,而巽居中正之位,其志得以行。此説但好聽耳。

《象》曰：隨風，巽，君子以申命行事。

風行相繼，無處不入，巽之象也。君子體之，以爲風行不繼，無以鼓動乎萬物；令出不詳，無以訓示乎萬民。故凡有所行，必申其命令於行事之先，丁寧詳審，然後見於行事之際，則民無不從而四方風動矣。

"申命行事"相連説，重"命"上。

"申命行事"只是一貫氣脉，總是行事必申重其命於行事之先，不可"申命行事"分拆作兩截了。"申命行事"是取隨之義，非取入義。

初六，進退，利武人之貞。

初六以陰居下，爲巽之主，卑巽之過者也，故爲進退不果之象。占者得此，宜用武人剛貞之志以濟之，乃足以有立也。

《象》曰：進退，志疑也。利武人之貞，志治也。

所謂"進退"者，言其志有所疑懼而不果也。利武人之貞以濟之，則其志治而不疑矣。

治，定也，疑之反。

九二，巽在牀下，用史巫紛若，吉，无咎。

以陽處陰而居下，過於卑巽而不自安者也。然當巽之時，不厭其卑，而二又居中，不至已甚。故占者得此，必也卑以自牧而行過乎恭，慮以下人而事過於巽。然所謂"過於巽"者，亦豈傷於恐畏，流於諂諛，至於降志辱身，而无以自立哉？亦惟於接人之間，不事虚誇，而誠意惻怛，足以感人之心；不務張大，而辭氣愿欵，足以啓人之信。如此而已，是所謂"巽在牀下，用史巫紛若"也，過而不過者也。能如是，則人無所失，而愛敬者多，何吉如之！於禮未爲過，而恥辱可遠，何咎之有？

"用史巫紛若"，只是取箇道達誠意之象。謙和朴實，由中達外，此便是道達誠意，不是惇然自叙也。

《象》曰：紛若之吉，得中也。

九二"紛若之吉"，而卑巽不至已甚者，以其得中也。得中則事適其可，而不至於已甚也。

得中便是不至已甚，非得中乃能不至已甚也。

九三，頻巽，吝。

九三過剛不中，既非下人之資，居下之上，又挾上人之勢，非能巽者，勉爲而屢失，"頻巽"之象也。占者巽而屢失，終歸於不巽，而來人之輕侮爲可羞矣。

《象》曰：頻巽之吝，志窮也。

九三所以有頻巽之吝者，以其過剛不中，居下之上，志意高亢滿極，故不能巽而勉爲屢失也。

頻巽不是頻失，頻失與屢失不同。此處分明是不能巽吝，非是頻巽爲吝，還是召人輕侮意。

六四，悔亡，田獲三品。

六四陰柔无應，承乘皆剛，宜有悔也。而以陰居陰，處上之下，夫惟用柔能下，則應與有人，而剛强不能爲之害，故得悔亡。且求無不得，欲無不遂，如所田之多，足以備三品之用也。

爻辭俱是象，言六四能巽，故無損而有益也。由來退步讓人者少有破敗，然須用之得其道。若事有不正，而意在占便宜，則老氏之學矣。

《象》曰：田獲三品，有功也。

所謂"田獲三品"者，言六四用柔能下，則所求必得而有功也。

所求必得，亦要説得好。凡事説得成，皆是有功也。

九五，貞吉，悔亡，无不利，无初有終。先庚三日，後庚三日，吉。

九五居巽體，是承久安積弊之後，值委靡不振之時，宜有悔也。然有陽剛中正之德，故能奮發改圖，而得貞正且吉也，故悔亡而无不利。有悔是無初也，亡之是有終也，然其所謂"貞"者何如？殆必丁寧於其變之前，而有詳審精密之思；揆度於其變之後，而爲深長久遠之計。其善變如此，所謂"貞"也。由是利徧天下，澤及萬世，而吉矣。

爻辭通是象。

《象》曰：九五之吉，位正中也。

九五善於變更而得吉者，由其有中正之德也。无德則器小識卑，謀淺慮近，亦爲不善變矣。

九五爻辭通是象，吉亦是象。蓋象亦有此一樣，學者密思之便得。

上九，巽在牀下，喪其資斧，貞凶。

上九本有陽剛之德者，以其居巽之極，凡事過於卑巽，至於失其陽剛之德，而進退不果，柔懦無斷，是若巽在牀下，而喪其資斧也，與九二之巽在牀下，而用史巫紛若者不同矣。占者如是，雖巽所當巽而得其正，然過於卑巽如此，亦不免於屈己之節，而取人之輕，召人之侮而凶矣。

《象》曰：巽在牀下，上窮也。喪其資斧，正乎凶也。

所謂"巽在牀下"者，言其居巽之極，而過于巽也。"喪其資斧"，而失其所以斷者，必其有凶也。

兑

䷹ 兑下兑上 兑：亨，利貞。

兑，説也。一陰進乎二陽之上，喜之見乎外也，故爲《兑》。此卦上下皆兑，故兑之名不易焉。文王繫辭意以卦體剛中而柔外,剛中則所説者正,有亨道矣,柔外又似有不正之嫌,故占者得此,誠能和悦以處人,而與人無所忤,則行無不得而亨矣。然又必其所悦者皆出於正,而無邪佞柔媚之私,乃爲利也。

《彖》曰:兑,説也。剛中而柔外,説以利貞,是以順乎天而應乎人。説以先民,民忘其勞;説以犯難,民忘其死。説之大,民勸矣哉!

兑之義,以説之謂也,卦辭又戒占者以利貞,何也?蓋以卦體剛中而柔外,剛中則固無不正矣,柔外則又有不正之嫌焉,故因其不足而戒占者,悦以利貞焉。夫天理、人心不外一正也,悦得其正,而不違道干譽,以致人之歡娱,則上順天理,下應人心矣。彼勞者,人情之所惡也,惟悦得其正,則雖率民以趨事,而民之心必曰,今日致我于勞者,本欲以逸我者也,故歡娱鼓舞,自忘其勞焉。死者,人情之所惡也,惟悦得其正,則雖率民以犯難,而民之心必曰,致我以死者,本欲以生我者也,故奮迅踊躍,自忘其死焉。夫悦得其正,是悦之大也;忘其勞與死,則民勸也,何如哉?

逸道使民,説以先民也;生道殺民,悦以犯難也。悦以先民,如周宣之城朔方是也,秦政築長城則非説矣。悦以犯難,如周公之徂東山是也,漢武伐匈奴則非悦矣。凡百舉動,順天理,合人心,所謂"悦"者在是,所謂"正"者亦在是矣。

卦爻先就淺近言之,《彖傳》則極其大言之,亦有不同。

《象》曰:麗澤,兑,君子以朋友講習。

兩澤相麗,互相滋益,兑之象也。君子體之,以爲天下之義理無窮,一人之聰明有限,必也會聚朋友,講明温習。我有所見,彼從而是非之;彼有所議,我從而可否之。如是,則在人者有以裕於己,而在己者有以及於人,亦猶兩澤之互相滋益也。

"講習",講而又講也,二字相連,不必分。

初九，和兑，吉。

初九以陽居下而無應。陽剛，則其悦也不爲柔媚；居下，則其悦也無所貪求；无應，則大同周徧，而其悦也不失之偏黨，悦之和而得其正者也。故占者如是，則在彼無惡，在此無射，何吉如之！

此"和"字非"和順"、"和悦"之"和"，乃"中和"之"和"。

《象》曰：和兑之吉，行未疑也。

所謂"和兑之吉"者，言其以陽居下而无應，其悦也正而未有所疑也。

未有所疑者，言無可疑也，自他人見之而言，不是初九自家無疑也。《本義》居卦之初，該以陽居下而無應在内。

九二，孚兑，吉，悔亡。

九二居陰，是所爲之事不免有失而致悔也。然以剛居兑之中，剛中則有誠實之義，故爲"孚兑"之象，言其外之和悦，皆本於中心之誠然，非聲音笑貌而僞爲於外也。占者如是，則内可以悦親，外可以信友，上可以得君，下可以得民，雖有可悔之事，而亦不見其爲悔矣。

《象》曰：孚兑之吉，信志也。

所謂"孚兑之吉"，言其和悦出於誠心也。

少加矯餙，便爲不孚。若笑中有刀，與口蜜腹劒者，則不孚甚矣。

六三，來兑，凶。

六三陰柔不中正，爲兑之主，是無德而專事媚説者也。上無所應，而反來就二陽以求悦，則有脅肩諂笑，其色赧赧之病矣。占者如是，則必見惡於人而得凶，何如哉？

《象》曰：來兑之凶，位不當也。

六三來兑而得凶，言其不中不正，而德有不足故也。

九四,商兑未寧,介疾有喜。

九四上承九五之中正,而下比六三之柔邪,處乎邪正之間,而商度所悦,未能有定。然質本陽剛,故能介然守正,以從乎九五,而疾惡六三之柔邪。如是,則有所觀法而可造於君子之域,無所蠱惑而不陷於小人之歸,是有喜矣。其象如此,占者亦當如其象云。

《象》曰:九四之喜,有慶也。

九四能好善而惡惡,從正而遠邪,則有喜矣。謂之"喜"者,必其有得人之益,而無匪人之傷,由是而進德脩業,由是而爲聖爲賢,福慶於我乎得矣,所謂"有喜"者如此。

九五,孚于剥,有厲。

九五近密上六,上六陰柔,爲悦之主,處悦之極,能妄悦以剥陽者也。使爲九五者,不知巧言令色之爲可畏,狃於所悦而孚於剥焉,則必爲彼所剥而有厲矣,可不戒哉?

《象》曰:孚于剥,位正當也。

所謂"孚于剥"者,由其以九居五,而位正當也。位正當則有陽剛中正之才,而又有崇高富貴之勢,以此自恃,而爲上六所近,亦無能爲也,故不覺爲彼所入而信之深也。

《象傳》是指實説,與爻辭設戒之意不同。

上六,引兑。

上六成悦之主,以陰居悦之極,專務悦人者也,故引下二陽以悦之,其柔媚邪佞有如此。

"引兑"與"來兑"同一柔媚也。

《象》曰：上六引兑，未光也。

上六引兑，可見其心術邪僻而不光明也。

凡欲悦人者，其心皆有所利也。利欲昏於中，自不覺其情狀之醜矣。

涣

䷺ 坎下巽上 涣：亨，王假有廟，利涉大川，利貞。

爲卦下坎上巽，風行水上，離披解散之象，故伏羲名其卦爲《涣》。文王繫辭以爲：卦變自《漸》來，九來居二而得中，六往居三得九之位，而上同於四，故占者遇此，則涣者可合而得亨矣。又以祖考之精神既散，王者當至於廟以聚之。又以木在水上，而濟險有具，故利涉大川，以濟天下之陷溺也。然正者萬事之本，一有不正，則皆非矣。故濟涣當以正，而不可違道以得民；享廟當以正，而不可媚神以徼福；涉川當以正，而不可行險以僥倖。凡事必以正行之，乃爲利也。

《彖》曰：涣亨，剛來而不窮，柔得位乎外而上同。王假有廟，王乃在中也。利涉大川，乘木有功也。

占得涣而亨者，何也？蓋以卦變觀之，自《漸》卦來，九來居二而得中，是所據得地可憑藉以爲安，而不至于困窮也。六往居三得九之位，則柔而能剛也，且上同於四，則得朋以爲之助也。此所以能濟涣而得亨也。所謂"王假有廟"，言祖考之精神既散，王者當至廟中以聚之也。所以"利涉大川"者，何也？言以象觀之，乘巽木於坎水之上，則可以濟險而有功也。夫既濟險有具，則何天下之險不可濟哉？

《象》曰：風行水上，涣，先王以享于帝立廟。

風行水上，離披解散之象也。先王體之，享帝而與天神接，立廟而與祖禰交，以聚己之精神，以合其涣也。

立廟就該假廟之意，在享帝立廟，聚己之精神，以合鬼神之涣也。

《書·洛誥》篇有曰:"肇稱殷禮,祀于新邑,咸秩無文。"《吕氏傳》曰:"人主臨鎮新都之始,齋祓一心,對越上帝,達此精明之德,放諸四海,無所不準,而助祭諸侯,下逮胞翟之賤,亦皆有孚顒若,收其放而合其離。蓋格君以萃天下之道,莫要於此也。"觀此説,則享帝立廟不但合鬼神之涣,亦所以合人心之涣也。但《彖傳》本意只是合鬼神之涣。

初六,用拯馬壯,吉。

初六當始涣之時,能順乎九二,而藉其剛中之才以濟涣,如拯急難而得壯馬也。占者如是,則有以濟其涣而吉也。

"用拯馬壯"作一意説。馬壯,爲力既易矣。"用拯"二字亦做象,有與"馬壯"相連,言濟涣而得陽剛,如救急而得馬壯也。

《象》曰:初六之吉,順也。

初六無濟涣之才,而得濟涣之吉,以其順乎九二之剛中也。

九二,涣奔其机,悔亡。

二非陽位,以九居之,是爲失其故居,而出寓於外,本不足以濟涣而有悔也。然以九居二而得中,又爲所處得地,可憑藉以安者也,故爲"涣奔其机"之象。占者如是,則終可以濟涣而悔亡也。

有悔就居二上取來,悔亡亦就居二上取來。二得其中,就所行言,則爲善事;就所居言,則爲善地。何以悔亡?嘗觀自古英雄豪傑,欲濟天下之涣,未有不圖夫形勢之便者。故諸葛孔明據巴蜀,而蘇老泉譏其無能爲者,正以此也。然蜀地本非孔明所欲據者,出於不得已也。當時天下大勢,盡在曹操掌握中,雖江東土綿力薄之地,亦已入於孫權矣。既無托身之地,舍蜀將安之乎?非孔明之見又出於老泉之下也。故文士據紙上議論,而英雄多有不能自明者。

《象》曰：涣奔其机，得願也。

涣奔其机，則可以濟涣而得所願也。

六三，涣其躬，无悔。

六三陰柔不中正，有私於己之象也。然居得陽位，志在濟時。夫義利不兩立，公私不並行。心既存於天下，則必不暇計一身之利害；念既切於蒼生，則必不暇顧一家之得喪，故爲"涣其躬"之象。占者如是，則可以濟涣而无悔。

《象》曰：涣其躬，志在外也。

六三所以能涣其躬者，由其居得陽位，志在濟時也。

六四，涣其羣，元吉。涣有丘，匪夷所思。

六四上承九五，當濟涣之任者也，而居陰得正，下無應與，爲能散天下之私黨，而專以事上者也。占者如是，則克勝其任而元吉。夫天下之所以涣者，多由人心叛上，而各締其私黨也。私黨既散，則公道大行，而勢合於一，如丘陵之高矣，所謂"散小羣以成大羣也"。然此必才識之高邁者乃能之，非常人思慮所及也。

《象》曰：涣其羣，元吉，光大也。

"涣其羣，元吉"，是其智識之光大也，匪夷所思也。

九五，涣汗其大號，涣王居，无咎。

九五陽剛中正，以居尊位，當涣之時，能發號施令，散財發粟，以濟天下之涣者也。占者如是，則天下歸心，而涣者合矣，夫何咎？

《象》曰：王居无咎，正位也。

九五能涣其大號，與其王居而得无咎，由其陽剛中正，以居尊位也。蓋無德則不以天下爲心，雖得涣而不欲；無位則權不在我，雖欲涣而不得。九五有德有位，故能涣其所宜涣也。

上九，涣其血去逖出，无咎。

上九以陽居涣極，極則必變，陽則有爲，能出乎涣而免於傷害憂懼者也，故爲涣其血則去，涣其惕則出之象。占者如是，夫何咎？

《象》曰：涣其血，遠害也。

所謂“涣其血”者，言其出乎涣而遠去傷害也。

節

䷻ 兑下坎上 節：亨，苦節不可貞。

爲卦下兑上坎，澤上有水，其容有限，故伏羲名其卦爲《節》。文王繫辭意謂：用度有節，則用無不周；德行有節，則行無不得。節固自有亨道矣。又卦體陰陽各半，而無過不及之偏，二五皆以陽而得其中，則是節之得中而不至于苦者也，是亦亨道也。若節至太甚，則爲苦節矣。苦節，天理之所不宜，人情之所不堪，不可守以爲貞也。

《彖》曰：節亨，剛柔分而剛得中。

節而得亨者，于卦何所取哉？蓋以卦體觀之，三陰三陽，剛柔中半。剛而節之以柔，而不過于剛；柔而節之以剛，而不過乎柔，節而得其中者也。九五以剛居上卦而得其中，九二以陽剛居下卦而得其中。剛而得中，則是嚴毅幹固之施，一合乎時措之宜；發强剛毅之用，一循乎當然之則，是亦節而得中者也。節得其中，則不至於苦而可行矣，此所以亨也。

苦節不可貞，其道窮也。説以行險，當位以節，中正以通。

所謂“苦節不可貞”者，何也？蓋節而至於苦，則非天理人情之所安，而其道不可行也。又以卦德言之，説以行險，説則易流，遇險則止，而不至於流，節之義也。以卦體言之，九五得位，以主節於上，其所節者，又皆中正而不至於苦，可以通行於天下而無弊也，此可見節之所以亨，而苦節之所以不可貞也。

天地節而四時成，節以制度，不傷財，不害民。

又以節道之大而極言之，天地之氣，分陰分陽，有老有少，運行有節，而不至於窮極，故四時成而歲功備。聖人之量入爲出，豐儉適宜，節以制度，而不至於侈肆，故不傷財，不害民。節道所關之大有如此者，人其可以無節乎？

"節以制度"，做聖人説，亦可對天地言。"不傷財，不害民"平看，勿謂不傷財故不害民，雖不傷財，亦不害民，但當曰"節以制度"，故不傷財，不害民也。

《彖傳》凡極言時義之大，多以聖人與天地相對言之，以見其大。

《象》曰：澤上有水，節，君子以制數度，議德行。

澤上有水，其容有限，節之象也。君子體之，制數度以定萬用之限，議德行以嚴一身之限焉。

制數度者，器用、車旗、宫室、衣服之等也。議德行是存心制行，求合于義理也，不可以議德行爲議禮。

初九，不出户庭，无咎。

初九居節之初，時未可行而有剛正之德，能節而止者也，故爲"不出户庭"之象。占者可止則止，不至於枉道辱身矣，夫何咎？

《象》曰：不出户庭，知通塞也。

初九所以能不出户庭者，以其剛而得正，能知時之通塞也。在初之時，則塞而未通，故不出也。

九二,不出門庭,凶。

九二居節之中,當可行之時,而失剛不正,上無應與,知節而不知通,故爲"不出門庭"之象。占者如是,則所謂"潔身亂倫",而"果于忘世"者也,不亦凶乎?

《象》曰:不出門庭,凶,失時極也。

"不出門庭,凶"是可以出不出,失時甚矣。

失剛不正,則所行退辟,而無欲進之志。上無應與,則援引無人,得以遂其易退之心。

六三,不節若則嗟若,无咎。

六三陰柔而不中正,以當節時,非能節者。夫度用不節,則貧乏隨之;德行不節,則或承之羞矣,寧能免于憂?嗟乎!然乃己所自致也,將誰咎?

《象》曰:不節之嗟,又誰咎也?

不節之嗟,乃自致耳,又誰咎也?

六四,安節,亨。

剛愎不正者,喜作聰明,亂舊章矣。四以柔順得正之資,上承九五之節,則其節出於自然,而不待於勉强,"安節"之象也。占者如是,則終身由于紀綱法度之中,而無過之可舉矣,不亦亨乎?

《象》曰:安節之亨,承上道也。

六四所以能安節而得亨者,以其柔順得正,而上承九五之節。非柔順得正,則必自用自專,不能承上道而安之矣。

"承上道"正解"安節",不是推本之辭,柔順得正其本也。一説九五創制立法,四但承順之而已,不待造作也,此其所以安也。

六四《本義》"柔順得正，重上承九五"是帶説。蓋《本義》着此句，蓋亦貼帶"安節"之意。然柔順得正，還是推本意其所以能安節也，故此句重，而"承上道"内，亦當添箇"柔順得正"方可。

九五，甘節，吉，往有尚。

九五主節于上，而得其中正，則是其制禮以節人之心，立法以節民之財，皆合天理、當人心，順其所欲，違其所惡，初不至于太甚，而人不病其難行，甘節之象也。占者如是，則遠之有望，近之不厭，推之天下而皆準，行之萬世而無弊，得吉而往，有尚矣。

《象》曰：甘節之吉，居位中也。

所以謂"甘節之吉"者，以其居位中也。中則所行是無過不及，則其爲節也甘矣。

上六，苦節，貞凶，悔亡。

上六居節之極，而至于已甚，"苦節"之象也。夫節而苦，即無邪濫放縱之失，終非天理人情之安，雖貞亦凶。然"與其奢也，寧儉"。賢智之過，猶勝于愚不肖者之不及也，故雖有悔，而終得亡之也。

《象》曰：苦節貞凶，其道窮也。

所謂"苦節貞凶"者，蓋節而至於苦，則非天理人情之所安，其道不可行也。

"道"字指苦節。申屠狄之潔，陳仲子之廉，先儒謂之苦節也。

中　　孚

䷼ 兑下巽上 中孚：豚魚吉，利涉大川，利貞。

爲卦二陰在内，四陽在外，而二五之陽皆得其中，以一卦言之爲中虚，以二體言之爲中實，皆孚信之象也。又下悦以應上，上巽以順下，亦爲孚義。故伏羲名其卦爲《中孚》。文王繫詞意謂：占者有其孚誠，則雖豚魚無知之物，亦可感之而得吉。蓋至誠而不動者，未之有也。雖大川之險，亦可以濟之而無不利。蓋有孚則心亨，而行有尚也，且卦中亦具乘木舟虛之象也。然世之人亦有心亨而事不出于正者，故又必利於正，使所信者皆理之所當信，乃足以感物而濟險也。

"豚魚吉"言信及豚魚，則物無不感矣，所謂"悦親信友，獲上治民"也，此便是吉。

《彖》曰：中孚，柔在内而剛得中，説而巽，孚乃化邦也。

卦爲《中孚》者，何所取哉？蓋以卦體觀之，二陰居一卦之内而中虛，二陽處乎二體之中而中實，中虛則是私欲不萌，中實則是天理爲主，皆孚信之象也。又以卦德觀之，下悦以應上，上巽以順下，君臣同心，上下相信，自足以感化乎邦國之大，而得其心悦誠服矣，是亦有孚信之義也，故爲《中孚》。

豚魚吉，信及豚魚也。利涉大川，乘木舟虛也。中孚以利貞，乃應乎天也。

卦辭所謂"豚魚吉"者，言其孚信有以感乎豚魚也。所謂"利涉大川"者，何所取哉？蓋以卦象觀之，乘巽木于兑澤之上，有舟楫之象；爲卦外實内虛，亦猶舟楫之外實内虛也，故"利涉大川"。"中孚以利貞"，則是所信者皆合乎正理，而信所當信，不爲匹夫之小諒，不爲小人之硜硜。如此，豈不有以合乎天之道哉？蓋天道至誠無妄，而無有不正之信也。信而正，則天人合一矣。

《象》曰：澤上有風，中孚，君子以議獄緩死。

澤上有風，風感水受，"中孚"之象也。君子體之，以議獄緩死。蓋罪人獄成當死，而事有可疑者，苟無誠實惻怛之意爲之審實求生，而惟虛于致刑辟，則人有不得其死者矣。故必擬議于其所可疑，姑緩于其所將決，審之又審，務必得其情有可生者則生之，求其生而不得，然後死者與我俱無憾也，是之謂“中孚”之意也。

“中孚”之意，就在“議獄緩死”之内。一説“議獄緩死”，則至誠可以感人，爲“中孚”。此説欠親切。

“議獄緩死”不可分爲二。有可疑則議獄，无可疑則不留獄。

初九，虞吉，有他不燕。

初九當《中孚》之初，上應六四。夫相信之道，貴乎審之于初。爲六四者，如可信也；爲初九者，能度其可信而信之，則得其所安而吉。若始焉信之，繼焉志變而有他，將見可信者不信，所不可信者而反信之，則信非其人而所損多矣，寧能得所安而无悔乎？

《象》曰：初九虞吉，志未變也。

初九所以能度六四可信而信之者，以其居初而志未變也，蓋“靡不有初”也。

九二，鳴鶴在陰，其子和之。我有好爵，吾與爾靡之。

九二中孚之實，而九五亦以中孚之實應之，如“鳴鶴在陰，其子和之”也。然二、五之所以交孚者，豈無自哉？蓋九二有其中德，而九五中心好之，亦猶好爵，雖我之所獨有，而彼亦係戀之也。夫二有其德而五好之，故二有所感而五應之也。

“好爵”乃爵位也，以象懿德。

《象》曰：其子和之，中心願也

二、五相應，猶鶴鳴而子和者，以二有中德，而九五中心好之，此其所以相信也。

六三,得敵,或鼓或罷,或泣或歌。

六三陰柔不中正,以居悦極,無德者也,又與上九之窮者爲應,以我之無德,應彼之不通,其相應適相敵也。夫在己既無其德,又不得人以爲之輔,故凡事不能自主,但見其或鼓而起,或罷而止,或怨而泣,或喜而歌,作止哀樂皆無常也。

《象》曰:或鼓或罷,位不當也。

六三所以不能自主者,以其不中正,而德有不足故也。苟有德,則事到吾前,惟據理以應之,何至於不能有主,而失其常哉?

六四,月幾望,馬匹亡,无咎。

六四居陰得正,位近于君,以其德而居是位,臣道之極盛也。夫居位而有其德,故雖與初爲應,乃能絶之而不立私黨,惟一心以信于五,故爲"月幾望,馬匹亡"之象。占者如是,是爲公爾忘私,而事君以忠矣,夫何咎?

"无咎"承"馬匹亡"説,而"馬匹亡"則自"月幾望"來也。

《象》曰:馬匹亡,絶類上也。

所謂"馬匹亡"者,言其絶初九之私黨,而上信于君也。

"六四居陰"二句以德位言,"月幾望中"則二句並重。蓋必德位俱隆,故爲臣道之盛。至"馬匹亡"只重德,"无咎"只帶"馬匹亡"説。

九五,有孚攣如,无咎。

九五剛健中正,中孚之實,而居尊位,則爲孚之主也,是有孚者也。下應九二,與之同德,而一心以相孚,是其孚之而兩相攣固也。如是,則孚乃化邦而德業成矣,何咎之有?

《象》曰:有孚攣如,位正當也。

九五所以有孚攣如者,以其中孚之實,而爲孚之主也。非在己有是孚,則何以能感其臣，而與之相信哉？

居尊位只是説其爲孚之主，總歸于有孚也。不重“位”上。

上九，翰音登于天，貞凶。

上九居位之極，務執其信，雖時之所不宜，勢之所不便，亦固欲行之，信非所信而不知變，亦猶鷄非登天之物，而欲登天者。占者如是，雖其信者合乎理之正，但不知變，亦有凶也。

《象》曰：翰音登于天，何可長也？

上九信非所信而不知變，則必敗於信也，其可久乎？

此一爻全在“居位之極”取象。

小　過

䷽ 艮下震上 小過：亨，利貞。可小事，不可大事。飛鳥遺之音，不宜上，宜下，大吉。

爲卦四陰在外，二陽在内，陰多於陽，小者過也，故伏羲名其卦爲《小過》。文王繫辭意謂：以義而言，陰固不可以過於陽；以勢而言，則既過於陽，凡有所事，而陽不能阻，亦可以亨矣。勢雖亨而義終不可失，故必利於貞。利貞何如？唯爲吾陰柔才力之所能爲，而不强其力之所不及，至於過甚。且卦之二、五皆以柔而得中，故可小事；三、四皆以剛失位而不中，故不可以大事。又卦體内實外虚，如鳥之飛，是飛鳥遺之音，則其聲下而不上，故雖小事，亦不宜上而宜下，所謂可過於小而不可過於大，可以小過而不可以甚過也。惟下而不上，則小事雖過而不過，乃爲大吉，可小事而宜下，正所謂“利貞”也。

卦辭參差許多話，要之不外可小事而又宜下也。又總之，不外乎“利貞”二字而已。“可小事”下正説“利貞”之義。“飛鳥遺之音”此句全輕。蓋内卦有此象而因言之，以照見“宜下”之意。“大吉”只帶“利貞”，爲量之所及，而爲小過之事，少加收歛退抑，而不至于過甚耳，《象傳》所謂“行過乎恭，喪過乎哀，用過乎儉”也。陰多于陽，不可説是小人多於君子。凡性質柔順之人，羣聚用事，便是小者過矣。

卦辭大意謂：小過固可以得亨，而又必利貞。利貞者何？蓋可小事而不可大事，其小事又必宜下而不爲已甚，乃得大吉也。故講中“唯爲吾陰柔才力之所能爲”，是貼“可小事”也。“收歛退抑而不爲已甚”，是貼“宜下”也。

此卦大象六爻參差，似不可易曉。然認得卦辭可小事而宜下之意定了，則大象六爻皆不外如此耳。

“大吉”只承“不宜上，宜下”一句説。小過之占，只是利貞，而利貞之義，只是可小事而宜下。所謂“可小事”而“宜下”者，亦只是隨陰柔本性耳。

《彖》曰：小過，小者過而亨也。過以利貞，與時行也。柔得中，是以小事吉也。

卦名《小過》而其辭所謂“亨”者，何所取哉？蓋以卦體陰多于陽，是小者過也。既過于陽，則可以亨矣。過以利貞，可小事而宜下者，是乃與時行也，時當小過而小過也。俗尚既失，日以滔滔，不拂常情而力矯之，則其弊日以甚矣，此當小過之時也。因時而過，則其過也適所以爲中，不謂之貞而何？所謂“可小事”者，於卦何所取哉？蓋以卦體二、五之柔得其中，似可有事，但以柔得中，是以僅可小事而得吉也。

“與時行也”説，與大象是俱作矯時之弊言。

剛失位而不中，是以不可大事也。有飛鳥之象焉。飛鳥遺之音，不宜上，宜下，大吉，上逆而下順也。

所以不可大事者，于卦又何所取哉？以卦體三、四之剛，失二、五之位而不中。陽剛本若可以有爲，以其不中，故不可以大事也。所謂“飛鳥遺之音，不宜上，宜下，大吉”者，于卦又何所取哉？卦體内實外虚，有飛鳥之象焉。“飛鳥遺之音”，則下而不上，是以“不宜上，宜下，大吉”。以理言之，上則過于大，而或甚過于理，逆也；下則過小，而且不爲甚過于理，順也。上逆而下順，亦不宜上而宜下也。

"剛失位而不中",失位即是不中,無二意。

"不宜上,宜下",若在"可小事"内。《象傳》《本義》所謂"三者之過,皆小者之過",可小事也。"可過於小而不可過於大,可以小過而不可以甚過",不宜上,宜下也。

《象》曰:山上有雷,小過,君子以行過乎恭,喪過乎哀,用過乎儉。

山上有雷,其聲自高而下,輕微而不奮,震小過之象也。君子體之,因小過之時,而爲小過之事。人皆放誕時之弊也,則行過乎恭以矯其誕;人皆尚易時之弊也,則喪過乎哀以矯其易;人皆習奢時之弊也,則用過乎儉以矯其奢。是三者之過,皆小者之過,所謂"可小事而宜下"者也。

其過正所謂"可小事而宜下"也,皆所謂"小過"也。小過之時,乃時當小過也,非時小有過。小過在君子身上,不在時人身上。《本義》云"三者之過,皆小者之過",就"行"、"喪"、"用"三字上説,都是這般小事,非若獨立不懼,遯世无悶,堯、舜之禪受,湯、武之放伐,而爲大過人之行也。"可過於小而不可過於大"者,言可過乎恭,不可過乎傲;可過乎哀,不可過乎易;可過乎儉,不可過乎奢也。"可以小過而不可以甚過"者,蓋恐其恭之甚則爲足恭,哀之甚則至滅性,儉之甚則爲豚肩不掩豆也。

初六,飛鳥以凶。

初六小過,不宜上宜下也。初六陰柔性躁,上應九四,而志于上行,又居過時,則其極躁而鋭於上行也,是其上而不下也,故爲飛鳥之象。行不過乎恭而甚過乎傲,喪不過乎哀而甚過乎易,用不過乎儉而甚過乎奢,初六皆有焉。占者如是,則過高志滿,灾必逮夫身矣,凶何如哉!

《象》曰:飛鳥以凶,不可如何也。

飛鳥以凶,是自作孽不可活也。

“如何”者，救解之意，初六又是反大象之意，故曰“小過”。卦爻認得一路通，餘經皆通矣。“不可如何”，“如何”反有求救之意，故直曰“不可活也”。

六二，過其祖，遇其妣，不及其君，遇其臣，无咎。

六二柔順中正，隨其所處，皆得其宜，設使進而上往，則過三四之陽，而遇六五之陰，是過其祖而遇其妣也。止如此而不進，則不及六五之尊，而自得其爲下之分，是不及其君，而適遇其臣也。夫所遇者陰，則無强盛之患；遇其臣，則無淩迫之嫌，皆過而不過也，夫何咎乎？

兩“遇”字與“及”字依雲峰胡氏説。

《象》曰：不及其君，臣不可過也。

所以不及其君，而還遇其臣者，以臣不可淩迫於君也。

及則不惟與之齊，而且所主在我也，故及則過矣。“及”字作活字看，所謂“我所欲曰及也”，非“比及”之“及”。

九三，弗過防之，從或戕之，凶。

九三小過之時，事每過當，然後得中。況邪正不兩立，九三以剛居正，衆陰所欲害者也，而自恃其剛，則勿過爲之防，故或得從而戕之。占者如是，自取其禍，凶何如哉！

《象》曰：從或戕之，凶如何也！

從或戕之，則其凶何如也。

九四，无咎，弗過遇之。往厲必戒，勿用永貞。

九四以剛處柔者也，占得此爻者，得宜下之道而无咎。所以无咎者，何也？蓋以剛處柔，是弗過於剛，而適合其宜，當過之時而過乎恭也。過乎恭則過而不過矣，所以得无咎也。若或更往，則過於剛而失其恭，是有厲而當戒焉。然道無定體，事有異宜，或用剛，或過恭，皆當隨時而不可膠於一定。陽性堅剛，多固執而不變，故又戒之以"勿用永貞"，言時當過恭則過乎恭，若當用剛則用剛，豈可專以過恭爲是而固守之哉？

《象》曰：弗過遇之，位不當也。往厲必戒，終不可長也。

參《會解》："弗過遇之"者，位不當而居柔，所以弗過乎剛而合其宜也。"往厲必戒"，過剛必以傲敗，終不可長久也。此節原本缺，採《會解》補入。

六五，密雲不雨，自我西郊，公弋取彼在穴。

六五以陰居尊，陰柔則無爲，居尊則過高，又當陰過之時，而時將衰矣，故不能有爲，如"密雲不雨，自我西郊"焉。在己既不足以有爲，而又弋取六二之應以爲助，兩陰相得，其不能濟大事可知。

《象》曰：密雲不雨，已上也。

六五所以不能濟事，如密雲不雨者，以其居尊而過高，不能下賢以共事也。

"密雲不雨，自我西郊"二句總是象，其不能有爲。要之，只是"密雲不雨"一句，是言其無成功，猶人之不能有爲也。"自我西郊"輕，只是帶讀來此，更何意？故學者讀《易》觀象，當得其活法矣。"公弋取彼在穴"，是言其在己既無能爲，又得陰柔之應，則亦無能爲矣。"兩陰相得"二句在"公弋取彼在穴"意外，非是直解。

"已上"只取居尊之義，餘義不及了，小象例多如此意。學者讀《易》，果不以意會意，則如此類，到老亦不能通矣。

上六，弗遇過之，飛鳥離之，凶，是謂災眚。

上六以陰躁而居動體之上，處陰過之極，過之已高，而凡事皆甚遠者也，是弗合其宜而一於過，有如飛鳥之迅速，而至於禽之穿雲没影而遠去也，比於初六之飛，猶爲甚也。占者如是，則凶而有灾眚矣。

《象》曰：弗遇過之，已亢也。

所謂"弗遇過"者，言其過之已高而甚遠也。

既　　濟

䷾ 離下坎上 既濟：亨小，利貞，初吉終亂。

爲卦水火相交，各得其用，彼此互相爲用，事之所以濟也。六爻之位，各得其正，所處無有不正，亦事之所以濟也。故伏羲名其卦爲《既濟》。文王繫辭意謂：事固貴於濟，然而至於既濟，則但可以小亨，又必憂勤警畏，以守其正，乃爲利也。是何也？蓋治亂盛衰，相爲倚伏。時當既濟，則其事皆已濟，而時亦已過矣。方初濟之時固吉，及其既濟之終，則治極而亂生矣。此其所以但得小亨，而又必利于貞也。

《彖》曰：既濟亨，小者亨也。

既濟而小亨者，言小事則亨，而大事則不得亨也。蓋大事之亨皆已過矣。

利貞，剛柔正而位當也。初吉，柔得中也。終止則亂，其道窮也。

所謂"利貞"者，于卦何所取哉？蓋以卦體六爻之剛柔各得其正而位當也，有利貞之義也。所謂"初吉"者，又何所取哉？以卦體六二之柔得中也，柔而且中，則能持盈而守成，謹畏而不怠，此既濟之初所以吉也。終之所以亂者，蓋以人之常情，處既濟之時，憂惕之念忘，而怠荒之心起，于其終，而有止心生，故至于亂。其亂也，亦其道之窮而變也，所謂"治極生亂"也。

《象》曰：水在火上，既濟，君子以思患而豫防之。

水在火上，水火相交，各得其用，既濟之象也。君子體之，當既濟之時，而知其爲亂之所倚，禍之所伏，故凡事必思其後患而爲之先備，有備則無患矣，此君子盡人事以扶氣數也。

初九，曳其輪，濡其尾，无咎。

初九雖當既濟之時，尚在既濟之初，占者處此，當何如哉？心常慮患而事不輕爲。事不輕爲，如車之曳輪而不前，非不得前也，不敢遽前也。亦猶狐之濡尾而不濟，非不得濟也，不敢輕濟也。居初而能謹畏如此，則可保其濟而无咎矣。

爻辭純是戒占者。曳輪、濡尾，占之象也。

《象》曰：曳其輪，義无咎也。

處既濟之初而能謹畏，宜其得无咎也。

六二，婦喪其茀，勿逐，七日得。

六二以文明中正之德，上應九五陽剛中正之君，宜得行其志矣。而九五居既濟之時，事既成而驕怠之心生，不能下賢以行其道，故二不見用而志不得行，有如婦喪其茀而失其所以行也。然中正之道，不可終廢。五雖不汲汲以求二，而二亦不可汲汲以求五。數極則必變，時窮則必通。如喪茀而勿追求，至於七日，自當得也。

"勿逐，七日得"是戒辭，屬占。七日者，數之窮也，與十年意同。數以十爲終，爻以六爲終，七則六終而復始也。《本義》"時過"正貼"七日"。時過不必説是既濟之時，只是言其久也，得魚要忘筌。

《象》曰：七日得，以中道也。

六二久當見用，如婦喪茀而七日得者，何也？以其有中正之道也。中正之道，久而必彰，无可終廢之理也。

"婦喪其茀"是象，"勿逐，七日得"是戒占者。

《晉》六二"受諸介福"亦以中正。

九三,高宗伐鬼方,三年克之。小人勿用。

九三以剛居剛,用剛之至者也。既濟而用剛,是乃高宗當天下之太平,而遠伐鬼方,以平其暴亂也。夫以高宗之聖武,而伐鬼方之小國,其克之宜若易,然且三年之久而後克之,其不及高宗者可知矣。用兵之難,而費力之甚有如此,兵其可以輕動乎哉?倘或出于不得已而用兵,則當用丈人以爲之主將,若小人則慎勿用之矣。

用小人以伐國,勝則有攻城屠邑之咎,不勝則爲輿尸塗地之凶,如之何其可也!

《象》曰:三年克之,憊也。

三年而後克之,則師老財匱,其困憊亦已甚矣,此可見兵非不得已,不可用也。

"高宗伐鬼方"是象,"三年克之"二句是戒占者。

六四,繻有衣袽,終日戒。

六四當既濟之時,以柔居柔,畏慎之至者也。吾知其備患之具,既不失于尋常,而慮患之念,又不忘于頃刻。如乘舟者,防其舟之罅漏繻濕,而有衣袽之備;雖有衣袽,其心猶終日戒懼,不以有衣袽而遂恝然自安也。然既濟之道當如是,六四能如是,則可无患矣。

嘗見有衣袽而不能終日戒者,胡雲峰曰:"乘舟者不可以无備而忘衣袽,亦不可以衣袽既備,遂恝然不知戒。水浸至而不知,則雖衣袽,不及施矣。"張中溪曰:"六四出離入坎,此濟道將革之時也,罅漏必生於此,故取漏舟爲戒衣袽先爲備也。""終日戒"承上言衣袽之備至于終日猶不懈也。"繻有衣袽"二句作一串意看。

《象》曰：終日戒，有所疑也。

終日戒，心恐患之將至，有疑懼而不自寧也。此節缺，參《會解》。

九五，東鄰殺牛，不如西鄰之禴祭，實受其福。

九五居尊而時已過，不如六二之在下，而始得乎時也。其象猶東鄰殺牛之盛祭，不如西鄰之薄祭，而實受其福也。蓋理無極而不反，時無盛而不退也。

九五之時，正康節所謂“飲酒酩酊，花開離披”時也。

《象》曰：東鄰殺牛，不如西鄰之時也。實受其福，吉大來也。

“東鄰殺牛，不如西鄰之時也”，所謂“實受其福”者，言其時之方至，而吉大來也。

“不如西鄰之時也，實受其福”，急讀作一句，或“實受其福”作一句，二説通是象。“實受其福”分明作“時”字。“吉大來也”，又解“實受其福”。

上六，濡其首，厲。

既濟之極，險體之上，而以陰柔處之，危險之甚也，有象狐之涉水，不僅濡尾而且濡其首，其危宜也。此節缺，參《會解》。

《象》曰：濡其首厲，何可久也？

謂之“濡其首厲”，則其凶害之甚矣，何可久也！

濡其首就是厲，所謂“厲”者，戒占之辭也。

未　濟

䷿ 坎下離上 未濟：亨。小狐汔濟，濡其尾，无攸利。

爲卦水火不交，不相爲用，是彼此之情不協，事之所以不濟也。六爻之位皆失其正，所處不以其道，亦事之所以不濟也。故伏羲名其卦爲《未濟》。文王繫詞意謂：未濟有終濟之理，故亨，然必敬慎乃克有濟。不加敬慎，如小狐之汔濟而濡其尾，則終亦不濟也，何所利哉？

"小狐汔濟"二句是不能敬慎也，"无攸利"是不得濟也。

《彖》曰：未濟亨，柔得中也。小狐汔濟，未出中也。濡其尾，无攸利，不續終也。雖不當位，剛柔應也。

未濟所以亨者，於卦何所取哉？蓋以卦體六五之柔而得其中也。柔而且中，則心存敬慎，事求其當，而未濟者以濟矣，故亨。所謂"小狐汔濟"，言猶在險中，將濟而未濟也。謂之"濡其尾，无攸利"者，言其不能慎終如始，以致不濟而无所終也。又以卦體觀之，六爻雖不當位而爲未濟，然六爻皆以剛柔相應，則又有互相爲用之道，是有終濟之理也。

《象》曰：火在水上，未濟，君子以慎辨物居方。

火在水上，火不能熱乎水，水不受火之熱，水火不交，不相爲用，未濟之象也。君子體之，以火性炎上則居於上，水性潤下則居於下，有各居其所之義。引而伸之，則見天下之物，皆有所居之方，必審辨夫物，使各居其方，如君止於仁，臣止於敬，男正位乎外，女正位乎内是已。

"居方""方"字與《恒》"立不易方"之"方"同。

初六，濡其尾，吝。

欲進以濟天下之事者，必有才有位，而且遇其時，乃得遂其進也。初六以陰居下，當未濟之初，則未能自進，如狐之涉水而濡其尾。占者如是，則功業無成，終于不濟，而已可羞吝矣。

《象》曰：濡其尾，亦不知極也。

濡其尾固以時之難濟，亦以輕跳冒爲，而无持重之念，不知敬慎故也。此節缺,參《會解》補入。

九二,曳其輪,貞吉。

九二以陽剛之臣,應六五柔順之君,其才其勢不免有凌逼之嫌,幸而居柔得中,爲能盡恭順之道,才雖高而不逞,勢雖强而不恃,自止於其分而不進,如車之曳其輪焉。占者如是,則得爲下之正,終能輔其君,以濟天下之事而吉矣。

《象》曰:九二貞吉,中以行正也。

以九居二本不正,而得貞吉者,以其居柔得中,而宅心中順,故能以義理自約而得正也。

九二不正,雖就以陽居陰上取,若以人事言,只是才勢有凌逼之嫌耳。

六三,未濟,征凶,利涉大川。

六三陰柔不中正,无才无德者也。占者以是居未濟之時,若有所行,則不得濟而凶矣。然以柔乘九二之剛,是以虚乘實,有舟虚在水上之象也。又在坎上而終出乎險,故占者又利涉大川。

以柔乘剛,姑用以虚乘實代他,甚覺費解,但不如此説則不通。

《象》曰:未濟征凶,位不當也。

六三當未濟而征凶者,由其陰柔不中正,而无才无德也。

"利涉大川"分明涉水説,非濟難之義,以《本義》有"行者可以水浮"之句也。

九四,貞吉,悔亡。震用伐鬼方,三年,有賞于大國。

九四以九居四,本不正而有悔也。占者得此,苟能變化其氣質之偏,以求合乎中和之正,則所行自吉而悔亡矣。夫爲學大益,固在於變化氣質,而用功最難,莫甚於變化氣質。殆必立志堅剛,而無因循苟且之病,不責效於旦夕,而有從容涵養之功，然後偏者可正，身脩德全，而其爲益也大矣。殆猶震奮威武，用伐鬼方，至於三年之久，乃能克之，而受賞於大國也。

純是占。大國猶言大朝也。此伐鬼方以人臣言。此爻辭不及未濟，在他卦爻辭不及卦名者亦有之。

《象》曰：貞吉悔亡，志行也。

能勉其貞，則吉而悔亡矣，其志豈有不遂者哉？若不吉而有悔，則我心亦未快也。

《本義》"極其陽剛"貼"震用伐鬼方"，"用力之久"貼"三年，有賞于大國"。"有賞"在人事，即是爲學有益處，此意亦當見得。

六五，貞吉，无悔。君子之光，有孚，吉。

六五以六居五，其氣質之禀，亦未免有偏也。然爲文明之主，而能灼乎義理，居中應剛，而虛心以求賢之助，故矯於偏以歸於正，則所行自當得吉而悔亡矣。然文明虛中，又有光輝信實之義。光輝而信實，則是暢於四支，發於事業，而爲君子之光也。其光也，皆實德實意之流行，而非矯飾僞爲於外者，此光之所在，有孚之所在也。如是，則孰不仰德？孰不歸心？天下之事，可濟而吉矣。

"君子之光，有孚"只就"文明虛中"上取，不及"應剛"意。爻辭純是象，蓋皆六五之所自有者，非戒也。

《象》曰：君子之光，其暉吉也。

所謂"君子之光"者，言其暢於四支，發於事業，光暉宣著而不可掩也，此其所以吉也。

暉者光之散，亦只是光，故光暉不必分言。《象傳》只是申説，不是説光故能暉也。

此爻大意謂：六五文明之主，而能灼乎義理，居中應剛，以求賢之助，固得貞吉,而且无悔矣。然不特此也。文明虚中,又且爲君子之光而有孚也,此還是説大開去,不止貼"无悔"。然可以著此句者,亦自"文明虚中"中取也。"有孚"就於"君子之光"見得,不是另箇"有孚"。

"君子之光,其暉吉也",一説由其有君子之光,故其暉吉也。此説不是。蓋"暉"字只是釋"光"字義。講此題"君子之光"中,只謂卦體六五文明,有光暉之義,然其所謂"光"者,言其暢於四支,發於事業而吉,"吉"字輕,特繳末之意。

上九,有孚于飲酒,无咎。濡其首,有孚失是。

上九居未濟之極,時將濟矣,而有剛明之德,則能知命識時而自信自養,以俟天命之自至,不生事計較以自擾也,"有孚于飲酒"之象也。占者如是,是爲能安於命而得无咎矣。然命之在天者固當安,而義之在我者亦當盡。若縱而不反,如狐之涉水而濡其首,則過於自信而失其是矣。是者,義之所當然不可失也。

《象》曰:飲酒濡首,亦不知節也。

一聽於命而放誕不反,亦可謂不知義者矣。

"有孚于飲酒"是象。"濡其首"以下是戒占者不知節,節即義也。

上九剛明,無濡首之矣。"濡其首,有孚失是"是戒占。爻辭大意只是説上九能安於命,而因戒占以盡其義也。"義命"二字最好玩味。

義自有制度法則,故謂之節。節也,義也,是也,一理也。

周易淺説卷五

繫辭上傳

天尊地卑，乾坤定矣。卑高以陳，貴賤位矣。動静有常，剛柔斷矣。方以類聚，物以群分，吉凶生矣。在天成象，在地成形，變化見矣。是故剛柔相摩，八卦相盪。鼓之以雷霆，潤之以風雨。日月運行，一寒一暑。乾道成男，坤道成女。乾知大始，坤作成物。乾以易知，坤以簡能。易則易知，簡則易從。易知則有親，易從則有功。有親則可久，有功則可大。可久則賢人之德，可大則賢人之業。易簡而天下之理得矣。天下之理得，而成位乎其中矣。

《易》理散見於天地之間，而《易》書之作，正所以模寫此理耳。豈本無此理，而聖人能以智慮作爲是書耶？是故積陽之氣，而確然其健者爲天，積陰之氣，而隤然其順者爲地。是天地所在，即乾坤所在也。《易》則倣之，而以純陽之卦爲乾，純陰之卦爲坤，乾坤因天地而定矣。

天居于上，與人類之，爲君爲父，爲夫爲長。與物類之，雄大特出者，皆謂之高。地居于下，與人類之，爲臣爲子，爲婦爲幼。物類之，卑小而下伏者，皆謂之卑。是卑高所在，即貴賤所在也。《易》則倣之，而以卦爻之位乎上者爲貴，卦爻之位乎下者爲賤，是貴賤因高下而位矣。

太極動而生陽，故凡陽剛之物，其性常動而寡静；太極静而生陰，故凡陰柔之物，其性常静而寡動，是動静自有剛柔之分也。《易》之陽卦、陽爻爲剛，陰卦、陰爻爲柔者，實因此而判矣。一事向善，而衆善俱集；一事向惡，而萬惡從生。人之善者，則群於善而不入于惡；人之惡者，則群于惡而不混于善。是善惡不無吉凶之異也。《易》之順理爲吉，逆理爲凶者，實因此生矣。

以至陰陽一氣也，在天則成象，在地則成形，而成象成形，各自有變化也。如日月星辰之升沉，雷霆風雨之作止，如此之類，皆成象之變化也。山川之陵谷潮汐，動植之壯老榮枯，如此之類，皆成形之變化也。然則《易》中蓍策所揲之卦爻，或老陰變爲少陽，或老陽變爲少陰者，又不因是而著乎？因陰陽之實體，爲卦爻之法象，聖人作《易》，夫豈無所本哉？然《易》之作也何如？蓋六十四卦之初，剛柔兩畫而已。由是剛摩于柔而生太陽、少陰，柔摩於剛而生太陰、少陽，兩相摩而爲四焉。太陽、少陰相摩而生乾、兑、離、震，太陰、少陽相摩而生巽、坎、艮、坤，四相摩而爲八焉。三畫已具，八卦已成，於是每一卦與諸卦迭相推盪，而一卦生八卦，合之則八八六十四矣。聖人作《易》，一陰一陽，變化而生，有如此。

然《易》豈待作而後有哉？畫前元有《易》也。雷霆之震奮，風雨之動潤，日月之運行，寒暑之推遷，此陰陽變化之成象而在天者，一《易》理之著見也。凡人物之男者，皆乾道之所成；凡人物之女者，皆坤道之所成。曰男曰女，此陰陽變化之成形而在地者，一《易》理之著見也。造化有自然之《易》如此，聖人作《易》，寧不本于是乎？又以男女之生，而論乾坤之理，彼天地絪緼，萬物化醇。物之男者，雖本于乾，而未嘗不得乎坤；物之女者，雖本于坤，而未嘗不得乎乾。蓋乾施于先，而輕清未形，凡爲男爲女，皆資之開始；坤受于後，而重濁有迹，凡爲男爲女，皆資之成就。乾坤相資，以成化育之功如此。

然乾之知始也易，坤之成物也簡。蓋乾健而動，常有餘力，故 氣既至，萬物自生，而不見其有所難也。坤順而静，不敢自用，故因始而終，待唱而和，而不見其有所煩也。易簡之德，分見於天地如此。然天地之塞，吾其體；天地之帥，吾其性。易簡之德，豈非吾之所當體乎？誠使人之所爲，其主於心者不蔽於私，有如乾之易，則其心明白，不艱深而人易知；其見於事者，一順乎理，有如坤之簡，則其事要約，不煩擾而人易從。

惟易知也，則人不己疑，而同心者多，是有親矣；惟易從也，則人樂爲用，而協力者衆，是有功矣。有親則因相信之衆，而堅自信之心，故其所主可以久；有功則兼衆人之力,而爲一己之有,故其所爲可以大。久者,純亦不已之謂,乃聖人之德也,謂之可久,則雖未至於久,而于久亦庶幾矣,非賢人之德而何?大者,巍乎成功之謂,乃聖人之業也,謂之可大,則雖未至於大,而於大亦不遠矣,非賢人之業而何?

夫體道而至於爲賢,斯亦可矣。然于道之全體猶有所未充,於己之性分猶有所虧欠,故必由可久可大之地,而益加操存涵養之功。至於一疵不存,而存心極其易;物各付物,而處事極其簡。心極其易,則天下之理無不具備於吾心之中;事極其簡,則天下之理無不流行於事爲之際。是天下之理,皆爲我得矣。天下之理得,則其久也無疆,而其大也無外,盡人道而成位於天地之中,而與天地並立爲三矣。蓋天有是易,吾心亦有是易,吾何愧於天耶?地有是簡,吾心亦有是簡,吾何愧於地耶?此則體道之極功,聖人之能事,至矣盡矣,無以復加矣。

"天尊地卑",重"天地",不重"尊卑"意。"方"謂事情所向,"向"字亦重。"物"專以人言,一説"物"兼人物。鳳、梟不同栖,牛、驥不同食,是物亦以群分也,然不見其有吉凶,故"物"專以人言。且犬、豕亦不同食,豈有善惡之分乎?此一節大意,不主雲峰胡氏之説,以《本義》自明也。摩盪皆在本行,所生者却在上行矣。依此説,則或用"八卦之上,各加八卦"之句,以講相盪者,爲欠精矣。《本義》云:"此言《易》卦之變化也。"此"變化"二字與"變化見矣"之"變化"不同,蓋一陰一陽間雜而生,是亦變化也。

"鼓之以雷霆"與"乾道成男"二節,以畫前之《易》言,故《本義》云"此兩節,又明《易》之見於實體者"。若主《易》書既作,造化在《易》之説,則當云《易》之具乎實體者,不可謂見於實體也。"見於"二字要説得通。

"乾道成男,坤道成女",以天地之氣言;"乾知大始,坤作成物",專以天地言,無可疑者。《本義》云"凡物之屬乎陰陽者,莫不如此"意輕。易簡是德,知始作成是功,然不可謂功本乎德也。"本"字有病。

有功則可大,直以得人之助言。若説有功業了則可大,難説矣。

右第一章

聖人設卦觀象，繫辭焉而明吉凶，剛柔相推而生變化。是故吉凶者，失得之象也；悔吝者，憂虞之象也。變化者，進退之象也；剛柔者，晝夜之象也。六爻之動，三極之道也。是故君子所居而安者，《易》之序也；所樂而玩者，爻之辭也。是故君子居則觀其象而玩其辭，動則觀其變而玩其占，是以"自天祐之，吉无不利"。

昔者文王、周公之作《易》也，以爲有畫无文，民用弗彰，於是布列伏羲所畫六十四卦，統而觀乎卦之象，而繫以彖辭，以明夫卦之吉凶；析而觀乎爻之象，而繫以爻辭，以明夫爻之吉凶。吉則使人趨之而不疑，凶則使人避之而不惑也。然聖人所以觀象繫辭者，果何在耶？蓋辭固因象而繫，象又因變而著也。試以揲蓍求卦之事觀之，彼其揲而得九，是陽之進已極，進極則將退而陰長矣，非柔推夫剛乎？揲而得六，是陰之退已極，退極則將進而陽生矣，非剛推夫柔乎？剛推夫柔，則柔變爲剛矣；柔推夫剛，則剛化爲柔矣。剛柔變化如此，此象之所由著，而辭之所由繫也。且以觀象繫辭言之，彼辭有吉凶也，吉即人事順理而得之象也，凶即人事逆理而失之象也。辭有悔吝也，悔吝則即人事既失之後，困于心，横于慮，而爲憂虞之象也。又以剛柔變化言之，蓋物理有進退也。柔變而超于剛，是即退極而進之象也；剛化而趨于柔，是即進極而退之象也。天道有晝夜也。既變而剛，是即陽明用事，而爲晝之象也；既化而柔，是即陰暗用事，而爲夜之象也。

剛柔變化流行於六爻之間，又非三極之道乎？何則？立天之道曰陰與陽，立地之道曰柔與剛，立人之道曰仁與義，所謂"一物兩體"，"三才各一太極"者也。使六爻之剛柔不變化，則滯於一偏而不足以妙。夫道體之全，故必六爻變化，然後爲三極之道也。彼初、二在下爲地，初、二變化，則是地道之或剛或柔，而翕闢之無端矣。三、四居中爲人，三、四變化，則是人道之或仁或義，而舒歛之不窮矣。五、上居上爲天，五、上變化，則是天道之或陰或陽，而動静之不息矣。《易》盡變化之妙有如此。合而觀之，可見作《易》因變以觀象，因象以繫辭，因辭以定占變。象辭占無不具，則所以開物成務者，无不周矣。

然則《易》之爲書，人其可以不學乎？學之者其惟君子乎？是故君子之所居而安者，果何在耶？在乎《易》之序也。蓋事物當然之次第所謂序也，模寫於卦，發揮於爻，則爲《易》之序矣。君子仕止久速，各當其可；辭受取予，皆適於義。是其所居而安者，寧有外於《易》之序乎？然其所以能居安乎《易》之序者，以其所樂而玩者，爻之辭也。蓋爻之辭，假象以寓理，而天下之事無不該；稽實以待虛，而天下之人皆可用。其意深遠，其味悠長，君子讀之，則其趣可以超六合，其識足以洞三才，何爲不樂而玩之耶？爻辭既在所玩，則卦辭從可知矣。

且時有動静之别，《易》有象辭變占之異。君子之人，方其静而未涉於事也，則觀夫卦爻所具之象，而玩其所繫之辭。及其動而已涉於事也，則觀夫剛柔相推之變，而玩其所值之占。夫《易》之所著，皆事理當然之次第也。君子動静皆不離於《易》，則動静皆不違乎理矣；不違乎理，則不違乎天矣，是以"自天祐之，吉无不利"也。君子學《易》之事又如此。

"《易》之序""序"字只是理。蓋理之當然不易，而不可有一毫之紊亂，此便是序，非指輕重、緩急、疾徐、先後之謂也。君子凡事循理，便是居安乎《易》之序。"君子居則觀其象而玩其辭"一條，只是申言上一條意。蓋觀象玩辭，觀變玩占，即所謂"所樂而玩者，爻之辭也"，是以"自天祐之，吉无不利"之上，便自該"所居而安者，《易》之序"之意在其中矣，故二節只是一意。一説上節是言"君子之躬行心得者，皆《易》也"，下節乃正言"學《易》之事"。

右第二章

彖者，言乎象者也。爻者，言乎變者也。吉凶者，言乎其失得也。悔吝者，言乎其小疵也。无咎者，善補過也。是故列貴賤者存乎位，齊小大者存乎卦，辯吉凶者存乎辭。憂悔吝者存乎介，震无咎者存乎悔。是故卦有小大，辭有險易。辭也者，各指其所之。

《易》之所有者卦，卦之所具者爻，而卦爻之所命者則辭也。是故文王本卦義而繫以彖詞，是彖也者，所以言乎全體之象也。周公本爻義而繫以爻詞，是爻也者，所以言乎一節之變也。然卦爻之詞，有所謂“吉凶”者焉，有所謂“悔吝”者焉，又有所謂“无咎”者焉。是吉凶也者，蓋言象變之中陰陽交錯，有所處合宜而得者焉，時之息，位之當，得則吉也；有所處悖道而失者焉，時之消，位之不當，失則凶也。是悔吝也者，蓋言象變之中，剛柔雜居，有間於得又未甚得，而尚有小疵者焉，小疵則悔也；有間於失又未甚失，而已有小疵者焉，小疵則吝也。所謂“无咎”也者，蓋言或所處本有過也，而善補之，以至於无過焉。

至若居上爲貴，居下爲賤，而列其孰爲貴孰爲賤，不至於紊亂者，則在於六爻之位。蓋位有上下之等也。凡陰爲小，凡陽爲大，而定其孰爲大孰爲小，不至於混淆者，則在乎六十有四之卦。蓋卦自有陰陽之别，順理則吉，逆理則凶，而辨其孰爲吉孰爲凶，使人知所趨避，則有在於卦爻之辭焉。蓋辭因卦爻而繫，得則言其爲吉，失則言其爲凶也。有小疵則有悔吝，然所以憂其悔吝之將至者，則在乎介。蓋介者，善惡辨别之端，於此憂之，於以擴善念於將萌，遏惡幾於始發，則不至於悔吝矣。善補過則爲无咎，然所以動其補過之心者，則存乎悔。蓋悔者，天理萌動之機，有所失而能知悔，則自訟深切，必能舍舊圖新，變惡遷善，而可以无咎矣。

是故《易》有卦也，卦有以陰爲主而小者焉，有以陽爲主而大者焉。卦有辭也，辭有明白順利而易者焉，有艱深暗昧而險者焉。然辭之所以有險易者，豈作《易》者故爲是險易哉？各隨其卦之所向耳。彼卦之小者，情之所向自險，辭安得不隨之而險？卦之大者，情之所向自易，辭安得不隨之而易？是則辭也者，所以達卦之情，夫豈卦自卦而辭自辭哉？

“卦有小大”一節，亦是别説，不是關涉上文，亦不是總結。大抵此一章，《本義》分爲五節，只是散開各自説，俱無牽連過文。

右第三章

《易》與天地準，故能彌綸天地之道。仰以觀於天文，俯以察於地理，是故知幽明之故。原始反終，故知死生之説。精氣爲物，游魂爲變，是故知鬼神之情狀。

莫大乎天地，而《易》道之大，有同於天地。惟其與天地同大，故能彌綸乎天地之道。蓋天地之道，不外乎陰陽，而《易》畫之作，正所以明乎陰陽。如幽明、死生、鬼神、智仁之理，與天地之化，萬物之形，晝夜之道，此皆陰陽之變，天地之道也。謂之"彌"，則渾然并包，而無所遺漏；謂之"綸"，則粲然有條，而不至于空疎。夫《易》與天地準，故能彌綸乎天地之道；惟其能彌綸天地之道，始有以見《易》道之大，而能與天地準也歟。

《易》道之大如此，斯有以周聖人之用，而聖人之窮理盡性至命，亦不能不資于《易》矣。自夫聖人用《易》以窮理者言之，仰則以《易》而觀乎天文之晝夜、上下，俯則以《易》而察乎地理之南北、高深。則知晝也，上也，南也，高也，所以明者，陰變陽也；夜也，下也，北也，深也，所以幽者，陽變陰也，是知幽明之故矣。原夫人物之始，反而觀乎人物之終，則知始之所以生者，氣化之凝，陰變陽也；終之所以死者，氣化之盡，陽變陰也，是知死生之説矣。陰精陽氣聚而成物，魂游魄降，散而爲變。於是知精氣之聚者，自無而有，神之伸也，陰變陽也；游魂爲變者，自有而無，鬼之歸也，陽變陰也，是知鬼神之情狀矣。夫能知幽明、死生、鬼神之理，則理無不窮矣，而所以窮之者，以《易》而窮之也。

與天地相似，故不違；知周乎萬物而道濟天下，故不過；旁行而不流，樂天知命，故不憂；安土敦乎仁，故能愛。

自夫聖人用《易》以盡性者言之，高明莫如天，聖人則與天相似而不違於天；博厚莫如地，聖人則與地相似而不違於地。何則？天地之道，智仁而已。智輕清而屬天，仁重濁而屬地。知足以周乎萬物而知之無不明，仁足以濟乎天下而處之無不當，是其智有實用而不過於空虚矣。知足以行權而不拘于常，仁足以守正而不離於經，是其知合乎中庸而不流於變詐矣。樂夫天理之渾融，知夫氣數之默定，而無所疑惑，故其中心安泰，外物不能爲之動變，故不能爲之撓而不憂焉。其智如此，視諸知周萬物而旁行者，又爲益深矣。隨處皆安，而仁心純篤，未嘗懷居而累於欲；隨寓皆得，而天理流行，未嘗懷土而雜於私。故其生意磅礴，視萬物爲一體，視天下爲一家，而能愛焉。其仁如此，視諸道濟天下而不流者,又益篤矣。夫智仁各造其極,而與天地相似,則性無不盡矣。然所以盡之者,以《易》而盡之也。

範圍天地之化而不過,曲成萬物而不遺,通乎晝夜之道而知,故神无方而易无體。

自夫聖人用《易》以至命者言之,天地之化,滔滔不窮,或不能以無過,聖人則範圍之,而使之不過,如治曆明時、體國經野之類是已;萬物之生,總總不齊,或不能以自成,聖人則曲成之,而無或遺,如脩道立教、因材而篤之類是已。以至於幽明、死生、鬼神相爲循環,乃晝夜之道也,聖人則通乎晝夜之道而知。凡其自明而幽,自生而死,自神而鬼者,莫不有以灼其循環之妙;自幽而明,自死而生,自鬼而神者,莫不有以灼其迭運之機。於此觀之,可見聖心之神,運用于天地、萬物、晝夜之中,或在此,或在彼,發微充周而無方所之可求也;可見聖心之易,流行于天地、萬物、晝夜之中,或爲此,或爲彼,闔闢變化而無形迹之可拘也。此非聖人至命之事而何?蓋命者,理之所從出,至精至粹、至微至妙者也。聖人範圍之,曲成之,通知之,乃窮理盡性之極,而與天命爲一者也,故謂之"至命"。至命又非聖人用《易》之功乎?

右第四章

一陰一陽之謂道。繼之者善也,成之者性也。仁者見之謂之仁,知者見之謂之知,百姓日用而不知,故君子之道鮮矣。顯諸仁,藏諸用,鼓萬物而不與聖人同憂,盛德大業至矣哉!富有之謂大業,日新之謂盛德。生生之謂易,成象之謂乾,效法之謂坤。極數知來之謂占,通變之謂事,陰陽不測之謂神。

天地之間,本一氣之流行,而有動静耳。動爲陽,静爲陰,一陰一陽,迭運而不已,是之謂道矣。蓋道該全體,而不倚於一偏也。分而言之則陰自爲陰,陽自爲陽,而局於一偏,不足以爲道。惟其一陰而又一陽,一陽而又一陰,則見動静不偏,體用相循,而無動無静也,非道而何?是道也,無物不有,無時不然。故自天人賦受之界限言之,方其繼静而動,而太和之絪緼,斯時也,理之方行,而未著於物,渾然無雜,粹然全美,得不謂之善乎?及其一氣凝聚,而軀殻之完固,斯時也,理之已立,而物各具,不相假借,不相陵奪,得不謂之性乎?繼善,陽之事也;成性,陰之事也。一陰一陽,道在是矣。

自夫吾人氣質之所稟言之,得陽之動,而流動發越者,仁也。仁不過得道之一偏耳,彼不自知其偏,故隨其所見,而謂道之全體止于此,不知仁之外又有所謂智也。得陰之静,而恬退默察者,智也。智亦不過得道之一偏耳,彼不自知其偏,故隨其所見,而謂道之全體止於此,初不知智之外又有所謂仁焉。至於百姓之愚,非不囿於斯道之中,但日用間行不著、習不察,曰仁曰智,初不知爲何物矣。夫百姓既全不知乎仁智,而所謂"仁智"者,亦只得其一偏,此所以君子仁智全備之道鮮矣。仁,陽之事也;智,陰之事也。一陰一陽,道在是矣。

自夫造化之氣機出入言之,大化流行,爲元爲亨,而造化之功以顯;生意收斂,爲利爲貞,而機緘之妙以藏。顯仁所以鼓萬物之出機,藏用所以鼓萬物之入機,而皆一出於無心,非若聖人之有心而憂也。夫顯仁以鼓萬物之出機,其盛德至矣;藏用以鼓萬物之入機,其大業至矣。夫事功著之於外者爲業,藏用何以謂之大業耶?蓋方其藏用之時,舉天下之物,大以成大,小以成小,無一物而不各具夫性命也。富有如此,則化機之所以流動者,實於此乎根柢;神功之所以敷布者,實於此乎權輿,是之謂大業。生意充之於中者爲德,顯仁何以謂之盛德耶?蓋方其顯仁之時,凡萬物之生,自無而有,自幼而長,日以充著,而不見其有窮也。日新如此,可以見其内之所藴者,生生而不息;體之所具者,優優其有餘,是以謂之盛德。盛德之顯諸仁者,陽也;大業之藏諸用者,陰也。一陰一陽,道在是矣。

自夫陰陽之循環者言之,陰不窮於陰,而陰生乎陽;陽不窮於陽,而陽生乎陰。蓋舉天地四時,無一而不然者也。夫陰生陽,則陰變爲陽矣;陽生陰,則陽變爲陰矣。陰陽兩端,互换無常,所以謂之易。易之所在,道之所在也。自生物微著之序言之,氣之方聚而體質未定,成象如此,輕清而屬陽也,非所謂乾乎?

質之已成而詳密可見，效法如此，重濁而屬陰也，非所謂坤乎？乾坤之所在，又非道之所在乎？又以道之屬諸人事者言之，彼事變方來，未有定向，則抱蓍問《易》，究其七、八、九、六之數，而知未來之吉凶，此之謂占。占則事之未定者，屬乎陽也。既筮之後，已無所疑，則坦然於酧酢之間，吉則趨，凶則避，于以通事之變，此之謂事。事則占之已成者，屬乎陰也。一陰一陽之道，又不在於是乎？

統而觀之，可見陰陽兩端，迭相推盪而不已，而斯道兩在，茫乎莫測其定向。夫物有定在則可測，可測則不足以言神。而斯道之妙，以爲專在于陽耶？則所以爲陰者，實此道之體，道固未嘗不在於陰也。以爲專在于陰耶？則所以爲陽者，實此道之用，道亦未嘗不在于陽也。既有體，又有用，既在此，又在彼，動而無動而不滯于一偏，静而無静而不依于一隅，其至妙也有如此，豈非神之謂哉？

右第五章

夫《易》，廣矣，大矣。以言乎遠，則不禦；以言乎邇，則静而正；以言乎天地之間，則備矣。夫乾，其静也專，其動也直，是以大生焉。夫坤，其静也翕，其動也闢，是以廣生焉。廣大配天地，變通配四時，陰陽之義配日月，易簡之善配至德。

《易》之爲道，至廣而無所不有，至大而無所不包。蓋《易》道不外乎陰陽，陰陽遍體乎事物。故以言乎千歲之久，千里之外，而此易理無遠不到，莫得而限止之也。以言乎瞬息之間，几席之下，而此易理自然各足，不待安排布置而自無所偏也。以言乎天地之間，萬事萬物，如此其多，何者而非此易理之所存乎？此理又安有一事一物之不備乎？《易》之所以廣大也如此，其所以廣大，則又本乎乾坤焉。

夫乾之爲乾，方其静與坤别，而爲利貞也，則生意常存，而其體以立。及其動與坤交，而爲元亨也，則生意發達，而其用以行。静專動直，而無物不生矣，此乾之大也。《易》書從而模寫其理，則其大者，不在乾而在《易》矣，此《易》之大所由生也。

夫坤之爲坤，方其静與乾别，而爲利貞也，則生意收斂，而其體以立。及其動與乾交，而爲元亨也，則生意發散，而其用以行。静翕動闢，而無物不生矣，此坤之廣也。《易》書從而發揮其理,則其廣者不在坤,而在《易》矣,此《易》之廣所由生也。

夫廣大之由,固本於乾坤,而其廣大之實,則又配于天道人事也。彼其洪纖高下,覆載無遺,廣大莫如天地,《易》則無物不包,無物不有,是其廣大配天地矣;春夏秋冬,相繼不窮,變通莫如四時也,《易》則九變爲八,六變爲七,是其變通配四時矣。在天有日月也,日月,陰陽之精也。《易》書卦爻奇者稱陽,偶者稱陰,豈不足以配日月乎?在人有至德也,至德者,健順之性也。《易》之卦爻,凡陽爲易,凡陰爲簡,豈不足以配至德乎?造化人事皆有以配之如此,則《易》之廣大也何如哉?

右第六章

子曰:《易》其至矣乎!夫《易》,聖人所以崇德而廣業也。知崇禮卑,崇效天,卑法地。天地設位,而易行乎其中矣。成性存存,道義之門。

《易》書之理,其至極而無以復加者乎!何以見之?彼德崇業廣,莫過於聖人。然聖人所以崇德者,以《易》而崇之也;其所以廣業者,以《易》而廣之也。夫聖人以《易》而崇德廣業者,何如?蓋《易》有六十四卦三百八十四爻,凡其吉凶消長之機,道德性命之奥,無不畢具于卦爻之中。聖人以《易》之理,窮之于心,則識見高邁,而其智也崇;體之於事,則工夫篤實,而其禮也卑。彼物之高者,莫有過于天也,其智之崇,則極其崇如天之高焉;物之卑者,莫有踰于地也,其禮之卑,則極其卑如地之卑焉。且天位乎上,地位乎下,而其中陰陽升降,變化不窮,易行乎其中矣。聖人智崇于上,禮卑於下,則本成之性,渾然而无所虧欠者,存而又存,而无所喪失矣。天地之本體於此乎盡,天下之大本於此乎立。由是率之而爲道,則殊塗百慮,莫非自然;裁之而爲義,則千變萬化,莫非當然,又非道義之門而何?道義得于心,則爲德;道義見于事,則爲業。此《易》所以爲聖人崇德廣業之資也,此《易》之道所以爲至也。

右第七章

聖人有以見天下之賾，而擬諸其形容，象其物宜，是故謂之象。聖人有以見天下之動，而觀其會通，以行其典禮，繫辭焉以斷其吉凶，是故謂之爻。言天下之至賾而不可惡也，言天下之至動而不可亂也。擬之而後言，議之而後動，擬議以成其變化。

《易》有六十四卦之象，何以謂之象耶？蓋聖人有以見天下萬物，參差雜擾之不齊，於是比擬其形容，而畫卦以象物宜之形容。如天有純陽至健之形容，則畫《乾》卦以象之；地有純陰至順之形容，則畫《坤》卦以象之。是卦也者，象天下之賾者也，所以謂之象。

《易》有三百八十四爻，何以謂之爻耶？蓋聖人有以見天下之事，紛紜轇轕之不一，必觀其衆理所聚之會，而得其一理可行之通，即其通處立爲常禮，而使人行之，由是以此理模寫於爻。如爻有循此典禮而行者，則繫辭焉以斷其爲吉；爻有悖此典禮而行者，則繫辭焉以斷其爲凶。是爻也者，效天下之動者也，所以謂之爻。

夫聖人象天下之賾以立卦，是卦言天下之至賾者。言至賾若可惡也，然皆道理中所有也，會之而益深，測之而有味，蓋不可得而厭惡焉。效天下之動以命爻，是爻言天下之至動者。言至動若可亂也，然皆有道理寓于其中，燦然而有條，秩然而有序，蓋不可得而紊亂焉。以此觀之，可見天下之理，無不具諸《易》，而君子之言動，皆當察諸《易》矣。將有言也，言不徒言，必觀象玩辭，觀變玩占，擬諸《易》而後言；將有動也，則動不妄動，必觀象玩辭，觀變玩占，議諸《易》而後動。擬諸《易》而後言，則言焉不膠于一定，淺深詳略，各當其可，而有以成夫言之變化矣；議諸《易》而後動，則動焉不滯于一隅，仕止久速，各適其宜，而有以成夫動之變化矣。《易》之可以資人用，而人之當用夫《易》也，有如此哉！

"鳴鶴在陰，其子和之。我有好爵，吾與爾靡之。"子曰：君子居其室，出其言善，則千里之外應之，況其邇者乎？居其室，出其言不善，則千里之外違之，況其邇者乎？言出乎身，加乎民；行發乎邇，見乎遠。言行，君子之樞機。樞機之發，榮辱之主也。言行，君子之所以動天地也，可不慎乎？

試舉七爻以爲擬議之例。彼《中孚》九二之爻辭曰："鳴鶴在陰，其子和之。我有好爵，吾與爾靡之"，蓋言誠信有感通之理，感通唯言行爲大。君子居其室，出其言，順理而善，則有以得乎人心之所同然，而千里之外應之，况其邇者有不應乎？居其室，出其言，逆理而不善，則有以拂乎人心之所同然，而千里之外違之，况其邇者有不違乎？

夫言出乎身，若無與于民矣，而即加乎民，不待疾之而自速；行發乎邇，若無與於民矣，而即見乎遠，不待行之而自至。是則言行也者，乃君子之樞機。蓋樞一動而户斯闢，機一動而矢斯發。言行一動，而即加于民，見于遠，是言行非樞機而何？誠使言行之所發者善，則遠近皆應，而自有以召榮之外至；言行之所發者不善，則遠近皆違，而自有以召辱之我加。不特此也，極而言之，言行又君子之所以動天地也。蓋天地如此其大，有非一人之微所能動者，然人與天地參爲三才，理無二理，氣無二氣。故言行善，則天地位，而雨暘寒燠合其時；言行不善，則天地否，而雨暘寒燠失其序。言行之動天地也爲何如？爲榮辱之主，動天地之大，言行之感應有如此，然則人其可不慎言行乎？即此爻而擬議之，則言行之當謹也可知矣。

"同人，先號咷而後笑。"子曰：君子之道，或出或處，或默或語。二人同心，其利斷金；同心之言，其臭如蘭。

《同人》九五爻詞曰："同人，先號咷而後笑。"蓋言君子之道，于其心而不于其迹。以迹而觀，則或出或處，或默或語，固不同矣；語其心，則合中正。出者此心，處者亦此心，二人之心，不以出處而有異；默者此心，語者亦此心，二人之心，不以語默而有間。心焉既同，則相愛之深，相信之篤，勢利不足以移之，讒邪不足以入之，而其利斷金矣。言者，心之聲也。心焉既同，則其發諸言者，亦皆中正之敷宣。故此有所言，則彼覺其有味；彼有所言，則此覺其有味，而其臭如蘭矣。即此爻而擬議之，可見君子貴于同心也。

"初六，藉用白茅，无咎。"子曰：苟錯諸地而可矣。藉之用茅，何咎之有？慎之至也。夫茅之爲物薄，而用可重也。慎斯術也以往，其无所失矣。

《大過》初六爻辭曰："藉用白茅，无咎。"蓋言凡物苟置諸地，亦已安矣，而又用茅以藉之，何咎之有？夫置物于地固慎矣，而藉之用茅，則慎之至也。彼茅之爲物，雖至微薄而易得者，而用之以藉物，則無傾覆之虞而可貴也，此"藉用白茅"所以爲慎之至也。人能慎斯術也以往，凡一言一行必致慎，而不敢輕發妄動，則口過可無而身過可免矣，何失之有？即此爻而擬議之，則凡事貴於慎也。

"勞謙，君子有終，吉。"子曰：勞而不伐，有功而不德，厚之至也。語以其功下人者也。德言盛，禮言恭。謙也者，致恭以存其位者也。

《謙》之九三爻辭曰："勞謙，君子有終，吉。"蓋言有勞而不伐，有功而不自以爲德，是其德厚之至，而非輕薄淺露者比矣。今九三之勞謙，正言其有功下人，而不伐不德者也。且德之及於人者，貴於盛，而無一人之不被；禮之接於人者，貴于恭，而無一人之敢慢，此理之當然。今九三所謂"勞謙"也者，是其德已盛矣，而又能致其恭焉，則上不之疑，下不之忌，雖不期于位之存，而位自存矣，此又可見其有終也。即此爻而擬議之，則爲人貴于謙也。

"亢龍有悔。"子曰：貴而无位，高而无民，賢人在下位而无輔，是以動而有悔也。

《乾》上九曰"亢龍有悔"，即此爻而擬議之，則處事之窮者，貴於通變也。

"不出户庭，无咎。"子曰：亂之所生也，則言語以爲階。君不密則失臣，臣不密則失身，幾事不密則害成，是以君子慎密而不出也。

《節》初九爻詞曰："不出户庭，无咎。"蓋口舌乃一身之門户，而言語之所自出也。然禍患之生也,多因言語以爲之階。如君之言語不密,則害及於臣;臣之言語不密,則害及於身;欲爲幾微之事,而言語不密,則害其事之成。言語不密,而其害一至於此,是以君子之言語,必謹密而不妄發也。即此爻而擬議之,則言貴于慎密也。

子曰:作《易》者其知盗乎?《易》曰:"負且乘,致寇至。"負也者,小人之事也;乘也者,君子之器也。小人而乘君子之器,盗思奪之矣。上慢下暴,盗思伐之矣。慢藏誨盗,冶容誨淫。《易》曰:"負且乘,致寇至。"盗之招也。

《解》六三爻辭,可見作《易》者其知盗乎?何則?彼六三爻詞曰:"負且乘,致寇至。"誠以"負也者",乃無德小人所爲之事也。"乘也者",乃有德君子所乘之器也。今六三不中不正而處高位,是小人而乘君子之器,則處非其據,而盗思奪之矣。且小人在位,則慢上暴下,人所不堪,而盗思伐之矣。蓋慢藏誨盗,冶容誨淫。《易》曰"負且乘,致寇至",正言小人處非其據,有若慢藏冶容者,然適所以爲盗之招也,使已無召彼之端,彼胡爲而來哉?即此爻而擬議之,必有是德而後可居是位也。

右第八章

天一,地二,天三,地四,天五,地六,天七,地八,天九,地十。天數五,地數五,五位相得而各有合。天數二十有五,地數三十,凡天地之數五十有五,此所以成變化而行鬼神也。大衍之數五十,其用四十有九。分而爲二以象兩,掛一以象三,揲之以四以象四時,歸奇於扐以象閏,五歲再閏,故再扐而後掛。《乾》之策二百一十有六,《坤》之策百四十有四,凡三百有六十,當期之日。二篇之策萬有一千五百二十,當萬物之數也。是故四營而成易,十有八變而成卦,八卦而小成。引而伸之,觸類而長之,天下之能事畢矣。顯道神德行,是故可與酬酢,可與祐神矣。子曰:知變化之道者,其知神之所爲乎?

《河圖》之數,一、六居下,二、七居上,三、八居左,四、九居右,五、十居中,此乃水、火、木、金、土五行之氣，所以化生萬物，而其分限節度自有此數也。其一、二、三、四、五者，五行之生數也；其六、七、八、九、十者，五行之成數也。以五行生成之數，而分屬於天地者，蓋一、三、五、七、九，奇數也，奇則屬陽，而天則陽氣之積也，故以一、三、五、七、九爲天之數，而地不得與焉。二、四、六、八、十，耦數也，耦則屬陰，而地則陰氣之凝也，故以二、四、六、八、十爲地之數，而天不得與焉。夫天數不外乎五奇，地數不外乎五耦，是天地之數，各有五也。五數在圖，自有定位，故謂"數爲位，位即數"也。

以天地五數之次第言之，則一與二、三與四、五與六、七與八、九與十，各以奇耦爲類，如兄弟之有序而相得也。以天地五數之配合言之，則一與六、二與七、三與八、四與九、五與十，各以奇耦共宗，如夫婦之以兩而相合也。若積天之奇數而計之，爲二十有五，合地數之三十，則爲五十有五焉。然是數也，所以成變化者此也，所以行鬼神者此也。彼一、三、五之生夫水、木、土，與夫七、九之成夫火、金者，皆陽之變也；二、四之生夫火、金，與六、八、十之成夫水、木、土者，皆陰之化也，非所以成變化乎？一、二、三、四、五固生數也，然方生之始，則其氣來而伸爲神；既生之後，則其氣往而屈爲鬼矣。六、七、八、九、十固成數也，然方成之始，則其氣來而伸爲神；既成之後，則其氣往而屈爲鬼矣，非所以行鬼神乎？《河圖》奇耦之數，具造化功用之妙有如此，聖人作《易》而立爲蓍策，寧不本於是乎？

自其衍丁中宫者言之，《河圖》中宫有天五乘地十之數，然數始于一而終于十，《河圖》中五自該五十之數。故以中五爲衍母，次十爲衍子。自中五而衍其一爲小衍，小衍之則成十矣；五者皆衍爲大衍，大衍之則成五十矣。此蓍策之生，雖以滿百爲叢，而蓍策之數，則以用半爲度。至用以筮，若兼用五十，則變化之機已窒，圖神之用不行，故虚一以象太極，而只用四十有九焉。

以四十有九分置于左右兩手之間，左象天而右象地也。於右手之中，取一策懸于左手小指之間，所以象人而配乎天地也。先置右手之策於一處，而以右手四四而數夫左手之策。又置左手之策於一處，而以左手四四而數夫右手之策。揲以四數，非所以象四時乎？左右四揲之後，必有奇零之策，或一或二，或三或四。左手之奇歸于左手第四、第三指之間，右手之奇歸于左手第三、第二指之間。歸奇于扐，非所以象閏乎？蓋天地之數三百六十，每歲氣盈六日，朔虚六日，一歲有十二日之餘。積至五歲，有六十日之餘。三歲之間，一置閏焉。五歲之間，再置閏焉。再閏之餘，然後别起積分以爲後閏之始也。歸奇於扐，以有象於閏，故五變之中自有五節。掛一揲左而歸左奇于扐，以象三歲一閏。掛一揲右而歸右奇于扐，以象五歲再閏。然後别起一掛，以爲後變之端焉。

自其生於四象者言之，蓋《河圖》四面，太陽居一而連九，故揲蓍之法餘三奇，則九而爲老陽之爻，而其過揲之策，亦四九三十六，以四九三十六，計《乾》六爻之策，得二百一十有六。太陰居四而連六，故揲蓍之法餘三耦，則六而爲老陰之爻，而其過揲之策，亦四六二十四，以四六二十四，計《坤》六爻之策，得百四十有四。合《乾》、《坤》二老之策，凡三百有六十，足以當一歲之日也。又以老陽之策計，二篇百九十二之陽爻，得六千九百一十二策。以老陰之策計，二篇百九十二之陰爻，得四千六百八策。合二篇之策，統萬有一千五百二十，足以當萬物之數也。即此而觀，可見揲蓍求卦之法，分二而掛一，揲四而歸奇，凡四營而成一變也。三變成爻，必積至十有八變，則有六爻，而爲大成之卦也。然方其變而至九，則有三爻而爲小成之卦矣。小成得卦之内體，大成者不過自此而重加耳。然爻畫有老少之異，而卦爻有動静之分，由是引而伸之，則一卦可變而爲六十四卦，觸類而長之，則每卦皆可變爲六十四。卦變至于此，則有四千九十六卦，而天下趨吉避凶之能事，其有外此乎？

吾見蓍卦有辭也，辭所以顯乎道理之精，若何而爲吉，若何而爲凶，一皆辨别明白而不差。蓍卦有數也，數所以妙乎德行之粗，吉則使人知所趨，凶則使人知所避，一皆循夫道理而不悖。夫蓍卦能顯道神德行如此，則有以知人所不能知，而可以酧酢其在人者矣。言神之所不能言，而可以贊其在天者矣，其功用之神也何如哉？

統而觀之，天地大衍之數，揲蓍求卦之法，是乃變化之道也。是道也，豈人之智力所能爲哉？一皆出於理勢之自然，有莫之爲而爲者，與乎其間，雖欲不如此而不可得，故知變化之道者，其知神之所爲乎？

自其“用四十有九”以下，皆揲蓍求卦之法。

右第九章

《易》有聖人之道四焉：以言者尚其辭，以動者尚其變，以制器者尚其象，以卜筮者尚其占。是以君子將有爲也，將有行也，問焉而以言，其受命也如嚮，无有遠近幽深，遂知來物。非天下之至精，其孰能與於此！參伍以變，錯綜其數。通其變，遂成天地之文；極其數，遂定天下之象。非天下之至變，其孰能與於此。《易》无思也，无爲也，寂然不動，感而遂通天下之故。非天下之至神，其孰能與於此！夫《易》，聖人之所以極深而研幾也。唯深也，故能通天下之志；唯幾也，故能成天下之務；唯神也，故不疾而速，不行而至。子曰“《易》有聖人之道四焉”者，此之謂也。

《易》有聖人之道四者何？辭、變、象、占是已。辭、變、象、占無不具于《易》，則民生日用無不資于《易》矣。故用《易》以言，而淺深詳略，各當其可者，則有取于《易》之辭。用《易》以動，而斟酌較量，不拘于一定者，則有取于《易》之變。用《易》制器，使事當于理，而確然不易者，則有取于《易》之象。用《易》卜筮，使吉凶前知，而了然無疑者，則有取於《易》之占。《易》足以周乎民用，而人之無不用乎《易》也有如此。

以尚辭、尚占之事言之，是以君子將有爲也，將有行也，有所疑而未決，必以蓍而問《易》，求其卦爻之辭，而以之發言處事，則《易》受人之命而有以告之，有如嚮之應聲。或遠而千載之久、八荒之外，或近而瞬息之間、几席之下，或幽而隱諸造化氣數之推遷，或深而根諸人心念慮之發動，遠近幽深之事，皆有未來之吉凶也。彼則吉以吉告，凶以凶告，而无有不知也。夫辭占之應乎人者如此，可見辭、占之爲物，虚靈洞達而不泥于暗昧，微妙細密而不涉于粗疎，蓋極天下之至精也。使其不然，又安隨所問而无不應，隨所應而无不知者哉？

以尚象、尚變之事言之,成務必本于求卦,求卦必本于揲蓍。然蓍之揲也,既考其左手歸奇之數,復考其右手歸奇之數,而參伍以變焉。或分布歸奇之數而爲三,或總挈歸奇之數而爲一,而錯綜其數焉。然參伍以變者,方一變而未成;夫爻也,必通乎三變,然後有陰陽老少之畫,而天地之文遂成矣。錯綜其數者,方一爻而未成;夫卦也,必積至六爻,然後有卦爻動静之象,而天下之象遂定矣。變象所由成者如此,可見變象之爲物,隨時遷易而無纖芥之凝滯,旋轉流通而無一毫之膠固,蓋極天下之至變也。使其不然,又何以成天下之文,而定天下之象哉?

然是辭占之至精,象變之至變,又皆一神之所爲也。是故凡物之有心者則爲思,思者,心之用也。蓍卦無心也,何思之有?有心者則有爲,爲者,心之迹也。蓍卦無心也,何爲之有?方其蓍未揲而卦未求也,則枯莖在櫝而象變未形,奇偶在策而辭占未著,寂然不動,一鑑空衡,平之體也。及其蓍既揲而卦既求也,則象變形于參伍錯綜之間;文以成而象以定,辭占著于受命如嚮之際,吉可知而凶可斷,感而遂通,一鑑空衡,平之用也。夫静焉而體以立,動焉而用以行,可見静中有動而不滯于静,動中有静而不偏于動,無静無動而妙乎動静之間,有體有用而該乎體用之全,是蓋出于道理之自然,而極天下之至妙也。使其不然,又何以寂而可感,感而遂通,通而且速哉?

夫辭、變、象、占之出于至神者,皆《易》之道也,而何以謂聖人之道耶?蓋《易》作于聖人者也。彼其吉凶朕兆,藏于無形而難知,所謂深也,辭占則有以究極之。然辭者,聖人之所繫;占者,聖人之所决。辭占之極深,是即聖人之所以極深也。陰陽老少隱于至微而未判,所謂幾也,變象則有以研審之。然變者,聖人之所裁;象者,聖人之所定。象變之研幾,是即聖人之所以研幾也。夫辭占唯能極深也,故人得以知吉知凶,而能通天下之志矣;象變唯能研幾也,故人得以趨吉避凶,而成天下之務矣。然辭、占、象、變,聖人之所以通志成務,豈人之心思智慮所能爲哉?一皆神之所爲也。夫神易之妙用,無在而無乎不在,無爲而無乎不爲者也。故凡物之速者,必有待疾之而後速也。唯其神也,則有感而遂通，不待疾而自速矣。凡物之至者，必待于行之而後至也。唯其神也，則問而遂應，不假行而自至矣。通志成務，固皆本于至妙，而極深研幾，實皆本于聖人。故曰“《易》有聖人之道四焉”，此之謂也。

一説“聖人所以極深研幾”至“不行而至”處，只是申明上文三節意，到尾乃結之“《易》有聖人之道四焉”者，即變、象、辭、占之謂也，不必歸聖人作《易》上。此説亦有理，不可廢。

右第十章

子曰：夫《易》何爲者也？夫《易》，開物成務，冒天下之道，如斯而已者也。是故聖人以通天下之志，以定天下之業，以斷天下之疑。是故蓍之德圓而神，卦之德方以知，六爻之義易以貢。聖人以此洗心，退藏於密，吉凶與民同患。神以知來，知以藏往，其孰能與於此哉！古之聰明叡知，神武而不殺者夫！是以明於天之道，而察於民之故，是興神物以前民用。聖人以此齋戒，以神明其德夫！是故闔户謂之坤，闢户謂之乾，一闔一闢謂之變，往來不窮謂之通。見乃謂之象，形乃謂之器，制而用之謂之法，利用出入，民咸用之謂之神。是故《易》有太極，是生兩儀，兩儀生四象，四象生八卦。八卦定吉凶，吉凶生大業。是故法象莫大乎天地，變通莫大乎四時，縣象著明莫大乎日月。崇高莫大乎富貴，備物致用，立成器以爲天下利，莫大乎聖人；探賾索隱，鉤深致遠，以定天下之吉凶，成天下之亹亹者，莫大乎蓍龜。是故天生神物，聖人則之；天地變化，聖人效之；天垂象，見吉凶，聖人象之；河出《圖》，洛出《書》，聖人則之。《易》有四象，所以示也；繫辭焉，所以告也；定之以吉凶，所以斷也。

《易》之爲書，果何所爲乎？蓋《易》爲卜筮而作也。彼民于吉凶不能以前知也，《易》則辨其何者爲吉，何者爲凶，而有以開明之。民于吉凶不能以趨避也，《易》則示其吉在所趨，凶在所避，而有以成就之。民于斯道不能以無惑也，《易》則有卦焉以擬天下之賾，有爻焉以效天下之動，而備夫萬事萬物之理於其中，是《易》之爲用，不過開物成務，冒天下之道而已。然《易》作于聖人者也，

《易》之用即聖人之用,《易》之功即聖人之功也。故《易》之開物,是乃聖人辨吉凶之兆,以通天下之志也;《易》之成務,是乃聖人示趨避之方,以定天下之業也。《易》冒天下之道,又非聖人推明事物之理,以斷天下之疑乎?

夫《易》書之作,固足以周天下百姓之用;而作《易》之本,實則具諸聖人一心之微,是故《易》不外乎蓍卦爻也。彼揲蓍于未定卦之先,方其一變之時,固莫測其爲一爲二爲三爲四;及其三變之時,亦莫測其爲七爲八爲九爲六,是其德則圓而神也。卦成于已揲蓍之後,法象森羅,而或得或失,確乎其有定;辭占昭著,而或吉或凶,斷乎其不移,是其德則方以智也。至于六爻,則具于一卦全體之中,隨其所處之位而爲途,不能以皆同;因其所值之時而立言,不能以不異,是其義則易以貢也。聖人體具三者之德於方寸之中,而無一塵之累。方其無事而未有吉凶之患也,則淵然静定,而人不得以窺其際;湛然虚空,而人莫得以測其機。及其有事,而吉凶與民同患也。則將至之兆,不能逃其神之所知;一定之理,不能出于智之所藏。其孰能與于此哉?

蓋古之聖人,上天所厚,秀氣所鍾,聰無不聞,明無不見,睿無不通,智無不知。能知來而不假于蓍,能藏往而不假于卦,有若神武,足以服人,而不資於殺者焉。夫《易》理妙于聖人之一心,則作《易》之本具矣。唯其具作《易》之本,是以上明天道,而得其陰陽變化之微;下察民故,而灼其吉凶貞勝之機。明天道,故知神物之生,具陰陽之精,而可與以爲民用;察民故,故知百姓之愚昧,吉凶之辨,而不可不有以開其用之先。於是興蓍制筮,而参伍錯綜之法立,使民先事而知所趨避;興龜制卜,而雨霽蒙驛克之兆顯,使民前事而知所從違。且聖人作爲卜筮,固所以教人,而亦因以自用。故平時雖未嘗不敬也,而于問《易》之時,尤加齋戒,以致其敬;平時雖未嘗不誠也,而於考占之際,尤致齋戒,以盡其誠。由是心因敬而愈清,德因誠而愈妙。無聲無臭,與蓍龜相爲流通;至精至明,與鬼神相爲默會。有非耳目之所能盡,心思之所能測者矣。是則聖人作《易》亦以自用,豈特可以前民之用哉?

然是《易》之作,雖云無人不用,而是《易》之理,實則無物不有。以造化言之，化機一翕，猶户之闔，則謂之坤；化機一出，猶户之闢，則謂之乾。一闔一闢之相禪，非所謂變化乎？闔闢往來之不窮，非所謂通乎？由是萬物以生，朕兆萌而謂之象焉，體質具而謂之器焉。以人事言之，因其理之自然，而制爲用之當然，則謂之法。法者，聖人脩道之所爲也。利用於出入，而無一人之不用，則謂之神。神者，百姓自然之日用。易理散殊，隨在而異其名如此，聖人因其理而模寫之，此《易》之所由作也。

然《易》之作也，豈假絲毫智力而成哉？一，太極自然之理也。《易》有太極，故始爲一畫，則有陽奇陰耦之分，是由太極而生兩儀。次爲二畫，而有陰陽老少之别，是由兩儀而生四象。又次爲三畫，而有乾、兑、離、震、巽、坎、艮、坤，是由四象以生八卦也。八卦既生，由是因而重之，時有消息之不同，時有當否之或異，則吉凶于是乎定矣。吉凶既定，由是人皆用之，占吉者趨之而不惑，占凶者避之而不疑，則大業於是乎生矣。

夫卦畫之立，其功用之大如此，然必有資乎蓍龜也。蓍龜功用之大也何如？是故洪纖高下，覆載無外，是法象莫大乎天地；温凉寒暑，推遷不窮，是變通莫大乎四時；晝夜代明，容光必照，是縣象著明莫大乎日月；主普天之下，處公侯之上，是崇高莫大乎富貴。備天下之物，用以之而周；成天下之器，利以之而興，孰有大于制作之聖人乎？以至乎未來之吉凶，至賾隱而不可逆定，至深遠而不可豫知者也。探賾索隱，鈎深致遠，定吉凶于未來之先，而天下之志以通；成亹亹於趨避之際，而天下之業以定，又孰有大于神妙之蓍龜乎？夫八卦能定吉凶而生大業，蓍龜亦能定吉凶而成亹亹。可見卦畫者，蓍龜之體；蓍龜者，卦畫之用，二者相資以成功者也。聖人作《易》，其體用有如此哉！

然《易》之作，雖出于聖人，而其由則出于造化。是故蓍具圖神之德，龜妙五行之兆，乃天生之神物也，聖人則之，以爲卜筮之用。晝夜晦明之相循，春夏秋冬之相推，乃天地之變化也，聖人效之，以爲七、八、九、六之變化也。日月星辰盈虧順逆，此吉凶之見乎天象者也，聖人象之，以爲爻辭之吉凶。至于龍馬負《圖》而出于河，神龜載《書》而出於洛，聖人則之，以作《易》叙疇。蓋《河圖》

一、六居下，二、七居上，三、八居左，四、九居右，五、十居中，聖人則之，以作《易》。五、十不用，爲太極之理；奇耦各半，爲陰陽之儀。一、二、三、四爲四象之位，六、七、八、九爲四象之數。析四方之合，以爲乾、坤、坎、離；補四隅之空，以爲兑、震、巽、艮，以五乘十爲蓍策之數焉。《洛書》則戴九履一，左三右七，二、四爲肩，六、八爲足，而五亦居中，聖人則之以叙疇。初一曰五行，次二曰五事，次三曰八政，次四曰五紀，次六曰三德，其七則爲稽疑，其八則爲庶徵，其九則爲福極，而五居中，則爲皇極之疇焉。然《河圖》、《洛書》相爲經緯，八卦、九章相爲表裏，時雖有先後，數雖有多寡，而其理則一而無二也。

聖人本造化以作《易》如此，正欲以前民用也。彼其揲蓍求卦之後，有七、八、九、六之數。七、八者，少陽、少陰之象；九、六者，老陰、老陽之象。《易》有四象，正所以示人所值之卦爻也。如六爻皆少，則所值在於本卦；六爻皆老，則所值在於本卦。一老而五少，則所值在於本卦之老爻；一少而五老，則所值在於本卦之少爻。餘皆以此推之。然所值之卦，有彖詞之繫也，彖詞所以告人一卦之象也；所值之爻，有爻詞之繫也，爻詞所以告人一爻之象也。卦爻之辭有以定其爲吉者，所以斷人之疑，而使之知所趨也；有以定其爲凶者，所以斷人之疑，而使人知所避也。

統而觀之，可見聖人作《易》，本於一心，原於造化，以立卦爻之法象，而裁蓍龜之變化者，無他道也，不過使人卜筮以知吉凶，而成事業而已。故始之以開物成務，終之以所以示，所以告，所以斷也，故曰"《易》爲卜筮作"。

"知以藏往""往"字只是吉凶之來，皆有定理也。弘治三年程文非是。

"賾隱深遠"四字只是一樣，總是説未來之吉凶。

右第十一章

《易》曰："自天祐之，吉无不利。"子曰：祐者，助也。天之所助者，順也；人之所助者，信也。履信思乎順，又以尚賢也。是以"自天祐之，吉无不利"也。

《大有》上九所謂"自天祐之，吉无不利"，何也？蓋祐之爲言，助之義也。

天之所助者，果安在哉？曰順而已。蓋順不違乎天，而與天心默契矣，此天所以助之也。人所助者，果安在耶？曰信而已。蓋信不欺乎人，而與人心相孚矣，此人所以助之也。彼《大有》六五柔順虚中，是即信順之賢也；上九以剛居上，而能下從之，是所履者信，所思者順，而又能尚賢也。是以"自天祐之，吉无不利"也。

子曰：書不盡言，言不盡意。然則聖人之意，其不可見乎？子曰：聖人立象以盡意，設卦以盡情僞，繫辭焉以盡其言，變而通之以盡利，鼓之舞之以盡神。乾坤其《易》之緼邪？乾坤成列，而《易》立乎其中矣。乾坤毁，則无以見《易》。《易》不可見，則乾坤或幾乎息矣。是故形而上者謂之道，形而下者謂之器，化而裁之謂之變，推而行之謂之通，舉而措之天下之民謂之事業。是故夫象，聖人有以見天下之賾，而擬諸其形容，象其物宜，是故謂之象。聖人有以見天下之動，而觀其會通，以行其典禮，繫辭焉以斷其吉凶，是故謂之爻。極天下之賾者存乎卦；鼓天下之動者存乎辭；化而裁之存乎變；推而行之存乎通；神而明之存乎其人；默而成之，不言而信，存乎德行。

書雖所以載言，而言之丁寧煩悉，有非書之所能盡；言雖所以達意，而意之精深蘊奥，有非言之所能盡。夫書既不足以盡言，言又不足以盡意，然則聖人之意，其終不可見乎？殊不知聖人仰觀俯察，見天地之間，不外乎陰陽兩端而已。陽之數奇，故畫一奇以象陽；陰之數偶，故畫一偶以象陰。一奇一偶，雖至約也，而所該者甚廣；二畫相峙，雖无文也，而所示者甚深。大而天地，小而事物，精及無形，粗及有象，一皆寓於二畫奇偶之中矣，意不於是而盡乎？由是一每生二，積而至於六畫，以成六十四卦，則奇偶間見，剛柔雜居。剛者有剛善、剛惡之異，柔者有柔善、柔惡之異。善則爲人之率其性，而盡天命所賦之本然；惡則爲人之逆其性，而溺於物欲所害之邪穢。情僞不於是而盡乎？

因是卦爻之畫，而繫以卦爻之辭。假象以寓理，而天下之事無不該；稽寔以待虚，而天下之人皆可用。言不於是而盡乎？既立象、設卦、繫辭，則《易》之體立矣,使不推而見之於事,則《易》將爲無用之書矣。故必立爲卜筮之法,裁爲陰陽之變,即其變處,使人推而行之。吉在所趨而行,无不順;凶在所避而往,无不宜。其盡利也,何如?既通變矣,自有以鼓舞之。遇吉則樂于所趨,而不知誰之所爲;遇凶則勇于退避,而不知誰之所使。其盡神也,又何如?發於書而精緼見,推于事而功用周,此皆聖人作《易》之事也。

然《易》不外乎陰陽二者而已。陽奇爲乾,陰偶爲坤。乾坤也者,其《易》之緼乎?緼猶言骨體也,何以見之?彼卦畫定位,由兩儀而四象,由四象而八卦,八卦重加,以至於六十四卦。乾坤交錯,燦然成列,是雖未見之於變化也,然其體已立矣。剛推夫柔,柔變爲剛;柔推夫剛,剛化爲柔,要皆不出乎此矣。使乾坤毁而不成列,則所謂"剛柔相推而生變化"者,果何自而見耶?設若乾坤成列,而變化不行,則乾坤爲无用之畫矣,寧不幾于息矣?以此觀之,可見《易》不外乎陰陽,而陰陽爲《易》之緼也昭然矣。

夫《易》不外乎陰陽,而陰陽之設,正以爲寓理之具也。是故卦爻陰陽皆形也,自其形而上者言之,寓于陰陽之中,超乎陰陽之外。无聲无臭,有非耳目之所能聞見;无方无體,有非言語之所能指陳,斯則謂之道焉。自其形而下者言之,陽奇陰偶,載道以形,而有形之可即;陽動陰静,與道爲體,而有體之可拘,斯則謂之器焉。至於陰陽進退之極,各有自然之化也。因其陽進之極而裁之爲陰,因其陰退之極而裁之爲陽,彼此相易往來不滞,斯則謂之變焉。即其變處推而行之,吉焉則趨,凶焉則避,无所疑惑,无所困窮,斯則謂之通焉。立此變通之法,使天下之人,皆如此而變,如此而通。吉焉當趨,而无一人之不趨;凶焉當避,而无一人之不避。天下之志以通,天下之務以成,斯則謂之事業焉。是變通事業也者,何莫非此道之灌注流行者哉?

然聖人作《易》以載道者,本欲以周天下之用,而用《易》又存乎其人。是故夫象,聖人有以見天下之賾,而擬諸其形容,象其物宜,是故謂之象。然則極天下之賾者,寧不在于卦乎?聖人有以見天下之動,而觀其會通以行其典禮,繫辭焉以斷其吉凶,是故謂之爻。然則鼓天下之動者,寧不在於爻乎?因卦爻陰陽之化而裁制之，即變之所在也；自其變處而推行之，即通之所在也。至於神明夫變通之理，而極夫用《易》之妙，則在于得其人。苟非其人，道不虚行也。若夫默而成，此神明之妙，不假言説，而實能神而明之，則在夫用《易》之先，心與理契而真積之有素，身與道俱而實踐之无瑕者，乃能默而成之，不言而信，以此見《易》非聖人不能作，亦非聖人不能用也。

"極天下之賾存乎卦"四句俱輕，只是喚起下文"鼓天下之動"。"鼓"字即"動"字，是奮揚之意。

"化而裁之存乎變，推而行之存乎通"，此承上文而漸推至人之用《易》也。蓋蓍策陰化爲陽，陽化爲陰者，有自然之化也。即其化之中，而裁爲六、七、八、九之數者，存乎變焉。蓋變，則陰變爲陽，陽變爲陰是也。陽化而裁爲九，九則變之而爲少陰之八；陰化而裁爲六，六則變之而爲少陽之七。是變不出乎化裁之外。裁之所在，即變之所在；變之所在，即化裁之所在也。卦爻陰陽固有化裁之變也，推此陰陽之變，而行之諸卦諸爻之中者，存乎通焉。蓋通則陰通陽、陽通陰是也。推陰變而行之，則陰之變也，如轂之轉，流行而不息；推陽變而行之，則陽之變也，如環之循，反覆而無窮。是通不出乎推行之外。推行之所在，即通之所在；通之所在，即推行之所在也。

"存乎變"，"存乎通"者，即是變通也，與"存乎人""存"字略不同。

"神而明之存乎其人，默而成之，不言而信，存乎德行"，言神明乎變通之理，凡其所以化裁而示之以吉凶者，了然于心胸之間而无所疑；推行而示之以吉凶者，坦然于踐履之際而无所礙，則在乎人。蓋人能弘道，道不能弘人故也。所以神明變通之理，凡其理之未著，不待勉强而成之於事，吉焉而趨，凶焉而避也；不假言説而信之於心，吉固無不知，凶亦無不喻也。是則在乎内而有德，外而有行。蓋非德行，則平時失其守，而臨時無所資也。

"不言而信"是申説"默而成之"也。信，實也。實能神而明之也，非徒能之説也。

神明者，得其理而善之也。

右第十二章

繫辭下傳

八卦成列，象在其中矣。因而重之，爻在其中矣。剛柔相推，變在其中矣。繫辭焉而命之，動在其中矣。吉凶悔吝者，生乎動者也。剛柔者，立本者也；變通者，趣時者也；吉凶者，貞勝者也。天地之道，貞觀者也；日月之道，貞明者也；天下之動，貞夫一者也。夫乾，確然示人易矣。夫坤，隤然示人簡矣。爻也者，效此者也；象也者，像此者也。爻象動乎内，吉凶見乎外，功業見乎變，聖人之情見乎辭。天地之大德曰生，聖人之大寶曰位。何以守位？曰仁。何以聚人？曰財。理財正辭，禁民爲非，曰義。

昔者聖人之作《易》也，有卦爻焉，有吉凶焉，始爲一畫以分陰陽，次爲二畫以分太少。於太陽之上，加一奇一偶，則爲乾爲兑；於少陰之上，加一奇一偶，則爲離爲震。以至加奇偶於少陽之上，則爲巽、坎之卦；加奇偶於太陰之上，則爲艮、坤之卦。先後有序，次第成列，但見乾之形體具於純陽之三奇，坤之形體具於純陰之三偶，震、坎、艮之形體不出乎一奇二偶之中，巽、離、兑之形體不出乎一偶二奇之中，是八卦之象在於八卦成列之中矣。然八卦但小成而已。由是八卦之上，各加八卦，内外咸備，貞悔以全。但見内體之貞，有初、二、三之爻；外體之悔，有四、五、上之爻。始終本末之相因，承乘比應之迭見，是六爻之畫，在八卦因重之中矣，此卦爻之所以立也。

即是以觀，但見一剛一柔，迭相推盪，而或剛來柔往，或柔來剛往，交互錯雜，而變在其中矣。因其交錯不一，而逐卦逐爻，皆繫以辭。則占者所值當動之卦，莫不有卦辭可觀；所值當動之爻，莫不有爻辭可玩。動豈出於所繫卦爻辭之外乎？此吉凶之所以明也。然是卦爻之辭，亦必因卦爻之動而後見。如動在於卦，則卦辭之吉凶悔吝昭如指掌，而示人以趨避之方矣；如動在於爻，則爻辭之吉凶悔吝燦然在目，而决人以從違之路矣。使卦爻不動，則吉凶悔吝何自而生乎？然方其未動，則一剛一柔，散見於六十四卦之中，各有一定之位。雖曰"剛柔雜居"也，然剛有剛之位，非柔之所能移；柔有柔之位，非剛之所能奪。是剛柔也者，非立本者乎？至若剛變而通於柔，柔變而通於剛者，蓋以剛柔雖有一定之位，而無一定之時。時者，理之所當然，亦勢之不容不然者也。如剛進之極，則柔推之而其時當變矣。故剛變而通於柔者，正所以趨其時而不與時違也。柔退之極，則剛推之而其時當變矣。故柔變而通於剛者，亦所以趨其時而不與時背也。是變通者，非趨時者乎？

變通趨時，則卦爻以之而動矣。卦爻既動，則吉凶由是而生矣。然是吉凶者，常相勝者也。蓋天下之事，非吉則凶，非凶則吉。入彼出此，迭有相尋之機；此盛彼衰，决無兩立之勢，其貞勝如此。然吉凶雖有二途，而常理則無二致。彼天地之道，常示人以易簡而莫掩者也；日月之道，常代明於晝夜而不匿者也。以至天下之動，吉凶相勝，其變無窮也。然吉之勝凶，順乎理者也；凶之勝吉，逆乎理者也。是其所以正而常者，亦一理而已矣。事端有變，而其理豈有變乎？吉凶有二，而其理豈有二乎？合而觀之，可見《易》之爲書，不外乎卦爻吉凶也。

吉凶雖發揮於卦爻之下，而卦爻實摸寫乎乾坤之理也。是故積陽之純者爲乾，乾之德確然而至健，是以一氣既至，萬有皆春，無阻滯，無艱深，其示人也一以易焉。積陰之純者爲坤，坤之德隤然而至順，是以承天而時行，代天以有終，無作爲，無勞擾，其示人也一以簡焉。乾坤所示之理如此，而《易》之卦爻，豈非法象此理乎？彼三百八十四爻，凡奇者皆謂之陽，凡偶者皆謂之陰。奇而陽者，所以效乎乾之易也；偶而陰者，所以效乎坤之簡也。六十四卦凡内體得乎乾、震、坎、艮者，皆陽息陰消之卦也；凡内體得乎坤、巽、離、兑者，皆陰息陽消之卦也。陽息陰消者，所以象乎乾之易也；陰息陽消者，所以象乎坤之簡也。

夫既有是爻象之體，必有是變占之用，故蓍方揲而卦方求也。分揲掛扐，雖未成爻，而爻實於此乎變化；參伍錯綜，雖未成卦，而卦實於此乎變動。是爻象動乎揲蓍求卦之内矣。及蓍已揲而卦已成也，或所值在于卦歟，則有卦辭以斷一卦之吉凶；或所值在於爻歟，則有爻辭以斷一爻之吉凶。是吉凶見乎揲蓍求卦之外矣。爻象動乎内，所謂“變”也。是變也，爻象由此而成，吉凶由此而見。定天下之業，非此則誰爲之權輿？成天下之務，非此則誰爲之宰制？功業寧不因變而見乎？吉凶見乎外，所謂“辭”也。是辭也，得則言其爲吉，失則言其爲凶。吉則惟恐人不知趨，而拳拳之意有加；凶則惟恐人不知避，而汲汲之心無已。聖人之情，寧不因辭而見乎？是則有乾坤而後有卦爻，有卦爻而後有吉凶。誰謂卦爻吉凶具於《易》，而獨無所本乎？《易》之爲書蓋如此。

夫《易》固有卦爻吉凶，而天地則有造化，聖人則有功業也。以造化、功業言之，夫乾，其静也專，其動也直，而生生之意，無一時之或息；夫坤，其静也翕，其動也闢，而化化之機，亘萬古如一日。此生也者，所以爲天地之大德也。然天地之德，固在於生物，而參贊之功，實賴於聖人。蓋聖人全天地好生之德，體乾坤易簡之道。然必首出庶物，然後可施吾德，以遂民物之生；尊居九重，然後得行吾道，以復民物之性。此位也者，所以爲聖人之大寶也。然是位也，何以守之？曰人而已。蓋民者，邦之本也。君必得人，然後親比愛戴之不忘，奔走臣服之恐後，而位可以守之於長久矣。謂守位不在於人乎？是人也何以聚之？曰財而已。蓋財者，民之心也。民必得財，然後仰事俯育之有餘，養生喪死之無憾，而民可以聚之，使蕃盛矣。謂聚人不在於財乎？夫財所以養民，不可以不理也。殆必崇本以開財之源，節用以止財之流，而有以理乎財焉。至若辭所以教民，不可以不正也，殆必訓戒之以詩書，申明之以孝弟，而有以正乎辭焉。財既理矣，或有反命而爲非者，則立法度以禁之；辭既正矣，或有悖教而爲惡者，則勑刑罰以齊之。所以若此者，又果何在耶？在乎義而已。蓋義者，心之制，事之宜，所以權衡其輕重，斟酌其淺深者也。理財不以義，則彼此不均，上下交病矣，理財其可不以義乎？正辭不以義，則是非莫辨，可否不明矣，正辭其可不以義乎？至若禁非不以義，則刑或及於無辜，罰或遺於有罪，而民無所措手足矣。禁民爲非，又可不以義乎？

是則以生物爲德者，天地之造化，固易簡爲之也；代天以理物者，聖人之功業,亦易簡爲之也。造化功業之用,具諸卦爻吉凶之中;卦爻吉凶之理,顯諸造化功業之實。是造化功業與卦爻吉凶,固自相關涉也。故此章言卦爻吉凶,而必終之以造化功業者,豈無謂哉?

"功業見乎變""變"字與"變在中""變"字不同。"變在其中""變"字與上傳"剛柔相推而生變化""變"字又不同。

右第一章

古者包犧氏之王天下也,仰則觀象於天,俯則觀法於地,觀鳥獸之文與地之宜,近取諸身,遠取諸物,於是始作八卦,以通神明之德,以類萬物之情。作結繩而爲罔罟,以佃以漁,蓋取諸《離》。包犧氏没,神農氏作,斲木爲耜,揉木爲耒,耒耨之利,以教天下,蓋取諸《益》。日中爲市,致天下之民,聚天下之貨,交易而退,各得其所,蓋取諸《噬嗑》。神農氏没,黄帝、堯、舜氏作,通其變,使民不倦;神而化之,使民宜之。《易》窮則變,變則通,通則久。是以"自天祐之,吉无不利"。黄帝、堯、舜垂衣裳而天下治,蓋取諸《乾》、《坤》。刳木爲舟,剡木爲楫,舟楫之利,以濟不通,致遠以利天下,蓋取諸《涣》。服牛乘馬,引重致遠,以利天下,蓋取諸《隨》。重門擊柝以待暴客,蓋取諸《豫》。斷木爲杵,掘地爲臼,臼杵之利,萬民以濟,蓋取諸《小過》。弦木爲弧,剡木爲矢,弧矢之利,以威天下,蓋取諸《睽》。上古穴居而野處,後世聖人易之以宫室,上棟下宇,以待風雨,蓋取諸《大壯》。古之葬者,厚衣之以薪,葬之中野,不封不樹,喪期无數,後世聖人易之以棺槨,蓋取諸《大過》。上古結繩而治,後世聖人易之以書契,百官以治,萬民以察,蓋取諸《夬》。

古者包犧氏之王天下,而爲生民主也,不忍天下生民之迷惑而貿貿焉莫知所之,故作爲《易》書以通天下之志,以成天下之務。然《易》之始作也,何如?蓋盈天地間,不外乎陰陽兩端,而《易》之爲書,正所以道乎陰陽也。是故仰焉而觀象於天,則日月星辰固有陰陽之攸分,而其升沈顯晦,則又爲陰陽之消息矣;俯焉而觀法於地,則山川陵谷固有陰陽之各别,而其變遷往來,則又爲陰陽之消息矣。觀鳥獸之文,如柔毛、剛鬣、希革、毛毨之類,一皆陰陽消息之所在也;觀天地之道,如宜春耕秋收、高黍下稻之類,一皆陰陽消息之所存也。近取諸身,呼吸動静,氣血魂魄,五性之順健,七情之慘舒,而驗其何者爲陰,何者爲陽,何者爲陰陽之消息;遠取諸物,飛潛動植,雌雄牝牡,性有温凉寒熱,味有辛鹹酸苦,而驗其何者爲陰,何者爲陽,何者爲陰陽之消息。大抵有陰則有陽,有陽則有陰,彼此相對,體之所以立也;陽息則陰消,陰息則陽消,彼此相易,用之所以行也。

聖人俯仰遠近,所取不一,然豈有出乎陰陽兩端之外者哉?於是畫一奇以象陽,畫一偶以象陰。見一陰一陽,各生一陰一陽,故自下而上,再倍而三,以成八卦。八卦既成,由是微而神明之德,如健順動入陷麗止悦之性,而此八卦皆與之相通而無間矣;顯而萬物之情,如天地雷風水火山澤之象,而此八卦皆與之相似而不違矣。夫聖人作《易》,而物情物理無一不具於其中如此,然則其所以備物致用,立成器以利天下者,疑亦有取諸《易》矣。

是故包犧氏因斯民未知肉食之利也,故教人作結繩而爲網罟。以網罟佃於山林,而取乎禽獸;以網罟漁於川澤,而取乎魚鱉。如此者,則疑有取於《易》卦之《離》。蓋《離》之象爲火,上下皆離,猶網罟之兩目相承也;離之德爲麗,陰麗於陽,猶禽魚之麗於網罟也。

包犧氏没,神農氏作,因斯民未知有粒食之利也,故教人斲木使鋭而爲耜,揉木使曲而爲耒,興耒耜之利,教天下之民以樹藝五穀。如此者,疑有取諸《易》卦之《益》。蓋《益》之爲卦,上巽下震,其象則二體皆木,猶耒耜之器,皆以木爲之也;其德則上入下動,猶耒上入而耜下動也。且天下之益,莫大於耒耜之利,於卦之名義,又有合焉。

因斯民未知有交易之利也,故教人當日中萬物相見之時,五十里爲一市。市各致其民,則天下之民無不致;市各聚其貨,則天下之貨無不聚。於是以其所有,易其所無,交易而退,則罄者有所取,積者有所散,而各得其所矣。如此者,疑有取於《易》卦之《噬嗑》。蓋《噬嗑》之爲卦,上離而其德明,下震而其德動,有日中交易之義。又借噬爲市，嗑爲合，有爲市聚合之義也。

神農氏没，黄帝、堯、舜氏作，凡器物之制度，或有可用於古，而不可用於今者。既不可用，則民必厭倦而思變矣，於焉通其變以新其制，使人歡忻鼓舞，趨之而不倦。然其所以通變者，不過因其時勢之自然，而處以道理之當然，行其所無事，不容絲毫智慮於其間，神而化之。如此，則有合民之心，契民之情，革其所不便，而非强其所不欲，民自安之以爲宜，惟其宜之，故能使之不倦也。聖人通變如此，正有得於《易》理也。以《易》之理言之，凡天下之事，至於時有所極，勢不可行，則人心自然思變，於此而有更革之術、轉移之機以通之焉，則質諸人心而皆安，傳之至久而無弊矣。是能使民宜之，而"自天祐之，吉无不利"也。

然黄帝、堯、舜通變之實何如？蓋上古之時，風氣未開，人文未著，民但知取草木羽皮以蔽體，而未有衣裳之制。行之既久而益厭，積之既久而益弊，欲變之而不能以自變也。及其三聖人者出，而上衣下裳之制興焉。則人類群居之間自不相瀆，彼此親接之際自有所辨，禮義之風遂以之興行，飛走之倫遂與之迴異，有以振起天下厭怠之心，而納之於道化之域，而天下治矣。如此者，疑有取諸《易》卦之《乾》、《坤》。蓋乾象爲天，坤象爲地，天地之氣，隨時變化，而無所作爲。聖人衣裳之制，亦因時制宜，何爲之有？

聖人又因斯民阻於川澤之險也，於是刳其木而中虚以爲舟，剡其木而末鋭以爲楫，舟所以載物，楫所以運舟，而川澤不通者，有以濟之矣。如此者，疑有取諸《易》卦之《涣》。蓋《涣》之爲卦，上巽下坎，有木在水上之象也，與舟楫之濟不通者，何異乎？

聖人因斯民疲於負戴之勞，苦於道路之遠也，於是因牛之性順而穿其鼻以馴服之，因馬之性健而絡其首以乘駕之，牛以引重，馬以致遠以利天下。如此者，疑有取諸《易》卦之《隨》。蓋《隨》之爲卦，下震之德動，上兑之德悦。牛、馬之引重致遠，象其下之動也；人得服之乘之，象其上之悦也。

聖人因斯民之虞於寇盗也，於是設爲重門以禦之，擊柝以儆之，則有以防暴客之至矣。如此者，疑有取諸《易》卦之《豫》。蓋《豫》之爲卦，有豫備之意，而重門擊柝，則豫備之事也。

因斯民未知有杵臼之利也，於是斷木爲杵，掘地爲臼。臼杵之利既興，則民得以變粗爲細，變糲爲精，而遂其養生之願。如此者，疑有取於《易》卦之《小過》。蓋《小過》爲卦，下艮之德止，而臼之止於下者似之；上震之德動，而杵之動於上者似之。

因斯民有不軌之心也，於是弦木使曲而爲弧，剡木使鋭而爲矢。弧矢之利既興，則天下之人，皆有畏服之心矣。如此者，疑有取於《易》卦之《睽》也。蓋睽者，乖異之義；弧矢者，所以服乎睽乖者也。

上古之民，冬則穴居，夏則野處，後世聖人易之以宫室，而宫室之制，則有棟焉直承而上，有宇焉兩垂而下，由是可以待風雨之至，而無寒燠之患矣。如此者，疑有取諸《易》卦之《大壯》。蓋大壯有壯固之意，而宫室之制，則壯固而不摇也。

古之葬者，厚衣之以薪，葬之中野，不封土，不植樹，喪期无數，後世聖人易之以棺槨。如此者，疑有取於《易》卦之《大過》。蓋大過者，乃事之至大而過於常也。喪事則大事，宜過於厚也。

上古民淳事簡，事之大小，惟結繩以識之，亦足以爲治。後世偷薄欺詐日生，故聖人易之以書契，言有不能記者書識之，事有不能信者契驗之。由是以治百官，則功罪有證，而僞者不得以假真；由是以察萬民，則多寡有數，而虚者不得以亂實。如此者，疑有取于《易》卦之《夬》。蓋夬者，明決之義，而書契之作，則甚明白，所以决去小人之欺也。

右第二章

是故《易》者，象也；象也者，像也。彖者，材也；爻也者，效天下之動者也。是故吉凶生而悔吝著也。

聖人仰觀俯察，遠求近取，而作爲《易》書。是故所謂《易》也者，非有他也，即卦之象是已。如自下而上，再倍而三，則爲八卦之象。是八卦之象，乃《易》

之小成也。八卦之上，各加八卦，則爲六十四卦之象。是六十四卦之象，乃《易》之大成也。《易》非象而何？然是象也者，亦非有他也，所以像乎理也。如《乾》卦之象，所以像乎純陽至健之理也；《坤》卦之象，所以像乎純陰至順之理也。推而至於天下萬物，凡負陰陽以有生者，而其神明之德，性情之妙，無一不摸寫於卦象之中矣。是理本無形也，因象以彰；理本至微也，因象以著。象非像而何？

至於六十四卦之下，各有所繫之辭，所謂彖也，彖果何所爲哉？蓋各卦之材，所具不一，有以陰爲主而小者焉，有以陽爲主而大者焉。彖也者，則所以備言乎此也。三百八十四爻之下，各有所繫之辭，所謂爻也，爻果何所爲哉？蓋天下之動，其變無窮，有順乎理而得者焉，有逆乎理而失者焉。爻也者，則所以放效乎此也。

夫既有是象，又有是辭，則所以教人者備矣。將見天下之人，志有未通，務有未成者，必皆取决於此。《易》則吉以吉告，凶以凶告，吉凶由此而生矣；悔以悔告，吝以吝告，悔吝由此而著矣。吉凶悔吝之生著者，《易》之占以顯，《易》之用以行也。使無是象與辭，則其體有不立矣，如之何其可行也！

章首“是故”二字承上章來。像者，摸寫之謂也。材猶云資質。吉凶悔吝，以占者之所值言。

右第三章

陽卦多陰，陰卦多陽，其故何也？陽卦奇，陰卦耦。其德行何也？陽一君而二民，君子之道也。陰二君而一民，小人之道也。

震、坎、艮爲陽卦，皆一陽二陰，是陽卦多陰也；巽、離、兑爲陰卦，皆一陰二陽，是陰卦多陽也。夫陽卦宜多陽而反多陰，陰卦宜多陰而反多陽，所以然者，何也？蓋凡陽卦皆五畫，惟五畫則二耦一奇，而以奇爲主矣，此所以爲陽卦也，此陽卦之所以多陰也。凡陰卦皆四畫，惟四畫則二奇一耦，而以耦爲主矣，此所以爲陰卦也，此陰卦之所以多陽也。且其德行則何如也？蓋《易》之大，分陽爲貴而陰爲賤,貴則爲君,賤則爲民。以陽卦觀之,則一陽二陰,是一君二民也。一君二民,則尊無二上,而所以統乎民者專;民不離心,而所以承乎君者衆。是其道之大而公也,非君子之道而何?以陰卦觀之,則二陽一陰,是二君一民也。二君一民,則彼此交争,而天下無一定之主;徒御稀少,而國内無守邦之人。是其道之私而小也,非小人之道而何?即此而觀,可見陰陽之數,自有淑慝之分也。

右第四章

《易》曰:"憧憧往來,朋從爾思。"子曰:天下何思何慮?天下同歸而殊塗,一致而百慮。天下何思何慮?日往則月來,月往則日來,日月相推而明生焉。寒往則暑來,暑往則寒來,寒暑相推而歲成焉。往者屈也,來者信也,屈信相感而利生焉。尺蠖之屈,以求信也;龍蛇之蟄,以存身也。精義入神,以致用也;利用安身,以崇德也。過此以往,未之或知也。窮神知化,德之盛也。

《咸》之九四所謂"憧憧往來,朋從爾思"者,何也?蓋謂人可以心而應事,不可以事而累心。蓋人之一心如此其微,天下之事如此其衆,苟或容心於應接之間,憧憧於往來之際,事未至而此心先爲之豫期,事既往而此心不與之俱化,吾恐萬變紛紜,一心雜擾。其思慮之所及者,固未必當其可;其思慮之所不及者,將不免有或遺矣。

然則吾人之感應,果用乎思慮哉?亦順其自然之理可也。誠以此理之在天下也,統太極之全體而渾然同歸,專一心之妙用而純然一致。然理本同歸也,因事之不同,而所行之途各殊;理本一致也,因事之不一,而所發之慮有百。即此而觀,可見一理散見於萬事,萬事各具乎一理也。人惟隨其事而順其理,以是理而處是事,則事得其當然之理,而天下終無不應之事。且吾之心亦得以寂然静定,泰然安適,而無所勞矣。人之感應,又何以思慮爲哉?

且天下之物,有感必有應,不必憧憧思慮,然後有所感也。試以造化言之,陽之精爲日,陰之精爲月,日往則月來,月往則日來,二曜相推以相繼,則明生而不匱。陰氣之盛爲寒,陽氣之盛爲暑,寒往則暑來,暑往則寒來,寒暑相推以相代，則歲成而不缺。日月寒暑之往者，乃氣之消而屈也；日月寒暑之來者，乃氣之息而伸也。屈不從屈，所以感乎來者之伸；伸非自伸，所以應乎往者之屈。日月之屈伸相感，則明生之利由是而生焉；寒暑之屈伸相感，則歲成之利由是而生焉。是其往來屈伸，皆感應自然之常理也，何假於思哉？

然是屈伸往來之理，非特造化爲然，而人之爲學，亦有然者。尺蠖不屈，則不能伸，故其屈者，非終於屈也，將以求其伸；龍蛇不蟄，則不能奮，故其蟄者，非終於蟄也，將以存其身也。精研其義，以至於毫釐委曲之間，無所不悉，而入於不容言之妙焉，則事物之紛至沓來，不過舉此義而應之，彼將觸機而中，迎刃而解矣。是精義入神，乃所以致用也。及其見諸用也，剖决事物，各得其宜，而身之所處，無適不安，是雖無意於德之崇也，然理既體之於身，則自然有得於心，融會貫通，日進乎高明廣大之域，有不自覺者矣。是利用安身，乃所以崇德也。

夫精義入神，屈之至也，然所以爲出而致用之本，屈之感乎伸也；利用安身，伸之極也，然所以爲入而崇德之資，伸之感乎屈也。是亦自然之理也。夫下學之事，盡力於精義利用，而交養互發之機，固自不能已矣。然而精義入神者，思而得也，自此以上，則不思而得之域矣；利用安身者，勉而中也，自此以往，則不勉而中之域矣。思而得，勉而中，可以力爲也。不思而得，則幾非在我矣；不勉而中，則化不可爲矣。孰知所以用其力乎？至若窮乎合一不測之神，而所存者無非天地之心，此乃精義入神以上之事也；知乎推行有漸之化，而所行者無非天地之事，此乃利用安身以上之事也。如此者，必由其義之精者日益精，用之利者日益利。涵養者純熟，而德之積於中者極其盛，故自不覺其與神相爲契合耳；矜持者渾化，而仁之體於事者極其熟，故自不覺其與化相爲流通耳。不知者往而屈也，自致者來而伸也，是亦感應自然之理也。

夫即造化聖學之屈伸往來而觀之，可見天下萬事萬物，凡有屈者必有伸，有往者必有來。往者爲感，來者爲應。天下未有無感之應，亦未有無應之感也。爲九四者，亦順其自然之理可也，何必憧憧於感應之間哉？

大抵天下之理，有屈必有伸，有伸必有屈。屈所以感乎伸，而伸亦所以感乎屈也。屈伸固有相感之理,所謂“静極而動,動極而静”者。然此章所謂“屈伸相感”者,只是屈感乎伸,而伸應乎屈也,且未説到伸感乎屈處。然屈感而伸應,是亦“相感”,不必泥“相”字。

《易》曰:“困于石,據于蒺蔾,入于其宫,不見其妻,凶。”子曰:非所困而困焉,名必辱;非所據而據焉,身必危。既辱且危,死期將至,妻其可得見邪?

《會解》:《困》六三爻辭“困于石,據于蒺蔾,入于其宫,不見其妻,凶”者,蓋凡保身名者,當審量于人己之間。四剛非三之可困而欲困焉,凡力之不能勝者,皆石也,則做事不成而名必辱;二剛非三之可據而欲據焉,凡人之不可依者,皆蒺蔾也,則因失所親而身必危。名辱身危,有死之理。上六雖正應而難保,妻可得見耶?凡不能保其所有者,皆妻之類也。原本闕,採《會解》補入。

《易》曰:“公用射隼于高墉之上,獲之,无不利。”子曰:隼者,禽也;弓矢者,器也;射之者,人也。君子藏器于身,待時而動,何不利之有?動而不括,是以出而有獲,語成器而動者也。

《解》之上六所云“射隼于高墉之上,獲之,无不利”者,何也?蓋隼者,鷙害之禽也;弓矢者,除害之器也。操除害之器,以射鷙害之禽者,則人也。夫天下之害所以不可除者,非害之難除也,以除害者無其器耳。誠使君子之人當窮居未用之時,凡其經邦濟世之術,撥亂反正之具,謀之素熟,藴之素定,而藏器於身焉,吾知其出而或用於世,或遇小人之爲害,彼不輕舉妄動,以墜小人之術中,必待乎可爲之時,而後乘時以有爲焉。如此,則我之事得以萬全,而彼之黨將無遺類,何不利之有?是何也?蓋除害無其器,則不能見幾識時而動有所礙,是以害不可除而無所獲也。惟藏器於身,則自然待時而動,無所礙,是以出而除害,則害去而功成矣。夫解小人之害,貴乎有已成之器如此。《易》所謂“公用射隼于高墉之上,獲之,无不利”者,正言君子具有已成之器而後動者也。惟有成器而動,則動必待時,而自无不利矣。

觀爻辭"射隼于高墉"句,則此一條當就"解小人"上説。又觀語"成器而動"句,則"待時而動"只是根"藏器于身"句生來。時文於"何不利之有"裏講云:"設使有其時而無其器,固未必利。若無其器,而又且失時,則亦未有利也。"此語甚有病。蓋體立而後用行,安有舉動是時,而無其器者乎?又安有藏器於身,而舉動失時者乎?舉動失時,便是器有未備也。

子曰:小人不恥不仁,不畏不義,不見利不勸,不威不懲,小懲而大誡,此小人之福也。《易》曰:"屨校滅趾,无咎。"此之謂也。

《會解》:玩《噬嗑》初九爻義謂:治民者,當懲小以誡大也。知恥,不仁之人自勸于仁,而小人不之恥;知畏,不義之人自知懲戒,而小人不之畏。彼所勸惟利,不利不勸也;其所懲必威,不威不懲也。故所懲雖甚小,而可以止惡,其所誡則甚大,此小人之福也。《噬嗑》初九曰"屨校滅趾,无咎",正小懲大誡之福之謂也。原本闕,採《會解》補入。

善不積不足以成名,惡不積不足以滅身。小人以小善爲无益而弗爲也,以小惡爲无傷而弗去也,故惡積而不可掩,罪大而不可解。《易》曰:"何校滅耳,凶。"

《會解》:玩《噬嗑》上九爻義,明畏罪者當慎微而謹所積也。謂善爲成名之資,而不積不足以成名;惡乃滅身之階,而不積亦不足以滅身。然所謂"積"者,由小而積之以至於大也。小人以小善爲无益於名而弗爲,以小惡爲无傷於身而弗去,由是日去善而從惡,故惡至日積而不可掩覆,遂至罪大而不可解免。《易》曰"何校滅耳,凶",正言惡積罪大而不可解也。原本闕,採《會解》補入。

子曰:危者,安其位者也;亡者,保其存者也;亂者,有其治者也。是故君子安而不忘危,存而不忘亡,治而不忘亂,是以身安而國家可保也。《易》曰:"其亡其亡,繫于苞桑。"

事起乎所忽,禍生乎無虞。若能自處於危,惟恐其不安者,則圖安之術無所不至，是乃所以安其位者也。自處於亡，惟恐其不存者，則固存之術無所不至，是乃所以保其存者也。自處於亂，惟恐其不治者，則制治之術無所不至，是乃所以有其治者也。是故君子有見於此，戰兢之心常存，暇豫之念不作，雖安而不忘危，雖存而不忘亡，雖治而不忘亂，則危亡無自而生，禍亂無自而起，是以身安而國家可保也。《否》之九五爻辭曰“其亡其亡，繫于苞桑”者，此之謂也。

子曰：德薄而位尊，知小而謀大，力小而任重，鮮不及矣！《易》曰：“鼎折足，覆公餗，其形渥，凶。”言不勝其任也。

《會解》：玩《鼎》九四爻詞，明任重者，必量力也。位欲稱德，苟德薄而位尊，是不稱德也；謀欲量知，乃知小而謀大，是不量知也；任欲度力，乃力小而任重，是不度力也。則位必傾，謀必敗，任必仆，鮮不及于禍患矣。《易》曰“鼎折足，覆公餗，其形渥，凶”，言德、知、力之不足，而不勝當國之任也。是人君必度德量力而任人，爲臣者亦必度德量力而任于人，而後不壞事也。原本闕，採《會解》補入。

子曰：知幾其神乎？君子上交不諂，下交不瀆，其知幾乎！幾者，動之微，吉之先見者也。君子見幾而作，不俟終日。《易》曰：“介于石，不終日，貞吉。”介如石焉，寧用終日？斷可識矣！君子知微知彰，知柔知剛，萬夫之望。

天下之事，皆有幾存焉。幾最難知也，然知幾者，其至神之人乎？彼夫上交貴於恭遜，恭遜則易至於諂。君子上交，則恭遜而不諂焉。下交貴於和易，和易則易至於瀆。君子下交，則和易而不瀆焉。夫恭與諂相近，和與瀆相近，界限之間，所争毫釐，而其是非得失，相去遠矣，此正所謂幾也。君子不諂不瀆，是能知幾矣。且所謂“幾”者何？如彼事未動而吉凶隱於無形，事已著而吉凶顯於有迹，皆非所謂幾也。幾者，乃事之方動而尚微，將來之或吉或凶，雖云未至，而其朕兆已先見於此矣，此所謂幾也。君子於是幾也，則見之明而作之決，不俟終日之久。如見是幾之動，乃吉之先見，則作而趨之，何嘗濡滯以至於失時；如見是幾之動，乃凶之先見，則作而避之，何嘗淹留以至於及禍。君子之知幾有如此，然其所以能知幾者，豈無自哉？蓋心有所亂，則見有所紛。彼《豫》之六二爻辭曰："介于石，不終日，貞吉。"夫君子能不溺於豫，而其所守之介，有如石之堅焉，則靈臺静而義理明，太宇定而天光發，不用終日之久，而斷然可以識凡事之幾矣。將見天下之事，有當韜晦潛隱而微者焉，有當明白顯著而彰者焉。當微當彰之事，皆有幾動焉，君子莫不先知其幾。如其當微，則微以處之；如其當彰，則彰以處之。天下之事，有當宛轉委曲而柔者焉，有當勇往直前而剛者焉。當柔當剛之事，亦有幾動焉，君子莫不先知其幾。如其當柔，則柔以應之；如其當剛，則剛以應之。君子於凡事之幾，無所不知。如此，則其知識高邁，卓卓乎超出萬夫之上，而爲萬夫之仰望矣。

子曰：顏氏之子，其殆庶幾乎？有不善未嘗不知，知之未嘗復行也。《易》曰："不遠復，无祇悔，元吉。"

道者，天命所賦之本然，純粹至善而無不善之雜者也。顏氏之子，其將近於道乎？何以見之？彼其一念之間，微有差失，則至明足以察其幾，而未嘗不知。既知之矣，則至健足以致其决，而未嘗復見之於行焉。其近道也有如此。《復》之初九爻辭曰"不遠復，无祇悔，元吉"者，此之謂也。

天地絪緼，萬物化醇。男女構精，萬物化生。《易》曰："三人行，則損一人；一人行，則得其友。"言致一也。

天氣下降，地氣上騰，絪緼交密，萬物以之而化成；男求於女，女應乎男，交構和合，萬物由是而化生。是則物皆有對，三則雜，一則孤，故天地、男女皆以兩相合而生成乎萬物。《損》之六二爻辭曰"三人行，則損一人；一人行，則得其友"者，正言其以一合一，故能致一而不二也。

子曰：君子安其身而後動，易其心而後語，定其交而後求。君子脩此三者，故全也。危以動，則民不與也；懼以語，則民不應也；无交而求，則民不與也；莫之與，則傷之者至矣。《易》曰:"莫益之,或擊之,立心勿恒,凶。"

人情多喜於求益,而求益莫貴於有恒。立心無恒,何益之有?君子有見於此,故身之所處,必泰然順理,而無陷溺之危,夫然後動則動惟厥時而非妄動者矣;心之所存,必温然和平,而無躁急之失,夫然後語則語必當理而非妄語者矣。誠意交孚,情義相維,定其交於未求之先,然後有所求,則求之有道,而非妄求者矣。君子安其身,易其心,定其交,修此三者,而立心有恒焉。故動而人莫不與語,而人莫不應;求而人莫不與有所益,而無所損也。若不安其身而動,則動必逆理,而人皆離心矣,其誰肯與之?不易其心而語,則語必悖道,而人有逆辭矣,其誰肯應之?不定其交而求,則求無所因,而人有所吝矣,又誰肯與之哉?不惟莫之應與,而且有傷之者矣。《益》之上九爻辭曰"莫益之,或擊之,立心勿恒,凶",此之謂也。

"安其身"、"易其心"、"定其交",皆就平素説。"定其交"泛指君民朋友説。

右第五章

子曰:乾、坤,其《易》之門邪?乾,陽物也;坤,陰物也。陰陽合德,而剛柔有體,以體天地之撰,以通神明之德。其稱名也,雜而不越。於稽其類,其衰世之意邪?夫《易》彰往而察來,而微顯闡幽。開而當名辨物,正言斷辭則備矣。其稱名也小,其取類也大;其旨遠,其辭文,其言曲而中,其事肆而隱。因貳以濟民行,以明失得之報。

昔者伏羲之作《易》也,始爲奇偶二畫,奇則爲乾,偶則爲坤。是乾、坤也者,乃六十四卦三百八十四爻所自出之門也。何則?夫乾以數言之,則陽物也,陽數一、三、五、七、九皆奇數也;坤以數言之,則陰物也,陰數二、四、六、八、十皆偶數也。陰陽分無以成卦,故必陰交於陽,陽交於陰,陰陽合德,一每生二,由二而四,由四而八,八卦之上,各加八卦,則六十四卦三百八十四爻之剛柔皆有體質矣。是乾、坤非《易》之門乎?《易》既成矣,則顯而天地之撰,如雷動風散、雨潤日暄之類,《易》皆有以形容其似,而無所違焉;微而神明之德,如健順相濟、動止相生之類,《易》皆有以闡明其妙,而無或間焉。此伏羲之卦,所謂先天之《易》也。

然有畫無文,民用弗彰。迨夫文王、周公者出,觀卦爻之象,而繫以卦爻之辭。六十四卦之下,所稱事物之名,蓋紛紜錯陳而不可以一律齊,然無一不出于陰陽之變,所謂"言天下之至賾而不可惡者也",曾有一之或差乎?三百八十四爻之下,所稱事物之名,蓋雜然散出而不可以一概舉,然亦無一不出于陰陽之變,所謂"言天下之至動而不可亂者也",曾有一之或謬乎?然考其事類,疑是聖人處衰世而意慮所及。蓋世既衰,則民僞日滋,事變日繁。聖人身親見之,故一一倣象模寫於卦爻之下。若是生當上古盛時,則民淳事簡,未有許多事物變態情狀,其思慮何由及此耶?此文王、周公之繫辭,所謂後天之《易》也。

夫伏羲本陰陽而畫卦于前,文王、周公本陰陽而繫辭于後,則《易》之爲書,無有不備矣。如陰陽消長之機,剛柔變化之漸,此理之已然,所謂"往"也,《易》則有以彰之,而使之顯然著明焉。吉凶未至而難知,悔吝將萌而難料,此理之未然,所謂"來"也,《易》則有以察之,而使之昭然先見焉。人事至顯者,《易》則推而根之于理數;理數主幽者,《易》則闡而著之于人事。定父子、君臣上下之名,使各當其實而不紊;辨水火、牛馬、莧陸之物,使各歸其類而不雜。"元亨利貞,直方大"之言,皆正大以曉人也;或吉或凶,或利或不利之辭,皆辨決以告人也。夫如是,則《易》之爲書,豈不極其全備也哉?

然要之,《易》書之作,本欲以前民用也,是故凡稱名之小者,其取類必局于小。而《易》書所稱如負乘往來之事,叢棘雉矢之物,其名可謂小矣,而其所取之類,皆本于陰陽爲至大焉。凡旨意之遠者,其命辭必涉于晦。而《易》書所蘊,如天地陰陽之機,道德性命之奥,其旨可謂遠矣,而其所命之辭,皆極其詳明而有文焉。凡委曲其言者,未必皆中于理也。《易》之爲言,旁喻以該物態,婉轉以盡人情,可謂曲矣。然其歸,則中正是尚,典禮是遵,言雖曲而無不中也。凡敷陳其事者,無有隱而不彰也。《易》之叙事,盡其大小之分,極其本末之詳,可謂肆矣。然其中則至理所寓，精義所存，事雖肆而未嘗不隱也。

《易》之爲書，其妙如此，豈有他哉？誠以吉凶莫辨，人心有疑，則趨避莫决，而民行不濟。聖人因民之心，而欲有以濟其行，故作《易》教人，而明其順理爲得，得則報之以吉；逆理爲失，失則報之以凶。吉凶既明，則疑有所開，而行有所濟矣。然則《易》也者，其開物成務之書乎？

章首"乾"、"坤"二字，只是奇偶陰陽，陰陽當以數言之。所謂"數"者，如《河圖》天一、地二、天三、地四、天五、地六、天七、地八、天九、地十。觀《本義》"仰觀俯察，見陰陽有奇偶之數"句，則其意自明。時文講中用"其質一而實，其性動而健，位居于左，數極于九，故爲陽物。其質二而虚，其性静而順，位居于右，數極于六，故爲陰物"。如此講，恐未妥。

右第六章

《易》之興也，其於中古乎？作《易》者其有憂患乎？是故《履》，德之基也；《謙》，德之柄也；《復》，德之本也；《恒》，德之固也；《損》，德之脩也；《益》，德之裕也；《困》，德之辨也；《井》，德之地也；《巽》，德之制也。《履》，和而至；《謙》，尊而光；《復》，小而辨於物；《恒》，雜而不厭；《損》，先難而後易；《益》，長裕而不設；《困》，窮而通；《井》，居其所而遷；《巽》，稱而隱。《履》以和行，《謙》以制禮，《復》以自知，《恒》以一德，《損》以遠害，《益》以興利，《困》以寡怨，《井》以辨義，《巽》以行權。

《易》始興于伏羲上古之時，而中微于夏、商之末，至文王繫以彖辭，由是《易》道大明于世。是則《易》之中興也，其于中古乎？而文王之作《易》，適拘于羑里，其能無憂患乎？然大凡人處憂患之道，不過反之於身，以脩其德，而《易》之爲書，又皆教人以脩德之事也。

試舉九卦以明之。是故《易》卦有所謂《履》者焉。履者，禮之謂也。人必先謹乎禮，然後有所持循，而日就乎規矩之中，自此而積之，則踐履篤實，動静從容，德自然漸進于高大矣。履非德之基乎？《易》卦有所謂《謙》者焉。謙者，自卑而尊人之謂也。爲禮而不執持乎謙，則度數雖詳，而舉動不免于高亢；規矩雖嚴，而稜角不免于峭厲。故必以謙自處，則心氣和平，而禮之行也，無所失矣。謙非德之柄乎？《易》卦有所謂《復》者焉。復者，心復于善之謂也。夫人知禮而能謙，則心自不至于外馳而能復矣。是復也，一念雖微，而實百行之所自生，萬善之所從出，擴而充之，可以保四海矣。復非德之本乎？《易》卦有所謂《恒》者焉。恒者，常久不易之謂也。夫人既復于善，必有恒然後能守之。是恒也，今日有一善，今日顧諟之有加；明日有一善，則明日服膺之弗失，隨其所得之多寡大小而據守之，則所得者爲我有矣。恒非德之固乎？《易》卦有所謂《損》者焉。損者，懲忿窒欲之謂也。忿欲易發而難制，人雖能恒，而未必皆無忿欲之發。故有忿必懲，有欲必窒，則人欲日消，而德之脩也，有不自覺矣。《易》卦有所謂《益》者焉。益者，遷善改過之謂也。善無窮，而過者人所不能免。人雖能損，未必皆無善可遷，無過可改也。故有善必遷，有過必改，則天理日明，而德之裕也，有不自知矣。《易》卦有所謂《困》者焉。困者，處窮之謂也。蓋人或能自求于安常，而不能不壞于困苦，故益之後，必繼之以困。處困而亨，則可以自驗其德之至；處困不亨，則可以自驗其德之未至，是困乃德之辨也。《易》卦有所謂《井》者焉。井者，常居其所之謂也。蓋人或能感激于一時，而不能不改于終身，故困之後，必繼之以井。隨處皆安而外無所慕，德性堅定而物不能移，是井乃德之地也。《易》之卦又有所謂《巽》者焉。巽者，小心以入于物之謂也。巽又何以謂德之制？蓋其詳審精密，揆輕重以宰制乎事變；委曲細微，燭可否以轉移乎事機者也，非德之制而何？此乃學問之極功，聖人之能事，故必以是終焉。

九卦之序如此，然九卦之所以爲九卦者，其妙又何如耶？彼凡事之和者，未必皆至極，而禮則順人情之所安而爲之品節，初非强世也，固云和矣。然皆出於當然之理，大中至正，加之錙銖則太過，減之毫釐則不及，順之則安，悖之則危。是雖和而未嘗不至也。凡物之卑者，未必能尊而光，而《謙》則卑以自牧，遜以下人，初無欲上人之心，固云卑矣。然人道惡盈而好謙，能謙則人不敢踰，而德益以顯，是雖卑而未嘗不尊且光也。凡物之小者，則易爲衆物所亂，而《復》則一念之善，萌于既失之餘，固云微矣。然其生意方動，如火始然，勃乎有莫遏之機，而衆惡皆當退讓矣，是雖小而辨于物也。凡物之處雜者，則易厭倦而失其所守也，而《恒》則利欲紛華之埸，無不經歷，固云雜矣。然其所守愈久愈堅，而非利欲之所能奪，是雖處雜而未嘗厭也。凡先有所難者，其後未必易也，而《損》之懲忿窒欲，則當用勉强矯揉之功，加裁抑克制之力，是其先固難矣。然而習熟之後，客氣漸消，私意漸泯，故雖未免有忿欲之發，而懲之窒之，亦不至甚費力矣，其後易也爲何如？凡有所充長者，未必無造作也，而《益》之遷善改過，則德日新而不已，善日進而不窮，是固有所充長矣。然善吾所固有也，過吾所本無也，遷善改過，則是順其所固有者，去其所本無者，何生事計較之有？其不設也爲何如？凡處窮者，未必能通也，而《困》則身雖困，而道不與之俱困，非窮而通乎？凡居其所者，未必能遷也，而《井》則安定不摇，而可以應事物之變，非居其所而遷乎？凡稱度事物，未必不露其迹者，而《巽》之稱物，揆其孰輕而孰重，燭其孰可而孰否，固有以使物之得其宜矣。然其精神所用，蓋入乎細微曲折之中，而智識之所及有，非常情所能窺測其妙者，其稱而隱也又何如？

蓋九卦之德之妙如此，寧不各有所用乎？彼所行無禮，則放肆無節，而乖戾不和矣，是《履》則可以和行也。行禮而不謙，則嚴厲太過，而驕亢自高矣，是《謙》則可以制禮也。人心既放而復反，則惺惺不昧，而自家有所主宰矣，是《復》則可以自知也。所守常久而不易，則善之得于己者，終不渝矣，是《恒》則可以一德也。能懲忿窒欲，則身日以脩，而德無所累矣，《損》其不可以遠害乎？能遷善改過，則善日以長，而德當益純矣，《益》其不可以興利乎？處窮而通，則上不怨天，下不尤人矣，《困》其不可以寡怨乎？身心安静，天光焕發，有以燭事物之宜矣，《井》其不可以辨義乎？至若《巽》也者，則可以行權也。蓋處事變難處之中，脱然於尋常法度之外，而别有處之之道，于以濟常經之所不及，而其合天理、當人心，則又不悖于常經也，此之謂權，豈淺露粗率之人所能行哉？必其體道熟、見理精，于物之細微委曲無所不入者乃能之。故曰《巽》以行權。

九卦之所以爲用又如此，然則吾人之所以反身脩德，以處憂患之道，又豈外于是乎？故三陳之，以爲處憂患者法也。

"德之基"就積行上説，"德之本"就心裏説，要當有辨。"德之固"是得寸守寸，得尺守尺。"德之地"則常體不變矣，亦要有辨。"井不動而及物"，只是應變不窮，不是利澤及物。"復以自知""知"字猶"知府"、"知縣"、"知州"之"知"，蓋心不放，則有所主也。

右第七章

《易》之爲書也不可遠，爲道也屢遷。變動不居，周流六虚，上下无常，剛柔相易，不可爲典要，唯變所適。其出入以度，外内使知懼。又明於憂患與故，无有師保，如臨父母。初率其辭而揆其方，既有典常，苟非其人，道不虚行。

"《易》之爲書也不可遠"，何以見其不可遠也？蓋其爲道也屢遷。屢遷何如？彼《易》不外乎卦爻，卦爻不外乎九、六。九，陽也，變而爲陰；六，陰也，變而爲陽，而變動無定居。或居卦初、二、三，或居卦四、五、上，而周流乎六虚。有時在此卦之上，有時在彼卦之下；有時在此卦之下，有時在彼卦之上，而上下之无常。在此卦爲剛而在彼卦則爲柔，在此卦爲柔而在彼卦則爲剛，而剛柔之相易。然《易》之卦有剛多于柔而吉者，亦有剛多于柔而凶者；有柔多于剛而吉者，亦有柔多于剛而凶者，豈可以典要拘哉？《易》之爻有剛柔當位而吉者，亦有剛柔當位而凶者；有剛柔相應而吉者，亦有剛柔相應而凶者，豈可以常法求哉？惟隨九、六之變所往耳。彼變動不居，周流六虚，上下無常，剛柔相易者，正所謂"變"也。變在此卦，則有此卦之理；變在彼卦，則有彼卦之理。隨其所值之卦，而其理各有攸當也。變在此爻，則有此爻之義；變在彼爻，則有彼爻之義。隨其所當之爻，而其義各有所指也。《易》之不可爲典要，正所謂"其道屢遷"者也。

《易》道屢遷如此，此所以人之出也，既足爲斯人之法度，而使人知懼於外；人之入也，亦足爲斯人之法度，而使人知懼於内。其故何也？蓋天下之事，順理則吉而無憂患，逆理則凶而有憂患。然事之端，萬有不同，而一事之中，隨其所居所值而吉凶之變，亦萬有不同，使《易》書乃限定之，而可以典要拘，則淺狹固滯，不足以盡天下之事變，而不能明夫憂患，與所以致憂患之故矣。既不能明憂患與故，則亦不能使人知所懼矣。惟其爲道屢遷，所以能明憂患與故；惟其能明憂患與故，所以能使人出入知所懼。懼之云者，慎擇趨避之方，常存敬畏之念，雖無師保，而常若父母臨之也。夫《易》道屢遷而能明憂患與故，則使人知所懼如此，此《易》之所以切于人也，此《易》之所以不可遠也。苟或遠之，則吉凶之疑莫辨，恐懼之心日弛，而陷于憂懼之中矣。《易》其可遠乎？

夫《易》固爲甚切于人，而人不能皆用乎《易》，必待其人而後行也。是故《易》道雖不可爲典要，然以蓍問《易》者，當剛柔既成之餘，成文成象之後，但隨所值之卦爻，而由卦爻之辭，以度卦爻之理，則見其如是爲吉，如是爲凶，皆有定理而不可易矣。誠使占者果有德行之人，則能神而明之，而道無不明也。苟非如是之人，則心有所窒，不足以契變通之妙；視有所昏，不足以得辭占之意。雖告以吉，亦莫知所以趨；雖示以凶，亦莫知所以避。道自道而我自我也，道豈虚行乎哉？可見《易》固不可以不學，而又不可以易而學也。

統自《易》之卦爻，彼此相形，不拘一例，便是"不可爲典要"。就"不可爲典要"一句，便見《易》道屢遷，惟變所適，只是足上"不可爲典要"句意。"變動不居"至"剛柔相易"四句，只是起下文一個"變"字，非是正説"不可爲典要"也。上三節皆是説《易》"不可遠"。一説于"惟變所適"之下，更繳上"《易》書不可遠，爲道屢遷"，如此，則天下之理無不該，天下之人皆可用，此《易》所以不可遠也。按此説，則下二節無下落。"明于憂患"不必説是辭，不必説是變，只説是《易》。蓋説是《易》，則該變與辭皆在其中。若單舉變與辭，則有所遺矣。或因首一節有"變"字，堅欲作變説更詳之。

右第八章

《易》之爲書也，原始要終，以爲質也。六爻相雜，唯其時物也。其初難知，其上易知，本末也。初辭擬之，卒成之終。若夫雜物撰德，辨是與非，則非其中爻不備。噫！亦要存亡吉凶，則居可知矣。知者觀其彖辭，則思過半矣。二與四同功而異位，其善不同。二多譽，四多懼，近也。柔之爲道，不利遠者，其要无咎，其用柔中也。三與五同功而異位，三多凶，五多功，貴賤之等也。其柔危，其剛勝邪？

《易》之爲書也，有卦焉，有爻焉，然必始之於初，則由二、三、四、五而終之于上，然後内外相應，貞悔以全，而卦于是乎成矣。至于六爻間雜，而居則或貴或賤，或遠或近，或顯或晦，隨其所值，而各一其時也。

如《乾》之初潛、二見是已爻，惟各一其時之物，則但卦之一節，非若卦之全體具備也。且以六爻而論之，初爻難知，上爻易知，何也？初者，卦之本，本則其質未明，故難知；上者，卦之末，末則其質已著，故易知。初爻唯難知也，故聖人繫辭必擬議於其思維之頃，于焉審其當假何象，當著何占，而後繫之；上爻惟易知也，故聖人不過據初爻之所擬者，而因以卒成其終耳。若夫雜舉形體之物，如龍、馬、豕、雉之類；撰出性情之德，如剛健、柔順、中正與不中正之類。而因以辨别夫物與德之善者爲是，物與德之惡者爲非。如此者，初、上二爻固亦有之，但不兼中四爻，則亦有未備也。

夫六爻既有所繫之辭，則存亡吉凶之理，無不發揮以示人矣。如欲究乎存亡吉凶之理，惟觀六爻，則居然可知矣。然一卦實具乎六爻之體，而彖辭則言乎一卦之象，文雖約而所該則甚廣。智者之人，窮理而得要，惟于彖辭而觀之，則存亡吉凶之理，莫不默契于吾心，而所思已過半矣。雖曰六爻之義，變易告人，要亦殊塗而同歸耳，豈待遍觀六爻而後知乎？然卦之辭雖在所玩，而爻之辭亦不可不知也。復以中四爻而論之，二固陰位，而四亦陰位，功則同矣，但二遠於五，四近於五，位則異焉。且其善亦不同，二多聲譽之美，四多恐懼之戒，其善不同如此，正以其位不同也。蓋四於五則右威所臨，自不能以不懼也。四之多懼以其近，則二之多譽以其遠也，可知矣。

然柔必得剛而後有以自立，若遠於剛不利。今二柔也而遠於五，宜其不利有咎矣。要其所以无咎而多譽者，何哉？以其用柔中也。柔中則寬而有制，從容以和，而非所謂懦弱無斷者矣，如之何其有咎也！三固陽位，五亦陽位，功則同矣，但五居君位之貴，三居臣位之賤，位則異焉，且三多凶咎之戒，五多事功之立，是何也？正以其有貴賤之等也。貴則自然多功，賤則自然多凶矣。然三、五之位□□，以柔處之，則皆不能以自立而有危；以剛處之，則皆足以有爲而勝其位也。中四爻之義又如此，讀《易》者不可不知也。

右第九章

《易》之爲書也，廣大悉備。有天道焉，有人道焉，有地道焉。兼三才而兩之，故六。六者，非它也，三才之道也。道有變動，故曰爻。爻有等，故曰物。物相雜，故曰文。文不當，故吉凶生焉。

《易》之爲書也，極其廣大，而衆理悉備，于其中何以見之？蓋道不外乎三才，而《易》之始爲三畫也，則上畫象天有天道焉，中畫象人有人道焉，下畫象地有地道焉。三畫已具三才如此，由是兼三才而各兩其畫，故《易》有六畫，六畫非有他也，亦只是三才之道也。蓋立天之道曰陰與陽，五與上處卦之上，則五爲陽而上爲陰，天道以兩而成象矣。立人之道曰仁與義，三與四處卦之中，則三爲仁而四爲義，人道以兩而成德矣。立地之道曰柔與剛，初與二處卦之下，則初爲剛而二爲柔，地道以兩而成質矣。夫天道、人道、地道皆具于《易》如此，則《易》之廣大悉備也，爲何如哉？

《易》畫備三才之道，則畫之所在，道之所在也。道何以謂之爻耶？爻者，交變之義，而《易》畫則具有人事之變動，故曰爻。爻何以謂之物耶？物之不齊，物之情也，而爻則有遠近貴賤之等，故曰物。物何以謂之文耶？文必經緯錯綜而後成也，而物則有剛柔之位相間，故曰文。文何以有吉凶也？蓋文有以陰居陰，以陽居陽而當位者；有以陰居陽，以陽居陰而不當位者。文當位，則爲德之正，而吉之所由生也；文不當位，則爲德之不正，而凶之所由生也。

"道有變動""道"字只作《易》畫看。"變動"不可指九六説，亦非"易以貢"之説，亦非"不可爲典要"之説。蓋變動即前章"效天下之動""動"

字一様。然前章所云指爻辭言，此則指爻畫言，然辭因畫而繫者也。

文不當，故吉凶生。觀《本義》解“不當”作“爻不當位”，則只是以陰居陽之説。或云：三百八十四爻有陰居陽、陽居陰而吉者，亦有凶者；有陰居陽、陽居陰而凶者，亦有吉者，如此，則文不當須别有説。但今看來，道理在聖人口頭，聖人亦只是一大概説道理。如上章言其柔危、其剛勝，若欲泥定，則六三、六五无一好者，九三、九五无一不好者，又安能通耶？又觀上、下經《小象傳》所謂“位正當也”、“位不當也”，與朱子《本義》“不中不正，便不當位”，則其義亦可見矣。

右第十章

《易》之興也，其當殷之末世，周之盛德邪？當文王與紂之事邪？是故其辭危。危者使平，易者使傾。其道甚大，百物不廢。懼以終始，其要无咎。此之謂《易》之道也。

《易》道之復興也，其當殷之末世，周之盛德邪？蓋非末世，則惻怛情僞不如是之滋熾；非盛德，則《易》道無自而傳也。彼文王以盛德而興于周，紂以無道而處殷之末。紂囚文王于羑里，文王因此《易》而繫以彖辭，《易》道由是復興。夫文王處憂患而作《易》，故其辭危，何以見之？彼辭之意謂，人之危懼者，則自然平安，如所謂貞則亨者是也；人之慢易者，則自然傾覆，如所謂不貞則不亨者是也。此可見其辭之危也。且其道甚大，如祭祀、婚媾、行師、涉川，以至于事君、事父、治民、使臣之類，无一事之不該，其道甚大如此。然約而觀之，凡事惟危則平，易則傾，使人始終知所戒懼，而歸于无咎而已。此之謂《易》之道也。

右第十一章

夫乾，天下之至健也，德行恒易以知險。夫坤，天下之至順也，德行恒簡以知阻。能説諸心，能研諸侯之慮，定天下之吉凶，成天下之亹亹者。是故變化云爲，吉事有祥。象事知器，占事知來。天地設位，聖人成能。人謀鬼謀，百姓與能。八卦以象告，爻彖以情言，剛柔雜居，而吉凶可見矣。變動以利言，吉凶以情遷。是故愛惡相攻而吉凶生，遠近相取而悔吝生，情僞相感而利害生。凡《易》之情，近而不相得則凶。或害之，悔且吝。將叛者其辭慚，中心疑者其辭枝，吉人之辭寡，躁人之辭多，誣善之人其辭游，失其守者其辭屈。

聖人之挺生，自有乾、坤之異等。夫乾則剛健中正，極天下之至健，至健則德行恒易，而無所難矣。然于憂患之來，則能知其險，而不冒進以陷于險。夫坤則柔順利貞，極天下之至順，至順則德行恒簡，而無所煩矣。然于憂患之來，則又能知其阻，而不輕進以困于阻。然其所以知險知阻者，豈無自哉？蓋其清明在躬，志氣如神。蓋事物之理，既能融悦于一心之中；當事物之來，又能研諸念慮之際。惟其悦諸心，故險阻必先知之，不險阻必先知之，而以定天下之吉凶；惟其研諸慮，故險阻者决意以避之，不險阻者踴躍而趨之，而有以成天下之亹亹。然其所謂“悦諸心，研諸慮”者，抑豈術數推驗之煩，意想度測之私哉？

蓋天道有變化，人事有云爲，變化云爲之間，各有吉凶之異。吉事將至，必有禎祥；凶事將至，必有妖孽。夫變化云爲之事，各具當然之理，所謂“器”也，聖人於是事而象之，有以知是器而无疑矣；禎祥妖孽之事，各有未然之應，所謂“來”也，聖人于是事而占之，自有以知其來而不惑矣。使无可知之理，則彼將何所據而能以前知哉？夫不假于《易》而知吉凶者，惟聖人能之也，他人不得而與能也。是故天地設位，不能以吉凶告人；聖人作《易》，以成天地之不能。於是人有所事，既先謀之於人，復以蓍問《易》而謀之於鬼，雖百姓之愚，亦可以前知吉凶，而與聖人之所能矣。

然《易》之作也何如？彼《易》有八卦焉，八卦以奇偶之象而告；有爻彖焉，爻彖以卦爻之情而言。八卦以象告，則剛柔雜居；爻彖以情言，則吉凶可見矣。然用之則有假乎蓍策。蓍策之變動，雖未得吉凶，而吉凶之機，於是乎先見，趨避之方，從此而取决，是變動以利言也。變動之後，則有吉凶之占，而是吉凶又因卦爻之情而遷。吉凶以情遷何如？

是故卦爻之中，有愛惡相攻者焉。愛相攻則吉生，惡相攻則凶生。有遠近相取者焉。情之宜者，遠相取而悔吝生；情之睽者，近相取而悔吝生。有情僞相感者焉。情相感而利生，僞相感而害生。若錯而綜之，則相攻、相取、相感之爻，其居皆有遠近，其行皆有情僞，其情皆有愛惡。大凡《易》之情，近而相得者爲貴，遠而不相得者爲賤。惟近相取而不相得，則以惡相攻，以僞相感，而凶害悔吝皆由此生矣。然不但《易》之辭以情而遷，而人之辭亦以情而遷也。彼背叛正理而中心有歉者，則其辭慙怍而回亘；中心疑惑而可否不決者，則其辭支離而不一。有德之吉人，則其辭重以舒，不至于傷煩；無德之躁人，則其言輕以疾，必至于過誕。謗善爲惡之人，則其辭无實而浮游；无所操執之人，則其辭多屈而不伸。人之辭本乎情如此，卦爻之辭亦猶是也。

"定吉凶"、"成亹亹"，皆入在"占事知來"内，"象事知器"特帶説耳。

右第十二章

説　卦　傳

昔者聖人之作《易》也，幽贊於神明而生蓍，参天兩地而倚數，觀變於陰陽而立卦，發揮於剛柔而生爻，和順於道德而理於義，窮理盡性以至於命。

昔者聖人之作《易》也，既畫卦以立其體，復興蓍以致其用。然是蓍也，何由而生乎？蓋聖人在上，發政施仁，默有以贊助乎化育，而天下和平，和氣充塞，秀氣所鍾而蓍以生，其莖長丈，其叢滿百，乃植物中之至靈者也。聖人知其可以爲用，故取其半而揲之以求卦矣。然蓍之揲也，則有七、八、九、六之數。是數也，何所倚而起乎？蓋天之體員，員者徑一而圍三，三各一奇，故參天而爲三；地之體方，方者徑一而圍四，四合二偶，故兩地而爲二。數皆倚此而起，故揲蓍之法，方一變之末得四，則以一其三而爲奇，即爲體員之天；而含乎數之三得八，則以兩其四而爲偶，即爲體方之地。而含乎數之二，積至于三變之末，其餘三奇則三，三而九，而爲老陽之數；三偶則三，二而六，而爲老陰之數；兩二一三則爲七，而爲少陽之數；兩三一二則爲八，而爲少陰之數。是則揲蓍之數，蓋起於參天兩地也。

然蓍既揲矣，必有所值之卦，卦何自而立乎？觀變於陰陽兩立也。如六畫皆少陽，則所值在於《乾》；六畫皆少陰，則所值在於《坤》。以至六十四卦，何莫非觀變於陰陽而立乎？卦既成矣，或有當動之爻，何自而生乎？發揮於剛柔而生也。如五七而一九，則動在於《乾》卦之老爻；五八而一六，則動在於《坤》卦之老爻。以至三百八十四爻，何莫非發揮於剛柔而生乎？卦立爻生，則天下之事理，莫不包括于卦爻之中。順理則吉，逆理則凶。是和順于道德，而無所乖逆也。其一事一物而各有以應之，條分縷析而不差，是理於義而不至於空疎也。和順于道德而理於義，則理無不窮。使人依此理而行，則性無不盡矣。理性原於天命，理既窮，性既盡，則所謂"維天之命，於穆不已"者，亦與之渾融而無間矣。是則興蓍起數，立卦生爻者，聖人作《易》之事也。而和順於道德而理於義，窮理盡性以至於命者，聖人作《易》之極功也。

"和順於道德而理於義"，便是窮理。作《易》主蓍言。

右第一章

昔者聖人之作《易》也，將以順性命之理，是以立天之道曰陰與陽，立地之道曰柔與剛，立人之道曰仁與義。兼三才而兩之，故《易》六畫而成卦。分陰分陽，迭用柔剛，故《易》六位而成章。

昔者聖人之作《易》也，將以模寫乎性命之理。性命之理何如？是故立天之道曰陰與陽，故其静也專，其動也直。使陰陽二者闕其一，則天道不幾於廢乎？立地之道曰柔與剛，故其静也翕，其動也闢。使剛柔二者闕其一，則地道不幾於墜乎？立人之道曰仁與義。凡爲慈愛，爲矜哀，而凡有發舒之意者，皆仁也；爲裁決，爲繼制，凡有收斂之意者，皆義也。使仁義二者闕其一，則人道寧不幾於息乎？夫陰陽、剛柔、仁義者，乃三才之道，而性命之理也。《易》何以順性命之理耶？蓋三畫之卦已具三才之象，由是因而重之，兼三才而各兩其畫，以上二爻爲天道，以中二爻爲人道，以下二爻爲地道，故曰《易》有六畫而成大成之卦矣。然此特統言之耳。又細分之,三陰三陽彼此各半,一剛一柔迭相間雜,以五爲天之陽,以上爲天之陰,以三爲人之仁,以四爲人之義,以初爲地之剛,以二爲地之柔,故《易》有六位而燦然成章矣。此聖人作《易》,所以爲順性命之理也。

右第二章

天地定位,山澤通氣,雷風相薄,水火不相射。八卦相錯。數往者順,知來者逆,是故《易》,逆數也。

陰陽對待者,造化之體所以立;陰陽消息者,造化之用所以行。聖人作《易》,本欲象乎造化也。然《易》之畫由兩儀而四象,由四象而八卦。八卦既成,則爲横圖,只據横圖而不圓之,則乾、坤相並,寒暑不分,無以像乎造化。故伏羲取横圖中分,規而圓之,則造化之體用著矣。

自其像乎造化對待之體者言之,乾爲天,坤爲地,天位乎上,地位乎下,而天地定位矣。艮爲山,兑爲澤,山鎮西北,澤注東南,而山澤通氣矣。震爲雷,巽爲風,雷奮東北,風起西南,而雷風相薄矣。坎爲水,離爲火,水生于西,火生于東,而水火不相射矣。是其造化之體,無一不相合也。且其八卦相交,亦可見六十四卦之所由成焉。

自其像乎造化消息之用者言之,震始交陰而陽生爲冬至,歷離、兑則陽浸多爲春分,以至於乾,則陽之純而交夏至焉。是皆進而得已生之卦,如今日覆數昨日也,非數往者順乎?巽始消陽而陰生爲夏至,歷坎、艮則陰浸多爲秋分,以至于坤,則陰之純而交冬至焉。是皆進而推其未生之卦,如今日逆計來日也,非知來者逆乎?是其與造化之用,無一不相合也。然本《易》之所以成,是自乾一而兑二,離三而震四,巽五而坎六,艮七而坤八,如横圖之序與圓圖之右方是已。故曰"《易》,逆數也"。

造化有體有用,圓圖無所不該,豈特可以像造化消息之運?故以上一節像造化對待之體亦有理。或因康節云"下一節是直解圖意",故以上一節爲只是舉圓圖方位，非圖説也，初無造化對待之意，未知何如，姑存其疑于此。往來順逆，把横圖與圓圖對看，便見得水火不相射，各居其位也。水火當以造化之氣言，如日月亦是水火。日者火之精，月者水之精。

"八卦相錯"與"《易》，逆數"二句意輕，只是要説卦義自震起者，一陽初動，天地萬物生生之始也。

右第三章

雷以動之，風以散之，雨以潤之，日以烜之，艮以止之，兑以説之，乾以君之，坤以藏之。

伏羲又取六十四卦横圖，布而方之。嘗觀方圖，震、巽居中。震爲雷，雷以動物而發其生意；巽爲風，風以散物而解其鬱結。次震、巽者，離、坎也。坎爲水，水以潤乎物，物由是而滋矣；離爲日，日以晅乎物，物由是而舒矣。次坎、離者，艮、兑也。艮以止乎物，物之生意由是而收斂；兑以悦乎物，使物飽足而欣暢。次艮、兑者，乾、坤也。乾則于物無所不統，坤則于物無所不容也。

"乾坤"二句不作生長收藏説，亦不作生物之序説。乾以君之，則雷動風散，雨潤日晅。艮止兑説者，皆乾之一職也。坤以藏之，則雷動風散，雨潤日晅。艮止兑悦者，皆歸之于坤也。

"坤藏"句難看。一講云：坤有地道，包涵六子之化，凡雷動之屬，皆翕聚于坤，而乘時以出者也。此説詳明。

右第四章

帝出乎震，齊乎巽，相見乎離，致役乎坤，説言乎兑，戰乎乾，勞乎坎，成言乎艮。萬物出乎震，震，東方也。齊乎巽，巽，東南也。齊也者，言萬物之潔齊也。離也者，明也，萬物皆相見，南方之卦也。聖人南面而聽天下，嚮明而治，蓋取諸此也。坤也者，地也，萬物皆致養焉，故曰"致役乎坤"。兑，正秋也，萬物之所説也，故曰"説言乎兑"。戰乎乾，乾，西北之卦也，言陰陽相薄也。坎者，水也，正北方之卦也，勞卦也，萬物之所歸也，故曰“勞乎坎”。艮，東北之卦也，萬物之所成終而所成始也，故曰“成言乎艮”。

離南，坎北，震東，兑西，巽居東南，艮居東北，坤居西南，乾居西北，此一圓圖，乃文王據伏羲先天八卦圓圖而更置之者也，所謂後天之學也。今即後天八卦而觀，則一歲造化可見矣。是故一氣渾淪而爲天，而天之主宰爲帝，是帝即造化之機，所以生成乎萬物者也。“帝出乎震，齊乎巽，相見乎離，致役乎坤”，此氣機之出，由静而動，所謂“元亨，誠之通”也。“説言乎兑，戰乎乾，勞乎坎，成言乎艮”，此氣機之入，由動而静，所謂“利貞，誠之復”也。何以言之？彼帝所以主宰乎萬物，帝有出入，而萬物隨之以出入也；帝不可見，而萬物可見。知萬物之出入，則知帝之出入矣。

萬物出乎震，何也？蓋震居東方，於時爲春也。萬物齊乎巽，何也？蓋巽居東南，于時爲春、夏之交也。齊也者，言萬物發生，鮮潔而齊整也。離也者，明也。何以謂之明？以其萬物皆暢茂條達而相見也。萬物相見于離者，何也？蓋離爲南方之卦，于時爲夏也。且聖人南面而聽天下，向明而治，疑亦有取於此也。坤也者，地也。何以謂之地？蓋坤乃西南之卦，于時爲夏、秋之交，正土氣用事之時也。斯時也，前之生長者于是乎止，後之收藏者於是乎起，萬物皆致養于此也，故曰“致役乎坤”。兑居正西，于時爲正秋也。斯時也，萬物皆收斂而成遂，歡欣而飽足也，故曰“悦言乎兑”。戰乎乾，何也？蓋乾乃西北之卦，于時爲秋、冬之交也。斯時也，陰陽二氣行乎萬物之中，而陰盛陽微，陰與陽均敵而相擊薄也。坎者，水也。何以謂之水？蓋坎正北方之卦也，於時爲正冬，乃水氣用事之時也，勞卦也。何以謂之勞卦？蓋時交正冬，則萬物皆歸根復命，而休息慰勞矣，故曰“勞乎坎”。艮，東北之卦，于時爲冬、夏之交也。萬物至此，既有以斂其性情之實，又有以啓其發生之端，是其成終而又成始也，故曰“成言乎艮”。萬物隨帝以出入，而見于後天八卦之圓圖者，蓋如此。

下一節是伸明上一節意。離明、坤地、坎水俱就時位上見。時文講“坤也者，地也”，用“陰之成形，莫大于地”句，最不是。

禮義交際，其萬物所出入之門乎？東北，萬物之所出也，出則育神；西南萬物之所入也，入則復命。其出也順而生，其入也拂而遂。不觀其出，無以知物之育；不觀其入，無以知物之復。火之克金，水之生木，出入循環，生克嗣續，老彭得之以養身，君子得之以養民，聖人得之而天下和平。

右出《洪範》"皇極"。

愚謂火氣極熱，物無由而成；水氣極寒，物無由而生。唯土氣最爲中和，故火金之交有坤土，水木之交有艮土，而爲萬物之所由出入也。養身、養民、治天下皆要中和。

右第五章

神也者，妙萬物而爲言者也。動萬物者，莫疾乎雷；撓萬物者，莫疾乎風；燥萬物者，莫熯乎火；説萬物者，莫説乎澤；潤萬物者，莫潤乎水；終萬物、始萬物者，莫盛乎艮。故水火相逮，雷風不相悖，山澤通氣，然後能變化，既成萬物也。

凡氣有所專，而用執其一者，滯於一隅，而可以測其所在，不足以言神矣。神也者，妙萬物而爲言者也。是故以雷動物，而動萬物者，莫疾乎雷；以風撓物，而撓萬物者，莫疾乎風。以火燥物，以澤悦物，而燥萬物者，莫熯乎火，説萬物者，莫説乎澤矣。以水潤物，以艮終始乎物，而潤萬物者，莫潤乎水，終萬物、始萬物者，莫盛乎艮矣。夫六子分職造化，而各有爲，神無爲也。然無聲無臭，而實造化之樞紐，品彙之根柢，六子之所爲者，皆一神默運主宰乎其間也，是其無爲而無乎不爲，無在而無乎不在也。故曰："神也者，妙萬物而爲言者也。"

夫妙萬物者，神也；六子之致用者，化也。一故神，兩故化，不兩則不能化。故必有水有火，水火得偶而相逮。有雷有風，雷風得偶而不相悖。有山有澤，山澤得偶而通氣。陰陽交合，彼此相濟，然後雷動而風撓，火燥而水潤，兑説而艮終，始推移變化于天地之間，而萬物皆生生化化，而無一物之不成也。此可見文王後天圓圖者，流行之用也；伏羲先天圓圖者，對待之體也。用本乎體，必其體立，而後其用有以行也。去乾、坤而專言六子者，六子者，乾、坤之功用也；乾、坤之所以造化乎萬物者,不外乎六子也。六子之所爲,即乾、坤之所爲也,猶大君統治,六卿分職也。神則其治天下之道也,大君、六卿所不能違者也。神無形,而乾、坤則形氣之大者,恐不可以乾、坤爲神也。

此章大意總是説,有對待然後有流行,陰陽交合而相濟,然後可以生成乎萬物。當會其意,不可泥定“若逐”句,泥定則“山澤通氣,然後澤以潤而艮以終始”,如何説得通?聖賢説話,固不相拘也。

右第六章

乾,健也;坤,順也;震,動也;巽,入也;坎,陷也;離,麗也;艮,止也;兑,説也。

此章言八卦之性情。謂夫三奇之卦曰乾,乾純陽剛,故其性健,而其情亦健也。三偶之卦曰坤,坤純陰柔,故其性順,而其情亦順也。震以陽而進乎二陰之下,其性情則動也。巽以陰而伏乎二陽之下,其性情則入也。坎以陽而在陰之中,爲陰所溺,其性情則陷也。離以陰而在陽之中,惟陽是附,其性情則麗也。艮則陽在卦上,剛無所往止,非其性情乎?兑則陰在卦上,順見乎外説,非其性情乎?

右第七章

乾爲馬,坤爲牛,震爲龍,巽爲雞,坎爲豕,離爲雉,艮爲狗,兑爲羊。

乾數奇而德健,馬蹄員而能致遠,是乾爲馬也。坤數偶而性順,牛蹄折而馴伏以引重,是坤爲牛也。震陽動陰下,龍以動奮之身,而時静息于地勢重陰之下,震爲龍也。巽陰伏陽下,雞以入伏之身,而出聲于天氣重陽之内,巽爲雞也。坎何以爲豕?蓋坎外柔内剛,而豕則外污濁而内剛躁也。離何以爲雉?蓋離外剛内柔,而雉則外文明而内柔順也。外剛能止物而内柔媚者,狗也,艮以一陽止于二陰之上象之。外柔悦而内剛狠者,羊也,兑以一陰而悦于二陽之上象之。

右第八章

乾爲首,坤爲腹,震爲足,巽爲股,坎爲耳,離爲目,艮爲手,兑爲口。

乾爲首,蓋乾積陽在上而覆物,首則會諸陽,尊而在上也。坤爲腹,蓋坤積陰在下而載物,腹藏諸陰,廣而有容也。震陽動于下足,則在下而能動,非震爲足乎?巽陰偶于下股,則兩垂而下,非巽爲股乎?坎何以爲耳?坎陽陷陰中,耳輪内陷,陽在内而聽者似之。離何以爲目?離陰麗陽中,目睛外附,陽在外而明者似之。手剛在前,艮以陽居於上,艮爲手。口開於上,兑以陰拆于上,兑爲口也。

右第九章

乾,天也,故稱乎父;坤,地也,故稱乎母;震一索而得男,故謂之長男;巽一索而得女,故謂之長女;坎再索而得男,故謂之中男;離再索而得女,故謂之中女;艮三索而得男,故謂之少男;兑三索而得女,故謂之少女。

乾,天也,物所資始,有父道焉,故稱父。坤,地也,物所資生,有母道焉,故稱母。乾、坤有父母之道如此,六子則皆本于乾、坤而成也。震是坤初求于乾,而得乾之初畫,故謂之長男。巽是乾初求于坤,而得坤之初畫,故謂之長女。坎是坤再求于乾,而得乾之中畫,故謂之中男。離是乾再求于坤,而得坤之中畫,故謂之中女。艮是坤三求于乾,而得乾之三畫,故謂之少男。兑是乾三求于坤,而得坤之三畫,故謂之少女。蓋從來有父母、男女之稱,此則明其所以稱名之義也。

右第十章

乾爲天,爲圜,爲君,爲父,爲玉,爲金,爲寒,爲冰,爲大赤,爲良馬,爲老馬,爲瘠馬,爲駁馬,爲木果。

爲天,至健在上也。爲圜,體員而動也。爲君,尊而在上也。爲父,萬物資始也。爲玉,純粹也。爲金,堅剛也。爲寒爲冰,位西北嚴凝之方也。爲大赤,盛陽之色也。爲良馬,純陽之德也。爲老馬,老陽也。爲瘠馬,純剛無柔也。爲駁馬，健而有威猛也。爲木果，員而在上也。

坤爲地，爲母，爲布，爲釜，爲吝嗇，爲均，爲子母牛，爲大輿，爲文，爲衆，爲柄。其於地也，爲黑。

爲地，至順在下也。爲母，萬物資生也。爲布，質柔而平廣也。爲釜，虚而容物也。爲吝嗇，静翕不施也。爲均，動闢而廣也。爲子母牛，純陰至順也。爲大輿，所載者廣也。爲文，三畫皆耦也。爲衆，耦畫多也。爲柄，在下而承物于上也。爲黑，純極陰之色也。

震爲雷，爲龍，爲玄黄，爲旉，爲大塗，爲長子，爲决躁，爲蒼筤竹，爲萑葦。其於馬也，爲善鳴，爲馵足，爲作足，爲的顙。其於稼也，爲反生，其究爲健，爲蕃鮮。

爲雷，一陽動于二陰之下。爲龍，以動奮之身而静息于地勢重陰之下也。爲玄黄，乾、坤始交，兼天地之色也。爲旉，陽氣始施也。爲大塗，一奇動于内，而二偶開通，前無壅塞也。爲長子，一索得男也。爲决躁，動而鋭也。爲蒼筤竹，東方之色也。爲萑葦，下本實而上幹虚也。其於馬也，爲善鳴，陽在内爲聲，上畫偶，開口出聲也。爲馵足，爲作足，皆陽動于下也。爲的顙，陰色白而在上也。其于稼也，爲反生，陽動于下也。其究爲健，陽長必終于乾也。爲蕃鮮，至於乾則陽之盛矣，故又爲蕃鮮。

巽爲木，爲風，爲長女，爲繩直，爲工，爲白，爲長，爲高，爲進退，爲不果，爲臭。其於人也，爲寡髮，爲廣顙，爲多白眼，爲近利市三倍，其究爲躁卦。

爲木，根陰伏入地下而陽上盛也。爲風，善入物也。爲長女，一索得女也。爲繩直，爲工，巽德之制也，繩制木之曲而取直者，工引繩之直而制木者。爲白，少陰色也。爲長，風行至遠也。爲高，木生至高也。爲進退，爲不果，一陰盤旋于二陽之下，而巽懦不決也。爲臭，陰伏于下，而其氣不散也。爲寡髮，陽氣上盛，陰血不行也。爲廣顙，陽盛于上也。爲多白眼，離目上下白而黑居中，巽則上中白而黑反居下也。爲近利市三倍，陰主于内而又善入物，故近利市，而其市得三倍矣，主利于内。其究爲躁卦，震爲决躁巽之晝，皆變則爲震矣。

坎爲水，爲溝瀆，爲隱伏，爲矯輮，爲弓輪。其於人也，爲加憂，爲心病，爲耳痛，爲血卦，爲赤。其於馬也，爲美脊，爲亟心，爲下首，爲薄蹄，爲曳。其於輿也，爲多眚，爲通，爲月，爲盗。其於木也，爲堅多心。

爲水，内明而克陷物也。爲溝瀆，水流而不盈也。爲隱伏，陽匿陰中也。爲矯揉，陽在陰中，抑而能制也。爲弓輪，矯揉所成也。爲加憂，陽陷陰中不得寧也。爲心病，爲耳痛，心、耳皆以虚爲體，中實則爲病爲痛也。爲血卦，水在地中，如血在形也。離火在人身爲氣，坎水在人身爲血。爲赤，得乾中晝之陽，故與乾同色也。于馬爲美脊，爲亟心，陽在中也。爲下首，前晝柔，首下而不昂也。爲薄蹄，下晝柔，薄而不厚也。爲曳，亦以下柔陷則有礙也。于輿爲多眚，險陷也。爲通，水之性也。爲月，水之精也。爲盗，陽匿陰中而克陷物也。于木也，爲堅多心，陽在中也。

離爲火，爲日，爲電，爲中女，爲甲胄，爲戈兵。其於人也，爲大腹，爲乾卦，爲鼈，爲蟹，爲蠃，爲蚌，爲龜。其於木也，爲科上槁。

爲火，爲日，内暗外明也。爲電，亦以陰麗于陽而明也。爲中女，再索得女也。爲甲胄，堅剛在外也。爲戈兵，離火之性上鋭也。爲大腹，中虚也。爲乾卦，水熯濕也。爲鼈至爲龜，皆以外剛内柔也。科，中空也。木中空則上槁矣。

艮爲山，爲徑路，爲小石，爲門闕，爲果蓏，爲閽寺，爲指，爲狗，爲鼠，爲黔喙之屬。其於木也，爲堅多節。

爲山，取坤地而隆於其上，亦止于極而不進之意也。爲徑路，一陽横亘于二陰之上也。爲小石，小而剛也。爲門闕，一陽連亘在上，下雙峙而虚也。爲果蓏，剛在上小而實也。爲閽寺，止物之妄出入也。爲指，亦止物也。爲狗，亦以外剛能止物也。爲鼠,前剛也。爲黔喙,亦以剛在前也。于木也,爲堅多節,陽在内爲堅多心,陽在外爲堅多節也。

兑爲澤,爲少女,爲巫,爲口舌,爲毁折,爲附決。其於地也,爲剛鹵,爲妾,爲羊。

爲澤,取其悦萬物,又取坎水而塞其下流也。爲少女,三索得女也。爲巫,以言説神也。爲口舌,上折開也。爲毁折,金氣肅殺,條枯實落也。爲附決,柔附于剛,剛盛上進,勢必決柔也。兑三晝之夬也,于地爲剛鹵,下堅剛而上陰濕也。爲妾,陰少而賤也。爲羊,内狠外悦也。

右第十一章

序　卦　傳

有天地,然後萬物生焉。盈天地之間者唯萬物,故受之以《屯》。屯者,盈也。屯者,物之始生也。物生必蒙,故受之以《蒙》。蒙者,蒙也,物之穉也。物穉不可不養也,故受之以《需》。需者,飲食之道也。飲食必有訟,故受之以《訟》。訟必有衆起,故受之以《師》。師者,衆也。衆必有所比,故受之以《比》。比者,比也。比必有所畜,故受之以《小畜》。物畜然後有禮,故受之以《履》。履而泰,然後安,故受之以《泰》。泰者,通也。物不可以終通,故受之以《否》。物不可以終否,故受之以《同人》。與人同者,物必歸焉,故受之以《大有》。有大者不可以盈,故受之以《謙》。有大而能謙必豫,故受之以《豫》。豫必有隨,故受之以《隨》。以喜隨人者必有事,故受之以《蠱》。蠱者,事也。有事而後可大,故受之以《臨》。臨者,大也。物大然後可觀,故受之以《觀》。可觀而後有所合,故受之以《噬嗑》。嗑者,合也。物不可以苟合而已,故受之以《賁》。賁者,飾也。致飾然後亨則盡矣,故受之以《剥》。剥者,剥也。物不可以終盡剥,窮上反下,故受之以《復》。復則不妄矣,故受之以《无妄》。有无妄然後可畜,故受之以《大畜》。物畜然後可養,故受之以《頤》。頤者,養也。不養則不可動,故受之以《大過》。物不可以終過,故受之以《坎》。坎者,陷也。陷必有所麗,故受之以《離》。離者,麗也。

有天地,則二氣絪緼,而萬物化生,是天地乃萬物之祖也,而乾、坤則天地之法象也,此《乾》、《坤》所以爲諸卦之首也。有聲色貌象,而盈于天地之間者唯萬物,故《乾》、《坤》之後,受之以《屯》。屯者,盈滿之義,又有物始生而未通之義。凡物初生必蒙昧,而未有知覺,故次以《蒙》。蒙者,蒙昧未明之義也。又蒙者,物之幼穉,物穉不養,則夭閼不遂,不可不養,故次以《需》。需者,飲食宴樂之道,有養之義也。飲食者,人之大欲存焉,有欲則争,争則必訟,故次以《訟》。訟必有牽連援引,而動及于衆矣,故次以《師》。師者,衆也。衆無所統,則亂而難立,必有所親比而後安,故次以《比》。比者,親附之義也。物來比我,必有所畜養,然後可以遂其生,故次《小畜》。既畜養,必有禮以教之,然後不近於禽獸,故次以《履》。履者,禮也。有禮則上下不相犯,彼此不相瀆而安矣,故次以《泰》。泰者,通也。治亂相仍,循環無端,治極則亂,而不能以終通,故次《否》。抑豈終于否哉?亂極則治,必君臣同心以濟否,故次《同人》。同人則衆人同心協力而可以通乎否矣,民之所好好之,民之所惡惡之,凡事與人同而不拂人之性,則民之歸之,猶水之就下,獸之走壙,而所有者大矣,故次《大有》。得物之歸爲己者,必驕驕則亢滿,有大復爲累矣,是有大不可以盈,故次《謙》。有大而能謙,則高而不危,可以長守其貴;滿而不溢,可以長守其富,而和樂自得矣,故次《豫》。人心相得而和豫,則必相隨而不舍矣,故次以《隨》。樂于隨人,則必有事,如臣隨君必致身以理乎國事,子隨父必竭力以理乎家事,故次以《蠱》。蠱者,事也。能有所事,而无怠无荒,則功業可大,而日新月盛矣,故次以《臨》。臨者,以上臨下,以大臨小之義也。道德隆盛,然後足以爲四方之仰望;功業烜赫,然後足以爲萬國之觀瞻,故次以《觀》。在上无觀,則在下者引而去矣。必可觀,然後人心歸于我而有所合,故次以《噬嗑》。嗑者,合也。物相合而無禮以節之,則相瀆而易離,是不可以苟合,故次以《賁》。賁者,飾也。賁飾則有文而亨,其流必至于致極其飾而文太過,以至于滅質也,故次以《剥》。

物不可以終剥，既剥盡于上，則必復生于下，如枝葉摧落既盡，則生意復萌于根矣，故次以《復》。天理既失而復生，則存于中者，皆誠實而無私僞矣，故次《无妄》。既无僞妄，則事事循理，念念循理，德日積于中而不自覺，故次《大畜》。德既蓄積于中，又必勿忘勿助，以涵養之，故次以《頤》。頤者，養也。有大涵養，而後有大設施，故次以《大過》。無所養，則其體不立，不可舉動以應大事矣。夫事過極則必有所陷，故次以《坎》。坎者，陷也。陷于險難之中，必有所附麗，故次以《離》。離者，麗也，庶可因人之才力而出乎險矣。

右上篇

有天地然後有萬物，有萬物然後有男女，有男女然後有夫婦，有夫婦然後有父子，有父子然後有君臣，有君臣然後有上下，有上下然後禮義有所錯。夫婦之道，不可以不久也，故受之以《恒》。恒者，久也。物不可以久居其所，故受之以《遯》。遯者，退也。物不可以終遯，故受之以《大壯》。物不可以終壯，故受之以《晉》。晉者，進也。進必有所傷，故受之以《明夷》。夷者，傷也。傷於外者，必反其家，故受之以《家人》。家道窮必乖，故受之以《睽》。睽者，乖也。乖必有難，故受之以《蹇》。蹇者，難也。物不可以終難，故受之以《解》。解者，緩也。緩必有所失，故受之以《損》。損而不已必益，故受之以《益》。益而不已必決，故受之以《夬》。夬者，決也。決必有所遇，故受之以《姤》。姤者，遇也。物相遇而後聚，故受之以《萃》。萃者，聚也。聚而上者謂之升，故受之以《升》。升而不已必困，故受之以《困》。困乎上者必反下，故受之以《井》。井道不可不革，故受之以《革》。革物者莫若鼎，故受之以《鼎》。主器者莫若長子，故受之以《震》。震者，動也。物不可以終動止之，故受之以《艮》。艮者，止也。物不可以終止，故受之以《漸》。漸者，進也。進必有所歸，故受之以《歸妹》。得其所歸者必大，故受之以《豐》。豐者，大也。窮大者必失其居，故受之以《旅》。旅而无所容，故受之以《巽》。巽者，入也。入而後説之，故受之以《兑》。兑者，説也。説而後散之，故受之以《涣》。涣者，離也。物不可以終離，故受之以

《節》。節而信之,故受之以《中孚》。有其信者必行之,故受之以《小過》。有過物者必濟,故受之以《既濟》。物不可窮也,故受之以《未濟》終焉。

有天地,則二氣交感,而後有萬物。有萬物,則乾道成男,坤道成女,而男女分矣。有男女,則此感彼應,而後有夫婦。有夫婦,則萬物化生,而後有父子。有父子,則君以統乎臣,臣以事乎君,而後有君臣。有君臣,則君尊臣卑,而上下之分明。上下之分明,則拜趨坐立之節形,宫室車旗之制設,其行之必有文,辨之必有理,而禮義有所措矣。是則天地、萬物、男女者,夫婦之所由也;父子、君臣、上下禮義者,夫婦之所致也。《咸》乃夫婦之道,故居經之首也。夫婦不久,則家道不肥矣。要必夫受其内助,婦受其刑家,而相與以久也,故受之以《恒》。物不可久居其所,功成名遂,則自退矣,故受之以《遯》。有消則有息,有虚則有盈,物不可以終遯,故受之以《大壯》。才德既備,則當出以有爲,不可以終壯,故受之以《晉》。知止不殆,知足不辱。若進進不已,則必有所傷,故受之以《明夷》。在外不得遂其進而見傷,則必反其家,故受之以《家人》。治家無道,正家失節,則家必乖離,故受之以《睽》。人心不相合而睽離,則禍亂作矣,故受之以《蹇》。禍者福所依,物不可以終難,故受之以《解》。敏則有功,勤則廣業。若緩散怠惰,則事廢弛矣,故受之以《損》。物無終損之理,損而不已必益;物無終益之理,益而不已必盈溢而決隄防,故受之以《夬》。君子、小人迭爲消長,小人既決去矣,必復生而遇君子焉,一説已既去,則天理復還,而與心相遇矣。故受之以《姤》。姤者,遇也。物相遇而後聚,如君子相遇,則相與共聚于朝廷矣,故受之以《萃》。君子既萃,則治道日升于太平矣,故受之以《升》。貪位慕禄而求升不已,則必爲人所阻而取困矣,故受之以《困》。欲升于上而不得遂,則不容不反於下矣,故受之以《井》。井,在下之物也。井久則穢濁不食,不可不澄,故受之以《革》。革者,變腥爲熟,易堅爲柔,而革物者莫若鼎,故受之以《鼎》。鼎者,宗廟之重器,主器者莫若吾君之長子,非長子則起争端矣,故受之以《震》。震者,動也。天下之理,有動則有静,動静無端,陰陽無始。動極則静,物不可以終動止之,故受之以《艮》。艮者,止也。静極則動,物不可以終止,故受之以

《漸》。學問之功,進進不已,則一真渾融,萬境俱徹,而得夫義理所歸宿之地也,故受之以《歸妹》。得義理之所歸,則其德之所成就,必至大而不可量矣,故受之以《豐》。縱肆無節,而極其大,必至于敗國喪家而失其居,故受之以《旅》。客居于外,若不能小心委曲以入人,則必不見容于人,故受之以《巽》。凡人之情,惟同聲同氣而相入,則欣然喜悦,故受之以《兑》。兑者,悦者也。悦在心而樂自發散于外,故受之以《涣》。涣者,離也。施恩澤以結之,立法度以防之,皆所以節民之散也,故受之以《節》。人君主節于上,不信則下疑,故一號令之施,一政事之布,必堅如金石,信如四時,故受之以《中孚》。既有其信者,其行必果而過于中,故受之以《小過》。有過人之大才,必能濟天下之大事,故受之以《既濟》。夫物至既濟,是完局時候,物之窮也。然物無終盡之理,天地萬物終則有始,循環無已而不可窮也,故受之以《未濟》終焉。

右下篇

雜　卦　傳

卦既反對,則其義若剛柔、動静、吉凶、得失之類,亦反對也。反對之義相連,不必謂何者爲反,何者爲對,何者謂反對,何者謂正對。

《乾》剛《坤》柔,《比》樂《師》憂。《臨》、《觀》之義,或與或求。《屯》見而不失其居。《蒙》雜而著。《震》,起也。《艮》,止也。《損》、《益》,盛衰之始也。《大畜》,時也。《无妄》,災也。《萃》聚而《升》不來也。《謙》輕而《豫》怠也。《噬嗑》,食也。《賁》,无色也。《兑》見而《巽》伏也。《隨》,无故也。《蠱》,則飭也。《剥》,爛也。《復》,反也。《晉》,晝也。《明夷》,誅也。《井》通而《困》相遇也。《咸》,速也。《恒》,久也。《涣》,離也。《節》,止也。《解》,緩也。《蹇》,難也。《睽》,外也。《家人》,内也。《否》、《泰》,反其類也。《大壯》則止,《遯》則退也。《大有》,衆也。《同人》,親也。《革》,去故也。《鼎》,取新也。《小過》，過也。《中孚》，信也。《豐》，多故也。親寡，《旅》也。《離》上而《坎》下也。《小畜》，寡也。《履》，不處也。《需》，不進也。《訟》，不親也。《大過》，顛也。《姤》，遇也，柔遇剛也。《漸》，女歸待男行也。《頤》，養正也。《既濟》，定也。《歸妹》，女之終也。《未濟》，男之窮也。《夬》，決也，剛決柔也，君子道長，小人道憂也。

《乾》純陽，性情則剛也。《坤》純陰，性情則柔也。《乾》、《坤》二卦之畫反對，其剛柔之義亦反對也。《比》得衆之順從，而其道可以大行，故樂。《師》統衆以行險，而其成敗非所逆覩，故憂。《師》、《比》之畫反對，而其義亦反對也。《臨》者，以我臨物也，有盛德比及之意，故爲與。《觀》者，物來觀我也，有專心仰慕之意，故爲求。《屯》，震遇坎，震動而見，坎不得行，是進而不遂其進也。《蒙》，坎遇艮，坎幽昧而艮光明，是昧而不終于昧也。《震》陽起于下，静極而動也；《艮》陽止于上，動極而静也。《損》雖未衰，損之始也；《益》雖未盛，盛之始也。《大畜》止健，適然之事也；《无妄》生禍，適然之災也。《萃》則聚而不往，《升》則往而不回。《謙》有卑小自抑之意，《豫》有滿足自怠之意。《噬嗑》以有物而見食也，《賁》以无色而受采也。《兑》以陰居上而外見，《巽》以陰居下而内伏。《隨》以无故而偷安，《蠱》以有故而脩飭。《剥》則陽窮于上而終爛，《復》則陽生于下而復反。《晉》則明出地上而爲晝，《明夷》則明入地中而見傷。《井》則往來井井而道上行，《困》則剛柔相遇而剛見掩。《咸》則彼此相感應而爲天下之至速，《恒》則立不易方而爲天下之至久。《涣》則離散而不止，《節》則制度而不離。《解》有從容安舒之意，《蹇》有患難急迫之意。《睽》疎而外也，《家人》親而内也。《否》大往小來，内陰外陽，而天地不交，萬物不通；《泰》小往大來，内陽外陰，而天地交，萬物通。《大壯》則慮陽之恃其壯，當止而不進；《遯》則慮陰之害乎陽，不惟不進，而且退也。《大有》則所有者衆愛而汎也，《同人》則所與者親愛而專也。《革》者，去其故之不可用者也；《鼎》者，取其新之方可用者也。《小過》則有過也，《中孚》則信而无過也。《豐》則明動而多故，《旅》則羈迹而寡親也。《離》則火炎于上，《坎》則水潤于下。《小畜》以寡陰而畜衆陽者，欲止而不能止也；《履》以和悦而躡剛强，欲進而遂其進也。《需》則不進而有所待，《訟》則不親而無所待。《大過》者，剛過而本末弱，故顛也。《姤》，遇也，以一陰而遇五陽也。《漸者》，女之歸必待男之聘而後行，是以行必有漸而不遽也。《頤》者，所養必以正也。《既濟》者，事既成，則一定而不易矣。《歸妹》者，女既嫁而爲歸，則女道終矣。《未濟》者，三陽失位，男之窮也。《夬》，決也，剛決柔也。君子類漸長而其道大行，小人將退而其道不行也。

附録

四庫全書總目提要

易經淺説提要

易經淺説八卷内府藏本。

明陳琛撰。琛字思獻,晉江人。正德丁丑進士,官至吏部考功司主事,乞終養歸。嘉靖中,起授貴州提學僉事,不赴。再起江西提學僉事,亦不赴。事蹟附見《明史・蔡清傳》。是書一名《易經通典》。原刻作六卷,此乃其後人重編之稿本。分爲八卷,中多塗乙,有標"某句爲後人增改"者,有標"採入《折中》"者。然《文言傳》"知至至之"一條,標"採入《折中》",而《折中》實未採,則亦不盡可據矣。琛《易》學出蔡清,故大旨頗醇,然欲兼爲科舉計,故較清《易經蒙引》終有遜焉。

校點後記

《周易淺説》五卷，明陳琛著。

陳琛(一四七七—一五四五)，字思獻，别號紫峰，學者稱爲紫峰先生。先世居晉江青陽山，元延祐間始遷涵江。初受學於李聰，理學大儒蔡清見其文，大爲歎賞，曰："吾所發憤涵泳而僅得者，以語人常不解，不意子皆已自得之。"入蔡門爲弟子，蔡清禮之如朱子之待季通。正德元年(一五〇六)，蔡清奉命督學江右，邀陳琛偕行，教其二子。從江西歸家後，陳琛在泉郡學宫旁及月臺寺設科講學，四方從學甚衆。正德五年中舉，十二年成進士，與張岳、林希元、于江等同榜。後與張岳、林希元等僦居佛寺，閉户講《易》，並以經學聞名。十三年四月，授刑部山西清吏司主事。十四年二月，乞授官南京以便養母，遂得南京户部雲南清吏司主事，監淮安舟税。十六年七月，轉南京吏部考功清吏司主事。

嘉靖元年(一五二二)七月考滿，告病乞休。八年三月，起爲貴州按察僉事，告病未就任。七月，改調江西提學僉事，亦告病辭。二十四年卒，享年六十九歲。卒後，泉郡士大夫請予特祠，得與其師蔡清並祀郡學。著有《陳紫峰先生文集》十二卷、《正學編》一卷、《四書淺説》六卷、《周易淺説》八卷等。

陳琛入仕僅五年左右，冷官閑秩，家居二十餘年，事功不顯，以蔡門高徒、理學大儒名於世。張岳稱其"有避世之深心而非玩世，無道學之門户而有實學"(黄鳳翔：《田亭草》卷七《陳紫峰先生黌宫特祠記》)，時人及後學以爲確論。蔡元偉將其與朱鑑、李聰、蔡清、張岳、林同、顧珀、吴銓、林性之、黄偉等並稱爲"温陵十子"(林焜熿纂，林豪續修：《金門志》卷十《宦績》)。王慎中稱"先生之書，其天趣極詣，神機妙契，在於言語文義之外而已。至於語文，義之所存，字謹其訓，句詳其義，顓名一門，粥粥然如恐涉他足而誤塗徑，固與治場屋者設爲如是耳,其超然心會,離去形跡而遺忘物累,庶幾所謂不枝葉於道,而全其真者,由是以推先生之大”(王慎中:《遵巖先生文集》卷十《按察司僉事陳紫峰先生琛傳》)。

《周易淺説》,又稱《易經通典》,《明史·藝文志一》作“六卷”,《四庫全書總目提要》所收内府藏本作“八卷”,現存清乾隆五十四年(一七八九)刻本爲五卷。乾隆刻本卷首有張慎和於乾隆五十三年、蔡世遠於雍正十年(一七三二)所撰序各一篇,以及仇兆鰲於康熙十年(一六七一)所撰《徵書引》一篇。是書原本爲諸生講解《周易》大義,簡明淺顯,故以“淺説”名。大體上按照《周易》六十四卦先後次序順講大義,同時引用朱熹、胡炳文、蔡清等名家註解,以及時文講章之論,或備一説,或加引申,或略有駁斥。初以鈔本形式流傳於諸生之間,幾乎人手一册。陳琛的《周易淺説》、《四書淺説》與蔡清的《四書蒙引》、《易經蒙引》,林希元的《四書存疑》、《易經存疑》等,並爲嘉靖以後初學研習儒家經典、參加科舉的必讀之作。

《易經》研究歷來有象數、義理之分,兩派多有紛争。蔡清上承朱子,偏主於易理一派,作爲蔡門高徒,陳琛的《易》學研究自然秉承了闡釋義理的學術傳統。不過,由於是書本爲初學而作,側重於疏解大義,遜於新創,四庫館臣評價不高,認爲“然欲兼爲科舉之計,故較(蔡)清《易經蒙引》终有遜焉”(《〈易經淺説〉提要》)。

《周易淺説》現存有乾隆五十四年刻本,該刻本由陳氏家族後學陳聯捷、陳名標、陳源遥編次,莊文進、施世瑚、張先聲、黄人龍、施標芳等校訂。書中原有數處缺略,陳聯捷等在編次時,以《會解》文字補入。《四庫存目叢書》影印出版了湖北省圖書館所藏乾隆五十四年刻本,此次點校即以此刻本爲底本,並以書末所附《〈易經淺説〉提要》作爲附録。

編　者

二〇二〇年元月

圖書在版編目(CIP)數據

周易淺說 / (明) 陳琛著; 學文點校. —北京: 商務印書館, 2020
(泉州文庫)
ISBN 978-7-100-18745-9

Ⅰ. ①周… Ⅱ. ①陳… ②學… Ⅲ. ①《周易》—研究 Ⅳ. ①B221.5

中國版本圖書館 CIP 數據核字(2020)第 120662 號

責任編輯 陳明曉
特約審讀 李夢生

周易淺說
(明)陳 琛 著

商 務 印 書 館 出 版
(北京王府井大街36號 郵政編碼100710)
商 務 印 書 館 發 行
山東韻傑文化科技有限公司印刷
ISBN 978-7-100-18745-9

2020 年 9 月第 1 版　開本 705×960 1/16
2020 年 9 月第 1 次印刷　印張 20.75 插頁 2
定價: 90.00 元